학교폭력예방 및 학생의 이해

신재한 · 장기덕 · 조용개

양성원

머리말

일반적으로 학교폭력은 학교에서 일어나는 폭력을 지칭하지만, 연구자들마다 학교폭력의 개념에 대한 정의를 다양하게 내리고 있다. 학교폭력에 대한 개념의 정의가 다양한 방식으로 내려지는 것은 바로 가해와 피해의 대상, 학교폭력이 발생하는 장소, 학교폭력의 내용에 대해서 연구자들이 저마다 다른 시각으로 현상을 바라보기 때문이다. 이러한 관점에서 학교폭력의 개념을 분명하게 정의내리는 것은 쉽지 않은 일이다. 그 중에서도 Olweus의 학교폭력 개념은 학교와 관련하여 일어나는 폭력행위를 말하며 개인이나 또래 집단이 피해학생을 대상으로 반복적이고도 지속적으로 신체적, 물리적 폭력은 물론 집단따돌림 욕설, 협박 등의 심리적, 언어적 폭력 행위를 행사하는 것으로 정의한다.

이에 본 저서는 1부 학교폭력의 기초, 2부 학교폭력 예방 및 대응, 3부 인성교육과 학생의 이해로 구분하였다. 1부 학교폭력의 기초에서는 학교폭력의 이해, 신체폭력, 언어폭력, 금품갈취 및 강요, 따돌림, 성폭력, 사이버폭력 등으로 구성되었고, 2부 학교폭력 예방 및 대응은 학교폭력 실태조사 및 후속처리, 학교폭력예방교육, 학교폭력 대응, 학교폭력 전담기구 및 대책자치위원회, 법적 대응 및 조치 등으로 구성되었다. 또한, 3부 인성교육과 학생의 이해에서는 인성교육의 이해, 인성교육 핵심덕목과 역량, 인성교육의 방향, 생활지도 및 상담, 학생 정서행동발달 등으로 구성되었다.

본 저서는 교직 과목 중에서 '학교폭력 예방 및 학생의 이해'를 수강하는 교육대학 및 사범대학 학생뿐만 아니라, 교육 현장에서 실천하는 교사들에게도 많은 도움을 줄 것으로 기대한다. 아무쪼록 본 저서가 학교폭력을 예방하고 대응하기 위해 필요한 기본 지침서가 되기를 바라는 마음이다. 끝으로 본서 출판에 도움을 주신 양성원 가족 여러분께 감사를 드린다.

2017년 8월

저자 대표 신재한

차 례

PART 01 학교폭력의 기초

Chapter 06 성폭력

Chapter 07 사이버폭력

PART 02 학교폭력 예방 및 대응

Chapter 08 학교폭력 실태조사 및 후속처리

Chapter 09 학교폭력예방교육

Chapter 10 학교폭력 대응

Chapter 11 학교폭력전담기구 및 대책자치위원회

Chapter 12 법적 대응 및 조치

PART 03 인성교육과 학생의 이해

Chapter 13 인성교육의 이해

Part 01

학교폭력의 기초

Chapter

01

학교폭력의 이해

1. 학교폭력의 개념

일반적으로 학교폭력이란 학교에서 일어나는 폭력을 지칭하지만, 연구자들마다 학교폭력의 개념에 대한 정의를 다양하게 내리고 있다. 학교폭력에 대한 개념의 정의가 다양한 방식으로 내려지는 것은 바로 가해와 피해의 대상, 학교폭력이 발생하는 장소, 학교폭력의 내용에 대해서 연구자들이 저마다 다른 시각으로 현상을 바라보기 때문이다(김경집, 2005; 박일수, 2013).

이러한 관점에서 학교폭력의 개념을 분명하게 정의내리는 것은 쉽지 않은 일이다. 하지만 선행연구들의 개념 정의에 관해 살펴보면 다음과 같다. 먼저 교내외, 집 주변, 등하굣길, 학교나 학원의 주변 등 학생들이 많이 접하게 되는 장소는 물론이고 우리가 흔히 알고 있는 교육과 관련된 곳에서 교사와 부모를 제외한 사람이 학생에게 직접적으로나 간접적으로 행사한 정도가 심각한 유형, 무형의 모든 폭력(문용린 외, 2006)이라고 정의되기도 한다. 또한 '학교'라는 의미를 학교 주변 일정한 거리에 위치한 지리적 혹은 공간적 장소로 지칭하여 타인에게 정신적 혹은 신체적인 피해를 입히는 물리력과 함께 자신의 이익을 위해 부적절하게 사용하는 힘과 권력을 지칭하는 '폭력'의 의미를 결합하여 '학교폭력' 개념으로 정의를 내리기도 하였다.

Olweus(1993)의 학교폭력 개념은 학교와 관련하여 일어나는 폭력행위를 말하며 개인이나 또래집단이 피해학생을 대상으로 반복적이고도 지속적으로 신체적 · 물리적 폭력은 물론 집단따돌림, 욕설, 협박 등의 심리적 · 언어적 폭력 행위를 행사하는 것으로 정의한다.

보다 구체적으로 살펴보면 학자에 따라 발생하는 장소, 가해와 피해의 대상, 학교폭력의 내용에 따라 〈표 1-1〉과 같이 다르게 정의할 수 있다.

〈표 1-1〉 관점에 따른 학교폭력 정의에 대한 다른 해석

관점	주장한 학자	내용	중요 쟁점
원인 장소	한국청소년상담원 (2009)	학교를 중심으로 맺어지는 관계되는 일들이 온정적이며 정상적인 성격을 띠지 못하고 비인간적이며 난폭하고 잔인하며 비정상적인 성격을 나타낼 때 학교폭력이라 함	학교 이외의 장소에서의 사안도 학교폭력으로 여김
	Astor et al. (1997)	학교폭력의 범위를 학교 내에서 발생하는 폭력이나 주변과 등·학굣길에서 발생하는 폭력으로 한정	학교와 학교 주변의 사안으로 한정
관련 주체	Michael et al. (1996)	우리나라보다 학교폭력문제가 더욱 심각한 미국의 경우에는 학생들 간의 폭력뿐만 아니라 교직원들에 대한 학생의 폭력도 학교폭력의 범위에 포함	교직원도 학교폭력 주체로 인정
	문용린 외(2006)	교육과 관련된 장소 및 현장에서 부모와 교사를 제외한 모든 사람이 학생에게 행사한 정도가 상당히 심각한 유형·무형의 모든 폭력	부모와 교사는 학교폭력에서 제외
원인 행위	Archer & Browne(1989); Berkowitz (1974)	일반적으로 폭력은 타인의 재산에 해를 입히기 위한 물리적인 힘의 행사 또는 타인에게 극심한 신체적인 고통이나 상해를 가할 의도나 그러한 의도를 인식하고 행해진 행위	재산과 신체상의 고통이나 상해를 입히는 행위
	박범규	피해자는 학생이어야 하며, 그 유형은 피해학생의 의사에 반하는 일련의 행동을 포함함	피해자의 의사에 반하는 모든 행동

자료: 김영곤(2016). 유·초등(예비)교사를 위한 현장 중심 학교폭력예방의 이론과 실제. pp. 15-16 재인용

학자의 의견뿐만 아니라 교육부에서 정의하는 학교폭력은 '학교 내외에서 학생을 대상으로 발생한 상해, 폭행, 감금, 협박, 약취·유인, 명예훼손·모욕, 공갈, 강요·강제적인 심부름 및 성폭력, 따돌림, 사이버 따돌림, 정보통신망을 이용한 음란·폭력 정보 등에 의하여 신체·정신 또는 재산상의 피해를 수반하는 행위'이다(학교폭력예방 및 대책에 관한 법률, 2015).

2. 학교폭력의 유형

교육부에서 학교폭력이 발생하는 다양한 유형들을 [그림 1-1], 〈표 1-2〉와 같이 크게 신체폭력, 언어폭력, 금품갈취, 강요, 따돌림, 성폭력, 사이버폭력의 7가지 유형으로 나누고 이에 따른 대처방안을 제시하고 있다.

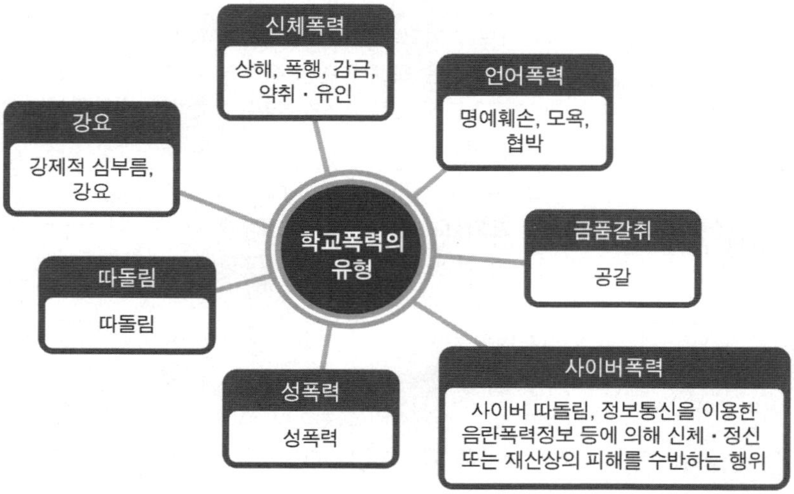

[그림 1-1] 학교폭력의 7가지 유형

〈표 1-2〉 학교폭력의 7가지 유형

유형	학교폭력예방법 관련	예시 상황
신체폭력	• 상해 • 폭행 • 감금 • 약취 · 유인	• 일정한 장소에서 쉽게 나오지 못하도록 하는 행위(감금) • 신체를 손, 발로 때리는 등 고통을 가하는 행위(상해, 폭행) • 강제(폭행, 협박)로 일정한 장소로 데리고 가는 행위(약취) • 상대방을 속이거나 유혹해서 일정한 장소로 데리고 가는 행위(유인) → 장난을 빙자해서 꼬집기, 때리기, 힘껏 밀치는 행동 등도 상대학생이 폭력행위로 인식한다면 이는 학교폭력에 해당

유형	학교폭력예방법 관련	예시 상황
언어 폭력	• 명예훼손 • 모욕 • 협박	• 여러 사람 앞에서 상대방의 명예를 훼손하는 구체적인 말(성격, 능력, 배경 등)을 하거나 그런 내용의 글을 인터넷, SNS 등으로 퍼뜨리는 행위(명예훼손) → 내용이 진실이라고 하더라도 범죄이고, 허위인 경우에는 형법상 가중 처벌 • 여러 사람 앞에서 모욕적인 용어(생김새에 대한 놀림, 병신, 바보 등 상대방을 비하하는 내용)를 지속적으로 말하거나 그런 내용의 글을 인터넷, SNS 등으로 퍼뜨리는 행위(모욕) • 신체 등에 해를 끼칠 듯한 언행(죽을래 등)과 문자메시지 등으로 겁을 주는 행위(협박)
금품 갈취	• 공갈	• 돌려줄 생각이 없으면서 돈을 요구하는 행위 • 옷, 문구류 등을 빌린다며 되돌려주지 않는 행위 • 일부러 물품을 망가뜨리는 행위 • 돈을 걷어오라고 하는 행위 등
강요	• 강제적 심부름 • 강요	• 속칭 빵 셔틀, 와이파이 셔틀, 과제 대행, 게임 대행, 심부름 강요 등 의사에 반하는 행동을 강요하는 행위(강제적 심부름) • 폭행 또는 협박으로 상대방의 권리행사를 방해하거나 해야 할 의무가 없는 일을 하게 하는 행위(강요) → 속칭 바바리맨을 하도록 강요하는 경우, 스스로 자해하거나 신체에 고통을 주는 경우 등이 강요죄에 해당
따돌림	• 따돌림	• 집단적으로 상대방을 의도적이고, 반복적으로 피하는 행위 • 싫어하는 말로 바보취급 등 놀리기, 빈정거림, 면박주기, 겁주는 행동, 골탕 먹이기, 비웃기 • 다른 학생들과 어울리지 못하도록 막기 등
성폭력	• 성폭력	• 폭행ㆍ협박을 하여 성행위를 강제하거나 유사성행위, 성기에 이물질을 삽입하는 등의 행위 • 상대방에게 폭행과 협박을 하면서 성적 모멸감을 느끼도록 신체적 접촉을 하는 행위 • 성적인 말과 행동을 함으로써 상대방이 성적 굴욕감, 수치감을 느끼도록 하는 행위 등

자료: 교육부(2014). 학교폭력 사안처리 가이드북. p. 18.

3. 학교폭력의 현황

학교폭력의 현황은 앞에서 제시한 신체폭력, 언어폭력, 금품갈취, 강요, 따돌림, 성폭력, 사이버폭력의 7가지 학교폭력의 유형을 2012년의 자료와 2016년의 실태 분석 결과를 중심으로 살펴보고자 한다.

1) 2012년 전국 학교폭력 실태조사 결과

청소년폭력예방재단에서 조사한 2012년 전국 학교폭력 실태조사의 주요 내용은 〈표 1-3〉과 같다.

〈표 1-3〉 전국 학교폭력 실태조사 주요 내용

구분	내용
조사 대상	전국 16개 시 · 도 초등학교 4학년~고등학교 2학년 5,530명
조사 기간	2012년 12월~2013년 1월
조사 방법	온 · 오프라인 설문방식
조사 내용	인구통계학적 문항, 학교폭력 인식 및 심각성 실태, 학교폭력 피해 실태, 가해 실태, 목격 및 방관 실태, 학교폭력예방 및 근절대책에 대한 실태 등 총 59문항

(1) 학교폭력 피 · 가해율 감소, 심각성 인식율 여전, 체감률 증가

2012년 학교폭력 피해율은 12.0%, 가해율은 12.6%로 조사되었다. 청소년폭력예방재단(청예단)에서 실시한 2011년 실태조사와 비교하여 살펴보면, 피해율의 경우 18.3%, 가해율의 경우 15.7%로 나타나 2012년에는 감소한 것으로 나타났다. 또한 학교폭력 심각성에 대한 질문에서 2011년 41.7%, 2012년 40.8%로 나타나 여전히

학생들은 학교폭력이 심각하다 여기고 있는 것으로 드러났다. 특히, 24.4%의 학생들이 '집단따돌림'을 가장 심각하다고 응답하였으며 '신체폭행'의 경우 23.3%의 학생들이 심각하다고 응답하였다.

(2) 학교폭력 피해로 인한 자살생각 증가

학교폭력 피해로 인한 자살생각의 경우 44.7%로 조사되어 학교폭력 피해자 10명 중 4.5명이 피해 후 자살을 생각해 본 경험이 있는 것으로 나타났다. 한편, 2011년 실태조사에서는 31.4%가 자살생각을 해본 적이 있다고 한 것에 비해 증가한 수치로 학교폭력으로 인한 자살을 생각하는 청소년이 늘어나고 있음을 알 수 있다.

(3) 학교폭력 피해 후 심리적 고통 증가

학교폭력 피해 후 고통스러웠다고 생각한 학생은 49.3%, 가해학생에게 복수충동을 느낀 학생은 전체의 70.7%로 나타났다. 또한 학교폭력 피해를 당한 후 등교거부 충동을 가진 학생이 39.3%로 학교에서 많은 시간을 보내야 하는 학생이 등교거부 충동을 느껴 학교생활 하는 데 있어 어려움을 가지는 심각한 양상을 보여 준다.

(4) 초등학교부터 시작되는 학교폭력 장기화

재학 기간 중 학교폭력 경험이 있다고 응답한 학생 중, 처음 학교폭력 피해 경험시기에 대한 질문에 초등학교 저학년(1~3학년)의 경우 30.5%, 고학년(4~6학년)은 47.8%로 총 78.3%가 초등학교 때 학교폭력 피해를 경험한 것으로 나타났다.

(5) 피 · 가해의 순환구조

실태조사 전체 응답자 중, 학교폭력 피해와 가해를 모두 경험한 학생은 전체의

5.1%로 조사되었다. 특히, 이들 중 피·가해 경험을 셀 수 없이 경험한 학생이 5.6%로 나타나 그 심각성을 더했다.

(6) 10명 중 3명, 학교폭력 피해 후 도움 요청하지 않는 학생

학교폭력 피해 후 도움을 요청하지 않는 학생은 33.8%로 나타났다. 이들 중학생의 경우 학교선생님에게 도움을 요청하는 경우는 26.6%, 부모님께 알려 도움을 요청한 경우는 24.0%로 조사되었다. 한편, 도움의 효과성을 묻는 질문에 '도움이 되었다'고 응답한 학생은 27.9%, '도움이 되지 않았다'고 응답한 학생은 41.8%로 나타나 실질적인 도움을 받지 못하고 있음을 반증하는 결과라 할 수 있다.

(7) 10명 중 4.5명은 방관, 학교폭력 방관 실태 심각

학교폭력을 보고도 모르는 척 한 학생은 전체의 44.5%로 나타났다. 이들에게 방관 이유에 대해 '같이 피해를 당할까봐'라 응답한 학생은 30.6%로 나타났다. 이는 학교폭력예방 및 근절을 위해 학교폭력 목격자에 대한 보호체계 마련이 시급함을 뜻하며 나아가 방관자를 방어자로 만드는 변화의 움직임이 필요함을 시사한다.

(8) '일이 커질 것 같아' 신고 못하는 청소년

학교폭력 피해 시 도움을 요청하지 않은 이유를 분석한 결과 '일이 커질 것 같아서'라는 응답이 29.8%, '이야기해도 소용없을 것 같아서' 25.8%의 순으로 나타났다.

(9) 학교 교실, 쉬는 시간이 위험

학교폭력이 일어나는 장소와 시간에 대한 문항에 '학교 교실'이라고 응답한 학생은 전체의 50.0%로 나타났으며, 학교폭력 피해를 경험한 시간은 '쉬는 시간'이라고 응답한 학생이 48.9%로 가장 많았다.

(10) 학교폭력의 사각지대, 사이버공간

학교폭력을 당한 공간에 대한 질문에 '사이버공간'이라고 응답한 학생이 8.4%로 나타났으며, 심각하다고 생각하는 학교폭력 유형에 대한 질문 결과 사이버폭력이라고 응답한 학생은 2011년 1.8%이었으나 2012년 4.7%로 나타나 학생들이 사이버공간상의 학교폭력의 심각성을 인식하고 있음을 알 수 있다.

(11) 가해학생에 대한 무조치, 공정하고 일관된 조치 필요

최근 1년간 학교폭력 가해 후 일어난 일로 '아무 일도 일어나지 않았다'고 응답한 학생은 27.6%로, 정부의 지속되는 대책 마련에도 불구하고 현장에서는 적절한 조치가 이루어지지 않고 있음을 알 수 있다.

(12) 학교폭력, 학생들의 갈등조정 및 해결능력이 필요

학생들이 응답한 학교폭력 가해 이유를 살펴보면 '오해와 갈등' 18.4%, '상대 학생이 잘못해서' 17.3%로 나타나, 학생들이 학교폭력이나 또래관계에서 갈등이 발생할 경우 이를 해결하거나 조율하는 능력이 부족함을 알 수 있다.

(13) 가해행동을 중지하기 위해 청소년들의 올바른 인식 및 자성이 중요

학교폭력 가해행동을 그만 둔 이유를 묻는 질문에 '스스로 나쁜 행동임을 알게 되어서'라고 응답한 학생은 전체의 48.5%로 나타나 다른 학생을 가해하는 행위가 범죄임을 스스로 깨우치게 하는 것이 무엇보다 중요함을 알 수 있다.

(14) 학생들이 느끼는 학교폭력예방 및 대책에 관한 법률과 정부의 학교폭력 종합대책

학생들에게 '학교폭력예방 및 대책에 대한 법률'에 대한 인식에 대해 질문한 결과 '전혀 모른다'라고 응답한 학생은 9.1%, '모른다'라고 응답한 학생은 25.8%, 총 34.9%로 나타나 학교폭력 관련 법률에 대해 인식하고 있는 비율이 낮았다. 또한 정부가 학교폭력을 4대 악(惡)으로 정하고 추진한 대책 중 전문상담교사, 학교폭력 전담경찰, CCTV에 대하여 질문한 결과, 전문상담교사가 학교폭력예방에 도움이 된다고 생각한 학생은 28.4%, 학교폭력 전담경찰이 도움이 된다고 생각한 학생은 30.3%, CCTV가 도움이 된다고 생각한 의견은 23.2%로 조사되었다.

2) 2016년 제1차 학교폭력 실태조사 결과

학교폭력 실태조사는 학교폭력 발생 실태 및 관련 인식을 체계적으로 조사하여 학교별 현황 정보를 제공하고, 학교폭력근절 종합대책 등 정책 수립에 활용하며, 학교폭력에 대한 입체적 조사를 통해 학교폭력에 대한 학생들의 인식 개선 및 학교의 적극적 대응 노력을 유도하기 위해 학교폭력예방 및 대책에 관한 법률 제11조 및 동법 시행령 제9조에 의거 해당 지역 시・도 교육감은 학교폭력 실태조사를 연 2회 실시하여야 한다.

조사 주관 기관은 전국 시・도교육감협의회가 공동으로 초등학교 4학년~고등학교 2학년 재학생 전체를 대상으로 실시하였다.

(1) 학교폭력 피해 응답 현황

학교폭력 피해를 경험한 학생의 응답률은 0.9%(3만 9,000명)로, 전년 동차 대비 0.1%p(5,000명) 감소하였다. 학교급별 피해응답률은 초등학교 2.1%, 중학교 0.5%,

고등학교 0.3%로, 전년 동차 대비 중학교의 감소 폭(0.2%p)이 컸으며, 고등학교는 소폭 감소(0.1%p), 초등학교는 소폭 증가(0.1%p)하였다.

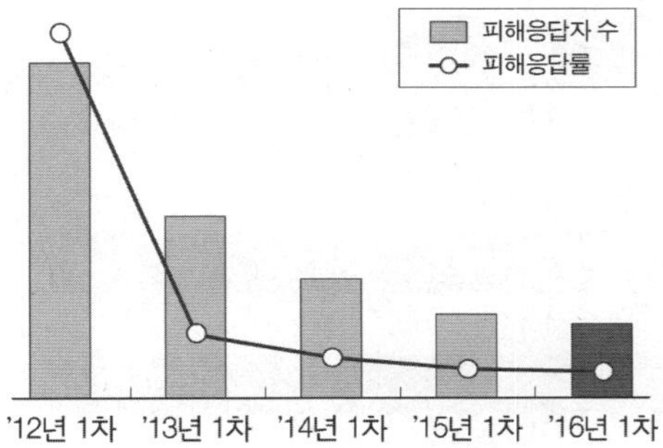

구분	'12년 1차	'13년 1차	'14년 1차	'15년 1차	'16년 1차	증감(%) 전년동차
응답률(%)	12.3	2.2	1.4	1.0	0.9	-0.1
명수(천 명)	172	94	62	44	39	-5

[그림 1-2] 학교폭력 전체 피해응답률

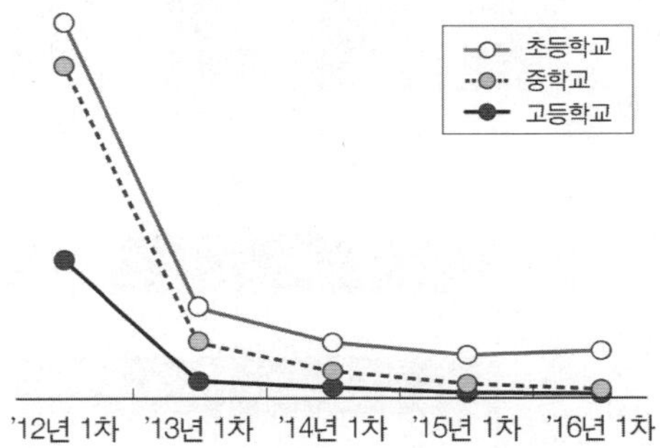

구분	'12년 1차	'13년 1차	'14년 1차	'15년 1차	'16년 1차	증감(%) 전년동차
초(%)	15.2	3.8	2.4	2.0	2.1	0.1
중(%)	13.4	2.4	1.3	0.7	0.5	-0.2
고(%)	5.7	0.9	0.6	0.4	0.3	-0.1

[그림 1-3] 학교급별 피해응답률

자료: 교육부(2016). 학교폭력 감소 추세 지속-2016년 1차 학교폭력 실태조사 결과 -보도자료.

(2) 학교폭력 피해 유형

학생 1,000명당 피해 유형별 응답건수는 지난해 동차 대비 모든 유형에서 피해응답 건수가 감소하였고, 언어폭력(6.2건), 집단따돌림(3.3건), 신체폭행(2.2건) 등의 순으로 나타났다. 피해 유형 응답건수(1차) : '14년 13만 5,000건 → '15년 9만 8,000건 → '16년 8만 3,000건, 피해 유형별 비율도 언어폭력(34.0%), 집단따돌림(18.3%), 신체폭행(12.1%) 등의 순으로 나타났다.

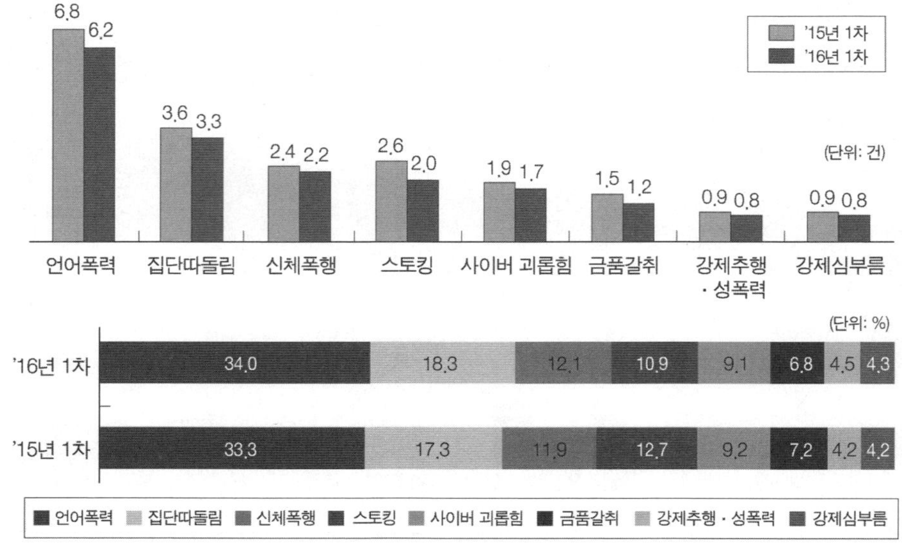

[그림 1-4] 학생 1,000명당 피해응답 건수 및 피해 유형별 비율

자료: 교육부(2016). 학교폭력 감소 추세 지속-2016년 1차 학교폭력 실태조사 결과 -보도자료.

(3) 피해장소

피해 장소는 '교실 안'(41.2%), '복도'(10.9%) 등 학생들이 주로 생활하는 '학교 안'(72%)에서 발생하였다.

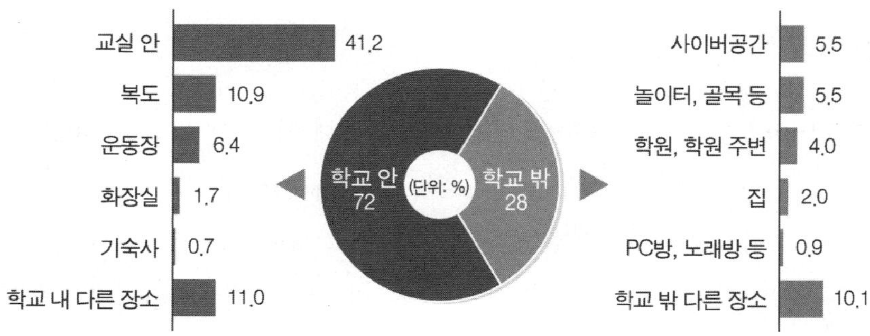

[그림 1-5] 피해 장소

자료: 교육부(2016). 학교폭력 감소 추세 지속-2016년 1차 학교폭력 실태조사 결과 -보도자료.

(4) 피해시간

학교폭력 피해시간은 '쉬는 시간'(39.4%), '하교 이후'(16.4%), '점심시간'(10%), '하교시간'(6.5%) 등의 순으로 나타났다.

(5) 가해자 유형

피해학생이 응답한 가해자 유형은 같은 학교 같은 학년(67.4%)이 대다수이며, 같은 학교 학생의 비율은 75.6%, 다른 학교 학생의 비율은 3.8%로 나타났다.

(6) 가해응답

학교폭력 가해학생의 응답률은 0.4%(1만 6,000명)로, 전년 동차 대비 0.06%p (3,000명) 감소하였다. 학교급별 가해응답률은 초등학교 1.0%, 중학교 0.2%, 고등학교 0.1%이며, 중학교의 응답률이 전년 동차 대비 소폭 하락(0.1%p)하였다.

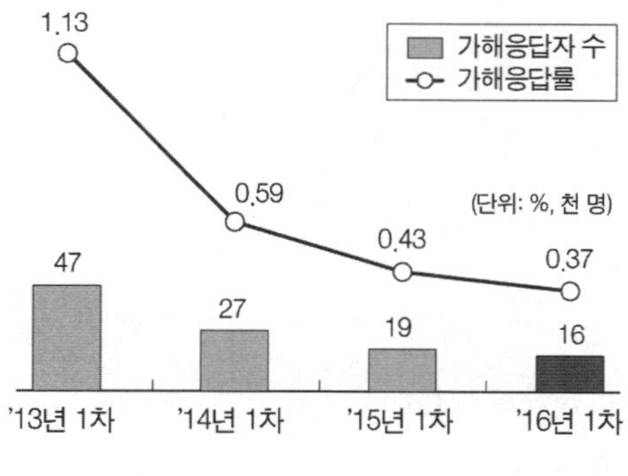

[그림 1-6] 가해응답률

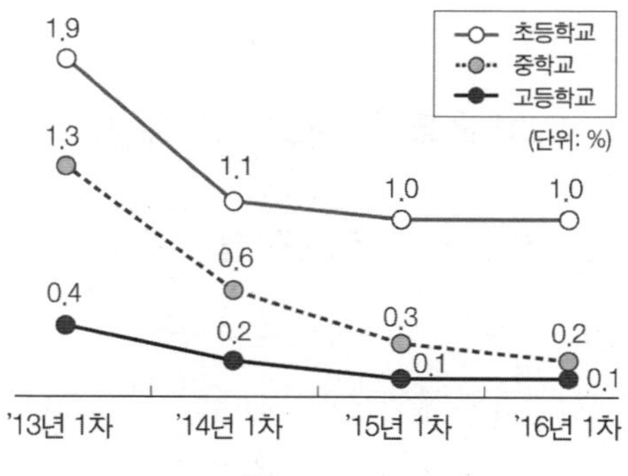

[그림 1-7] 학교급별 가해응답률

자료: 교육부(2016). 학교폭력 감소 추세 지속-2016년 1차 학교폭력 실태조사 결과 -보도자료.

(7) 학교폭력 목격 응답 현황

학교폭력 목격 학생의 응답률은 2.5%(10만 9,000명)로, 전년 동차 대비 0.5%p (2만 4,000명) 감소하였다. 학교급별 목격응답률은 초등학교 5.5%, 중학교 1.5%, 고등학교 1.1%이며, 중학교의 응답률이 전년 동차 대비 큰 폭으로 하락(0.8%p)하였다. 초 : 5.7% → 5.5%(0.2%p↓) / 중 : 2.3% → 1.5%(0.8%p↓) / 고 : 1.5% → 1.1% (0.4%p↓)

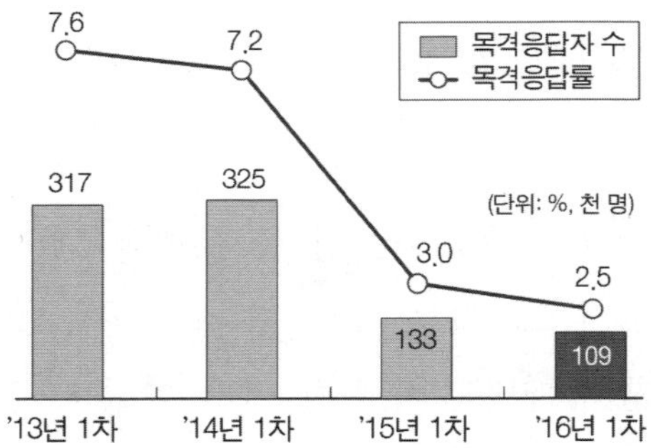

[그림 1-8] 목격응답률

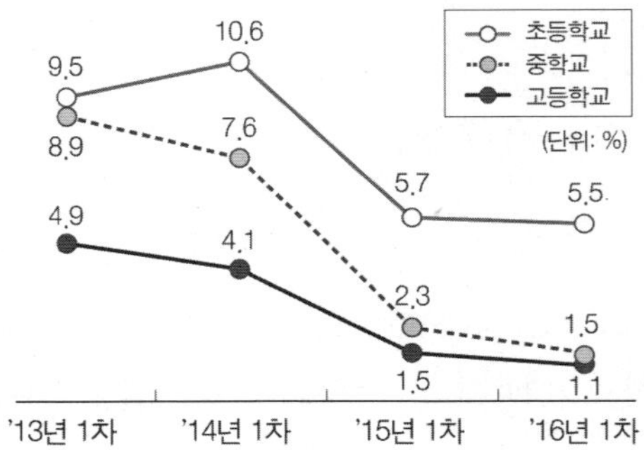

[그림 1-9] 학교급별 목격응답률

(8) 학교폭력 신고 · 도움 및 예방교육 응답 현황

① 피해 후 알림 · 신고

학교폭력 피해 사실을 주위에 알리거나 신고한 응답은 80.3%로 전년 동차 대비 0.7%p 증가하였으며, 대상은 '가족'(39.8%), '학교'(21.4%), '친구나 선배'(15.3%), '117신고센터'(3.8%)의 순으로 나타났다. 피해 후 알림 · 신고 비율(1차) : '14년 78.3% → '15년 79.6% → '16년 80.3%

② 목격 후 알림 · 도움

학교폭력 목격 후 '알리거나 도와줬다'는 응답은 87.3%로 전년 동차 대비 2.1%p 증가하였으며, 반면 '모르는 척 했다'는 방관 응답은 전년 동차 대비 감소(14.5%→12.2%)하였다. 목격 후 알림 · 도움 비율(1차) : '14년 79.1% → '15년 85.2% → '16년 87.3%

③ 예방교육 효과

학교폭력예방교육 효과는 '117 등에 신고'(19.9%), '어떤 행동이 학교폭력인지 알게 되었다'(18.2%) 등으로 전년 동차와 유사하게 나타났다.

Chapter

02

신체폭력

1. 신체폭력의 유형 및 실태

학교폭력의 유형 중에서 신체폭력이란 신체적 고통이나 상해를 가할 의도나 그러한 의도가 있다고 인식되는 행위를 의미한다. 신체폭력의 유형에는 〈표 2-1〉과 같이 상해·폭행, 약취, 감금, 유인 등이 해당된다.

〈표 2-1〉 신체폭력의 유형

신체폭력의 유형	내용
상해·폭행	신체를 손, 발로 때리는 등 고통을 주는 행위
약취	강제로 일정한 장소로 데리고 가는 행위
감금	일정한 장소에서 쉽게 나오지 못하게 하는 행위
유인	상대방을 속이거나 유혹해서 일정한 장소로 데리고 가는 행위

2. 신체폭력 사례

1) 신체폭력으로 등교 거부 사례

고등학교 2학년 남학생들인 A와 B는 같은 반 동급생으로 B는 학기 초부터 A의 얼굴 생김새와 이름을 가지고 놀렸다. 평소 말로만 놀리던 B는 어느 날 A의 어깨를 툭툭 치며 놀렸고 A가 반응하지 않자 무시한다며 더 세게 때려 A가 밀려 넘어져 교탁 모서리에 얼굴을 부딪쳐 입가가 찢어졌다.

A는 병원에서 부상 입은 부위를 치료받았고, A의 어머니와 B의 어머니는 전화 통화를 통해 원만하게 합의를 하기로 하였다. 그러나 시간이 지날수록 A의 고통

이 계속되어 추가 검사를 한 결과 우안 안와골절, 치아 이탈 등의 추가 진단을 받게 되었다.

이에 A 측과 B 측은 치료비 문제에 대한 합의점을 찾고자 만났지만 A 측은 향후 치료비를 포함한 합의를 요구하였고, B 측은 향후 치료비에 대해서는 지불하기를 거부하여 합의점을 찾지 못했다. 이에 A 측은 합의를 위해 B 측에 연락을 하였으나 B 측은 합의를 거부하며 A 측이 연락하는 것에 대해 기분 나빠하였고 사생활을 침해받고 있다고 주장하였다. 그 후 A 측은 치료비와 위자료를 받고자 민사소송을 진행하며 추가로 형사소송을 제기하였으나, 소송비용 및 시간소요가 길어져 걱정을 하며 치료를 제대로 받지 못할까봐 불안감을 가지고 있다.

A는 얼굴에 난 상처들을 볼 때마다 자신의 얼굴이 흉측하다는 생각이 들어 집 밖에 나가서 사람들을 만나기 싫고 B에게 복수하고 싶다는 생각이 들어 등교도 거부한 채 집에만 있다.

2) 학생들 간의 폭력 사례

사례 1 신입생 길들이기 차원의 폭력

2학년 학생들은 입학 후 1학년 학생들이 인사를 곱게 하지 않고 평소에도 고분고분하지 않는다는 핑계를 삼아서 후배들의 길들이기를 하겠다고 평소에 마음을 먹고 있었다. 그러던 중에 그날 아침에 등교하는 길에 째려보았다는 이유로 방과 후 1학년 학생 4명을 데리고 학교 근처의 주택 옥상으로 올라가서 선배를 우습게 보느냐, 인사를 하지 않느냐, 왜 째려보느냐고 하면서 종아리를 걷어차고, 머리를 걷어차고, 따귀를 때리고 하였다. 이때 한 명은 입에서 피를 흘리면서 머리가 아프다고 하여 그만 때리고, 다른 학생들에 대해서는 계속하여 폭력을 가하여 온몸에 피멍을 들게 하였다. 옥상에 널려 앉아 담배를 피운 후 서로 사과를 한 후 앞으로 조심하면서 학교에 다니라고 하고 헤어졌다.

이후 피해학생 중 조○○학생의 눈이 찢어지고 얼굴과 온몸에 피멍이 든 것을 확인한 부모가 학교에 강력히 항의하여 학생부에서 사건을 접수 후 조사를 하게 되면서 알려지게 되었다.

사례 2 **상급생이 하급생 폭력 신입생 길들이기 차원의 폭력**

3학년 학생 1명이 1학년 후배 학생 5명을 실습실에서 PVC파이프에 전선을 감아 엉덩이와 뒤허벅다리를 때리고, 특히 등교시간에 늦고 청소를 못했다는 이유로 손과 다리에 케이블 타이를 드릴에 감아 돌리고 피해학생 모두에게 책상 위에 손가락을 벌리게 하고 롱로오즈로 손 사이를 찍다가 손가락을 찍어 피가 나게 하였다. 또 전기 기판으로 손등을 찍어 손등이 까지게 하는 상처를 입히고, 수학여행 시 머루주를 사오라고 시키는 등 사악한 폭행을 일삼았다.

사례 1, 2의 사건은 상급생이 하급생을 교육시키는 것이 관례화되어 있는 학교풍토와 상급생의 일방적 구타가 교육이라는 명목으로 미봉될 수 있는 현실적인 문제가 내재되어 있다. 이러한 문제점을 개선하기 위해서는 폭력에 대한 사회적인 편견이나 잘못된 인식을 과감하게 불식시켜야 하며, 이와 함께 폭력이 용인되는 학교풍토를 개선해야 한다.

사례 3 **동급생 간 1 : 1 폭력 사례**

통학길에 김○학생이 버스 안에서 이○군과 눈이 마주친 후 계속하여 서로가 눈을 쳐다보다가 김○학생이 "너 내려"라고 하기에 중간 지점에서 내린 후 김○학생이 "너 죽을래" 하면서 이○학생에게 주먹으로 가격하여 바닥에 쓰러뜨린 후 위에서 누르고 폭행을 계속 하던 중 기동순찰대에 접수되었다. 학교로 통보된 후 당일은 서로 화해를 시켜 집으로 돌려보냈는데, 다음날 등교 후 김○학생이 이○학생의 교실로 가서 "너 오늘 초상 날이다. 화장실로 와라"하였지만 이○학생은 겁을 먹고 가지 않자 이○학생을 데리고 화장실로 간 다음 "너 죽을래" 하면서 주먹으로 가격하였다. 이후 이○군은 피를 흘리면서 눈을 감고 바닥에 쓰러지면서 기절을 하여 119에 신고되었다. 신고 후 119가 출동하고 응급조치하고 병원으로 후송되었으며 MRA, X-RAY 등 모든 검사를 한 후 가해자 부모와 피해자 부모가 만나서 병원 치료를 받고 치료 후에 학교 선도위원회를 소집하여 김○학생은 치료비 전액(350만 원)을 피해학생에게 부담하고 1주일간의 학교 내 봉사를 받게 되었다.

사례 4 동급생 간 집단폭력 사례

또래에 비해 몸집이 작고 조용한 성격의 초등 4학년 김지후(가명)군. 김 군은 올해 학기 초 점심시간에 책을 읽다가 봉변을 당했다. 당시 같은 반 남학생들이 전쟁 게임을 하고 있었는데, 장군 역할을 하던 A군이 느닷없이 공격 대상으로 김군을 지목하는 바람에 너댓명에게 몰매를 맞은 것이다. 다행히 멍이나 상처가 나진 않았지만, 김군의 마음엔 그보다 더 큰 생채기가 났다. 그 광경을 지켜보던 반 학생들이 갑작스런 공격에 당황하는 김군의 반응을 보며 깔깔댔기 때문이다. A군은 부들부들 떨던 김군에게 다가가 "그냥 게임이야"라고 했다. 반 친구들은 또 웃었다.

이후 김군의 일상은 180도 달라졌다. '사건'을 계기로 A군을 비롯한 반 학생들이 김군을 대놓고 얕잡아보기 시작한 것이다. 덩달아 '폭력'도 벌어졌다. 이들은 난데없이 김군의 뒷목을 손날로 치거나 옆구리를 세게 쿡쿡 찔렀다. 듣도 보도 못한 욕설도 함께 퍼부었다. 사이버공간에서도 괴롭힘은 계속됐다. 반 학생들의 SNS나 메신저에선 김군을 흠집 내는 말이 매일 나돌았다. 폭력의 강도는 점점 심해졌다. 급기야 성추행까지 더해졌다. 김군은 "죽고 싶다"고 했다.

자료: 조선에듀(2016). 어려지는 학교폭력, 초등 현장에 번지는 '초4병'(2016. 8. 17 기사).

3) 일방적 구타의 사례

일방적 구타란 다수의 학생이 한 학생을 상대로 일방적으로 가하는 집단폭행이며, 그리고 주도권을 획득한 한 명의 학생이 열등한 지위에 있는 다른 한 명의 학생을 일방적 또는 집중적으로 구타하는 행위를 말한다. 일방적 구타는 학교 현장에서 빈번하게 일어나며, 피해학생들은 주변 사람들을 무서워하고 피하게 되며, 자신감도 잃게 되고 등교를 거부하는 등 학교생활 전반에 걸쳐 부적응 현상을 보이게 된다. 외상후 스트레스, 신체 정신적 장애, 우울증, 무기력감, 자살 등으로 연결되는 무서운 결과를 초래하기도 한다.

사례

가해학생들은 피해학생이 1학년 학생들에게 잘난척하고 다니며, 평소에 자신들에 대하여 뒤에서 욕을 하고 다닌다는 이유로 불만을 가지고 있던 중, 피해학생이 가해자 박 ○○의 남자 친구에 대하여 험담을 하였다는 직접적인 이유로 피해학생을 2학년 8반 교실 옆 계단으로 불렀다. 그리고 왜 자신들을 욕하고 다니느냐고 따지다가 흥분하여 피해학생의 입을 막고, 욕을 하면서 머리를 밀고 빰을 때리고, 배를 툭툭 치는 등 폭행하였다. 방과 후에 피해학생을 후문으로 나오라고 하여 ○○ 피시방 계단으로 데리고 가서, 머리채를 잡고 흔들면서, "눈깔아라", "교복은 왜 줄여 입느냐? 네 배가 나왔으니 배나 줄여라", "너, 렌즈도 끼냐, 눈알 썩어 들어간다." 등의 말과 함께 욕설을 하며, 빰을 때리고, 머리를 치는 등 집단으로 폭행을 가한 사실이 학교에서 실시한 폭력피해 설문조사 결과 밝혀졌다.

일방적 구타가 발생하였을 때 교사는 일단 폭력 가해자들이 폭력에 개입하게 된 경위와 원인을 분석하고, 피해자의 신체적 또는 심리적 상처 정도를 파악해야 한다. 이들의 폭력이 극단적인 비행과 연결되지 않도록 조치하고, 더 이상 폭력이라는 방법을 동원하지 못하도록 하는 등의 적극적인 지도가 이루어져야 한다.

4) 타교 학생과의 집단 패싸움 사례

사례

학교 여학생 3명이 귀가하는데, 좁은 상가에서 타 학교 창작과 2학년 8명과 어깨가 마주치자 시비가 벌어져 일방적으로 맞았다. 그후 핸드폰으로 남학생의 지원을 요청 남학생 8명이 도착하여 잡고 때리니 모두 도망을 쳤다. 잠시 후 남학생 25명이 나타나 서로 멱살을 잡고 안면을 때리고 맞싸움을 시작하다가 각목을 휘두르며 난투극을 벌였다. 신고를 받고 출동한 경찰관들이 여학생 3명과 남학생 6명을 연행하여 파출소에서 조사를 한 후 학교로 인계하였다. 그러나 다수의 부상자가 발생하였다.

학생들은 충동적이고 감성적이기 때문에 사소한 갈등이나 욕구불만에 대해서도 폭력이라는 방법을 동원하게 되며, 또한 인지적 미성숙으로 인하여 어떤 상황을 비합리적으로 지각하고 해석하는 버릇이 있음을 이해해야 한다. 좁은 골목에서 어깨를 부딪히는 일은 매우 자연스러운 일이지만, 이들은 상대방이 자신을 공격하는 행위라고 잘못 인식하게 되며, 충동적으로 폭력이라는 방법을 선택하는 것이다.

따라서 이와 같은 청소년들에게 문제 상황을 객관적이고 합리적으로 지각할 수 있는 사회인지능력과 갈등해결 전략을 지도하고, 자기조절능력을 신장시키는 등의 지속적이고 체계적인 교육이 필요하다.

5) 음주상태에서 사회인과의 집단 패싸움 사례

사례 1

새벽 1시에 변○ 학생은 금천구 ○○동 놀이터에서 선배형이 주는 술 몇 잔을 마시고 동네길을 가다가 30대 어른 세 사람과 어깨를 부딪쳤다. 아저씨들이 뭐라고 한다고 변○ 학생이 "이리와봐" 라고 소리를 쳤고 아저씨가 와서 코를 가격하며 서로 쌍방 폭행이 되었고 그러다 보니 사람수가 늘어 동네 사람이 신고하게 되며 파출소를 가게 되었다. 거기서는 서울 ○○경찰서로 넘겼고 경찰서에서 조서를 받게 되었다.

사례 2

하○ 씨는 호프집을 운영하는 사람으로 고 3인 백○와 문○이 거리에서 서로 이야기를 하고 있는 것을 보고 "너희들 여기서 뭐하냐"며 시비가 붙었다. 하○ 씨는 주먹과 발로 얼굴과 가슴을 폭행하고, 양쪽 얼굴을 6회 때려 전치 14일간의 요부 및 미부 좌상을 입혔으며 학생은 이에 대항하여 주먹과 발로 하○ 씨의 얼굴을 때려 치료일수 미상의 안면부 찰과상 등을 가했다. 그전에 하○ 씨는 청소년 유해약물 등을 판매하여서는 아니 됨에도 불구하고 2001년 4월 7일 21시 30분~24시 05분 사이 ○○시 ○○구 ○○3동 873-108호 자신의 음식점에서 청소년인 백○ 외 5명에게 소주 7병과 통닭 안주 등 시가 3만 원 상당을 판매하여 이를 식음케 하였다.

청소년들은 일반적으로 충동성이 높고 상황에 대한 왜곡된 인식능력을 가지고 있는 경향이 있다. 따라서 상황에 대한 합리적인 판단이 어려운 시기에 음주나 본드 등의 약물복용은 이들의 판단력을 크게 혼란시킬 수 있다. 음주 후 폭력의 경우 사소한 시비 상황에서도 극단적인 형태를 보이게 되고, 스스로 자제할 수 없을 만큼 자기조절능력을 잃게 된다. 그러므로 음주와 폭력이 결합되는 상황을 사전에 차단할 수 있어야 한다. 이를 위해 술을 먹지 않도록 지도하는 것이 가장 현명하겠지만, 그렇지 못할 경우에는 청소년들에게 음주의 위험을 사전에 충분히 인지시킬 수 있는 교육과 술을 먹은 후의 행동요령에 대해 체계적이고 실제적인 교육을 실시할 필요가 있다.

6) 신체폭력으로 등교 거부하는 사례

고등학교 1학년에 재학 중인 남학생 K는 평소에 말수가 적고 친구들에게 먼저 말을 잘 걸지 못하는 등 교우관계에서 어려움을 겪고 있었다. 어느 날 같은 반 B의 MP3가 분실되는 사건이 발생하게 되었다. 평소 B와 친하게 지내던 A는 B의 짝인 K를 의심해 B와 C를 데리고 K를 추궁하게 되었다. 분실사건에 대해서 묻는 과정에서 A, B, C는 K에게 폭언을 하였다. K가 계속해서 물건을 훔치지 않았다고 주장하자 A는 거짓말 말라며 K의 얼굴을 주먹으로 가격했으며 B도 넘어진 K의 얼굴과 배를 발로 폭행하는 사건이 발생하게 되었다.

폭행사건이 있은 다음날 K는 학교에 등교하지 않았다. 학교에서 있었던 폭행사건의 영향으로 K는 학교를 간다고 한 후 공원, PC방 등을 혼자 돌아다니다가 집에 다시 돌아오게 되었고, K의 엄마는 학교에서 K가 등교하지 않았다는 전화를 받으면서 아들이 폭행을 당했다는 사실을 알게 되었다. K는 계속 등교 거부를 하며 자기 방에서 나오질 않았고, 밤에는 방에서 혼자 우는 소리가 들리기도 하였다. K의 부모는 병원에서 검진을 받고 아들이 턱 골절로 인한 4주 진단의 상해를 입었다며 자신의 아들에게 피해를 입힌 A, B, C 3명을 경찰에 고소하게 되었다. K의 부모는 신체적 피해뿐만 아니라 정신적 피해보상까지 해서 합의금 500만 원을 제시하였으나 C의 부모는 정신적 피해보상은 할 수 없고 자녀가 K에게 학교폭력을 행사했다는 객관적인 증거가 없다면 합의를 거부하였다.

7) 신체폭력 처리과정의 문제제기 사례

(1) 사건 개요

고등학교 3학년 A는 같은 학년 B에게 C에 대한 뒷담화를 했는데, 그 말을 B가 C에게 그대로 전달하여 이에 격분한 A가 B의 안경을 낀 안면을 수차례 폭행하여 안와골절(전치 14주) 중상의 폭력을 행사한 사례이다.

(2) 사안 처리

- 2012년 6월 : 사안조사 실시(가・피해자 진술서 작성 등)
- 2012년 6월 : 피해학생 안와골절 수술(○○병원)
- 2012년 6월 : 제1차 자치위원회 개최
  ※ 가・피해자 학부모 불출석을 사유로 결정 연기
- 2012년 7월 : 제2차 자치위원회 개최
  ※ 모의고사・기말고사 임박을 사유로 결정 연기
- 2012년 8월 : 제3차 자치위원회 개최
  ※ 가해학생에게 사회봉사 40시간, 특별교육 4시간 조치 결정
- 2012년 8월 : 피해학생 학부모, 가해학생에 대한 가벼운 조치 항의, 117 신고
- 2012년 9월 : ○○도청 학교폭력대책지역위원회 재심 결정
  ※ 가해학생에게 출석정지 5일, 특별교육 5시간 조치 결정

- 2012년 9월 : ○○지검, 가해학생 기소유예 결정
  ※ 혐의는 인정되나 초범, 우발적 상황 감안
- 2012년 10월 : 피해학생 학부모, 민사소송 청구
  ※ 2012년 10월, 교감·학생부장 등을 직무유기로 고소
- 2012년 10월 : ○○교육청 학교폭력사안 조사 실시
- 2013년 2월 : ○○교육청 학교폭력사안 처리 감사

(3) 문제점

위의 신체폭력에 대한 조치 중에서 문제가 되는 것은 다음과 같다. 첫째, 학교폭력 전담기구를 구성하지 않아 학교폭력사안 발생 즉시 상담 등 보호조치가 지연되었다. 둘째, 폭행에 의한 중상해(전치 14주) 사안이고 피해학생 보호자가 가해학생 격리를 요청함에도 학교장 긴급조치(출석정지)가 미실시되었다. 셋째, 학교폭력대책자치위원회는 사안에 대한 가·피해학생 및 학부모 간 주장에 다툼이 없음에도 타당한 절차 없이 자치위원회 결정이 2차례 연기되었다. 넷째, 가해학생에 대한 조치 이행 등 행정절차가 지연되었다.

8) 기타 신체폭력 사례

다음의 사례는 모두 청소년 폭력예방재단(http://www.jikim.net)에 문의된 사례이다.

사례 1

고등학교 3학년 A는 같은 학년 B에게 C에 초등학교 5학년 K군은 2005년부터 3년간 학교폭력에 시달렸다. 처음에는 같은 반 학생 4, 5명이 특별한 이유도 없이 소심하고 조용했던 K군을 끌고 다니며 때렸다.

교사와 상담했지만 징계를 받은 뒤 가해학생들이 저녁마다 집앞에 진을 쳤다. 또 학교에 알리면 죽이겠다며 때려 2주간 병원에 입원했다.

사례 2

고등학교 2학년 남학생이 같은 학교 선배 5명으로부터 괴롭힘을 받았다. 지속적인 집단폭력(각목으로 10차례)과 금품갈취를 당하고 차비도 뺏겨 걸어서 집에 오고, 신발도 뺏겨 맨발로 들어왔다. 밤 늦게 전화로 불러내고, 피해 사실을 알리면 집에 불을 지르겠다고 협박하였고, 지속적인 폭력과 금품갈취 및 괴롭힘으로 "이제는 쉬고 싶다"는 메모를 남기고 아파트에서 투신하여 자살하였다.

사례 3

선배가 후배들을 1년 반 동안 성추행 및 가혹행위, 신체폭력을 하였다, 1학년 때부터 남학생 선배가 가혹행위를 하고 이를 따르지 않을 때는 구타를 하였다. 피해학생 6명에게 가해학생은 여드름을 짜서 먹이고 무좀, 손톱, 발톱 등을 깎아서 먹으라고 시켰으며, 이를 따르지 않으면 폭언과 함께 구타를 하였다. 또한 피해학생들의 성기를 발로 만지고 우산 등 다른 물건들로 교체해가며 성기를 건드리면서 "기분이 어떠냐?" 라고 물어봤다고 한다.

사례 4

피해학생이 정신지체아인데 청소시간에 청소를 하지 않는다는 이유로 폭력을 행사해 얼굴에 심한 타박상, 눈 각막 출혈 및 치아가 파절되었으며 등교를 거부하였다.

Chapter

03

언어폭력

1. 언어폭력의 개념 및 유형
2. 학교 내 언어폭력의 실태
3. 언어폭력 사례

1. 언어폭력의 개념 및 유형

1) 언어폭력의 개념

언어폭력이란 말하는 사람의 언어적 표현이 듣는 사람에게 매우 폭력적이거나 공격적인 느낌을 주게 됨으로써 상대방의 자아 개념을 손상시키는 부정적 표현을 일삼는 행위를 말한다.

2) 언어폭력의 유형

놀리기, 비하하기, 욕하기, 모욕하기, 위협하기(말, 쪽지, 이메일), 소문 퍼뜨리기 등이 언어폭력의 대표적인 유형이며, 이를 일반적인 언어폭력과 정보통신상의 언어폭력으로 나눌 수 있다.

〈표 3-1〉 언어폭력의 유형

언어폭력의 유형	내용
일반적 언어폭력	• 성격공격 : 상대의 성격을 부정적으로 말함 예) 네 성격은 구제불능이야! • 능력공격 : 상대의 능력을 부정적으로 말함 예) 공부도 못하는 주제에 망나니 짓을 하다니! • 배경공격 : 상대의 배경을 공격하는 표현 예) 쌍놈의 집안 자식이니 그렇지! • 외형공격 : 상대의 생긴 모습이나 옷차림을 부정적으로 표현 예) 호박에 줄 긋는다고 수박 되냐? • 기타공격 : 저주, 희롱, 조롱, 협박, 욕설 예) 벼락을 맞을 놈 같으니!, 너희 부모님이 그렇게 시키더냐?
정보통신상의 언어폭력	• 휴대폰, 스마트폰을 이용한 언어폭력 • 인터넷 사용에 의한 악성 댓글 • 블로그, 트위터 등을 이용한 인신공격

학교폭력예방법과 관련된 언어폭력은 명예훼손, 모욕, 협박이며, 이에 따른 구체적인 예시 상황은 〈표 3-2〉와 같다.

〈표 3-2〉 학교폭력예방법과 관련된 언어폭력 예시 상황

유형	학교폭력예방법 관련	예시 상황
언어폭력	• 명예훼손 • 모욕 • 협박	• 여러 사람 앞에서 상대방의 명예를 훼손하는 구체적인 말(성격, 능력, 배경 등)을 하거나 그런 내용의 글을 인터넷, SNS 등으로 퍼뜨리는 행위(명예훼손) → 내용이 진실이라고 하더라도 범죄이고, 허위인 경우에는 형법상 가중 처벌 • 여러 사람 앞에서 모욕적인 용어(생김새에 대한 놀림, 병신, 바보 등 상대방을 비하하는 내용)를 지속적으로 말하거나 그런 내용의 글을 인터넷, SNS 등으로 퍼뜨리는 행위(모욕) • 신체 등에 해를 끼칠 듯한 언행(죽을래 등)과 문자메시지 등으로 겁을 주는 행위(협박)

2. 학교 내 언어폭력의 실태

1) 교사의 언어폭력

남・여교사가 무의식적 또는 습관적으로 행하는 언어폭력이 많으며, 언어폭력 교사의 연령대는 40대, 30대, 50대, 20대 순으로 30~40대 선생님이 다른 연령층의 선생님보다 많이 행사한 것으로 나타났다. 학생들이 교사로부터 언어폭력을 당하는 장소는 교실, 운동장, 교무실 순으로 나타났으며, 교사가 행하는 언어폭력의 내용은 주로 학생 비하적 발언이 대다수였다. 예를 들면, 병신, 이 새끼들, 개새끼, 미친년, 죽여 버려, 쌍놈의 새끼, 바보새끼 등이었다.

교사의 언어폭력의 문제점은 다음과 같다. 첫째, 학생들에게 불신감을 주어 학교에 오기 싫어하는 원인을 제공한다. 둘째, 교사의 언어폭력은 학생의 반항심을 유발하여 교사의 지시에 불응하는 자세를 보이게 한다. 셋째, 학생들은 교사를 모방하여 죄책감 없이 언어폭력을 행사하게 된다.

2) 학생 간의 언어폭력

학생들의 언어폭력은 쉬는 시간 교실, 화장실, 복도, 하굣길, PC방, 오락실 순으로 많이 나타나 교실에서 가장 많은 언어폭력이 이루어지고 있고, 언어폭력의 내용은 구체적 욕설, 비하발언, 놀림, 부모님 모독 등의 순으로 행사되고 있다.

언어폭력을 당한 이유를 조사한 결과에 따르면 '아무런 이유 없이'에 대한 응답이 높게 나타나 청소년 사이에서 무분별하게 난무하고 있는 상황이며, 정보통신매체를 이용한 언어폭력이 급격하게 증가하고 있다.

학생 간의 언어폭력의 문제점과 개선방안은 다음과 같다.

첫째, 언어폭력적 행동을 자신 과시의 수단으로 사용하고 있다.

둘째, 대부분의 언어폭력을 가해하는 학생들은 그에 대한 심각성을 별로 느끼지 못하고 있으므로 많은 학생들이 언어폭력을 사용함으로써 피해학생들의 심리적・정서적인 문제로 발전할 수 있음을 인식하지 못하고 있다.

셋째, 학생들의 언어폭력을 예방 지도할 수 있는 구제적인 지도 자료가 요구된다.

넷째, 습관적 언어폭력은 학교에서 뿐만 아니라 가정・사회에서도 일반적으로 쓰이게 되어 학생들의 인격적 발달에 장애를 가져올 수 있다.

다섯째, 핸드폰, 스마트폰 등 인터넷상에서 이루어지는 언어폭력에 대한 제재방안이 모색되어야 한다.

3. 언어폭력 사례

1) 외모, 가정환경 등을 통한 언어폭력 사례

사례 1

물리적인 신체폭력이 줄어드는 반면에 지속적인 욕설과 협박, 따돌림 등 뚜렷한 증거가 남지 않는 폭력이 증가하는 추세이며, 언어적 · 심리적 폭력에 시달리다 못해 고통과 해결책을 호소하는 상담문의가 많다.

자료: 세계일보(2014).

사례 2

16명 그룹 채팅에서 한 학생이 "살 빠져도 돼지 XX야, X나 웃기지 병신아, 근데 우리 왜 XXX 까는 거냐? 못 생겨서 ㅋㅋ" 등의 집단 언어폭력을 당했다.

사례 3

초등학교 6학년 김모(13) 군은 지난 6개월 동안 이모(13) 군 등 동급생 3명에게서 '관심종자'라는 비아냥과 욕을 들었다. 김 군은 자존심이 상했지만 혼자 당해낼 수 없어 속으로 끙끙 앓았다. 그러다 괴로움을 잠시나마 잊으려고 온라인 게임에 손댔다가 지금은 중독 수준이다. 김 군은 "매일 학교에 가는 게 지옥 같다"고 토로했다.

사례 4

중학교 3학년 박모(16) 군은 불안장애에 시달리고 있다. 한때 같은 반이었던 최모(16) 군 때문이다. 최 군은 올해 1학기 초 '미운 놈 때리기 게임'이라는 스마트폰 애플리케이션에 박 군 사진을 합성했다. 이후 쉬는 시간마다 박 군에게 와서 "직접 못 때리니 이렇게라도 때리고 싶다"며 약을 올렸다. 최 군은 최근 전학조치를 당한 뒤에도 동네에서 박 군을 만나면 "나대지 말라"고 위협하거나 문자메시지로 '정신병자' 등의 욕설을 날렸다. 급기야 박 군은 '약물 · 상담치료가 필요하다'는 의사 소견까지 받았지만 집안 형편이 어려워 엄두를 못내고 있다.

위의 사례처럼 친구의 외모나 가정환경까지 걸고넘어지며 차별적인 언사를 하는 경우도 적지 않다. 한국교원단체총연합회가 2012년 말 초・중・고생 1,941명을 대상으로 벌인 설문조사에서 '친구들 간 키나 몸무게, 신체부위장애 등 외모를 이유로 차별・편견의 말을 들은 적 있느냐'는 물음에 응답자 10명 중 3명꼴(34.7%)로 '그렇다'고 답했다. '그런 말을 한 적이 있다'는 응답률도 31.1%나 됐다. 또 "너희 집은 그것도 없냐"거나 "부모님이 (기껏) 그런 일을 하시냐"는 식의 가정환경 비하 발언을 들었다는 비율도 5.9%였다.

이처럼 언어폭력은 피해자와 가해자 모두의 인격을 파멸시키고, 그 후유증이 오래간다는 점에서 청소년들의 언어문화환경 개선대책 등 다각적인 노력이 시급하다.

2) 사이버공간에서의 언어폭력 사례

사례 1

욕설・따돌림 등 사이버폭력이 지난해보다 3배 이상 증가하여 학교언어폭력 피해자가 신체 폭행 피해로 이어져 심각하다.

자료: 소년한국일보(2014).

사례 2

초등학교 5학년 김△△는 얼마 전 같은 학원에 다니는 한 친구의 사진을 찍어 카카오톡에 올리고 다른 친구들과 욕을 하며 놀렸다. 이 사실을 안 강사가 아이들을 모아 혼을 냈지만 반성하는 모습은 보이지 않았다.

사례 3

초등학교 6학년 여학생인 이○○은 셀카를 찍어 소셜 네트워크 서비스(SNS)에 올리는 게 취미다. 하지만 이 때문에 심한 욕과 사이버 따돌림을 당했다. 사진을 올릴 때마다 친구들이 "XX야, 역겨운 사진 그만 올려라. 눈 썩는다.", "아직까지 안 죽었냐?", "XX같이 생겨서 뻔뻔하게 사진을 올리다니…." 등 감당하기 힘든 댓글로 상처를 입은 이○○은 결국 정신과에 입원하게 되었다.

이처럼 어린이들의 언어폭력이 사이버공간을 통해 크게 번지고 있다. 인터넷 게시판은 물론 카카오톡과 같은 SNS의 사용이 잦아지면서 온라인공간에서 거침없이 욕설을 내뱉는 것이 아무렇지도 않은 듯 일상화되어 가는 모습이다.

3) 지속적 언어폭력 사례

사례 1

학생들이 가장 많이 당한 학교폭력은 협박이나 욕설 등 '언어폭력'인 것으로 나타났다.

자료: 조선일보(2012).

사례 2

전남 지역 중소도시에 사는 초등학교 6학년 A군은 같은 학교에서 친구가 한 명도 없다. 이른바 '전따(전교생이 1명을 찍어서 왕따시키는 것)'다. 체구가 왜소하고 내성적이어서 친구들과 어울리지 못한 A군은 3학년 때부터 서서히 따돌림을 당해 왔다. 그렇다고 학생들이 A군을 때리거나 돈을 빼앗는 것은 아니다. A군을 수년간 괴롭혀 온 것은 또래들의 '말'이다. 같은 반 B군은 A군 옆을 지날 때마다 "전따 새끼 혼자 또 어디 가냐"라고 묻고 킥킥댄다. 또 다른 학생들은 자기들끼리 모여 "A 면상 존나 구리지 않냐", "가까이 가면 냄새 난다"고 수다를 떤다.

사례 3

경상도 사투리를 쓴다는 이유로 지속적으로 조롱을 당한 한 중학생이 외상후 스트레스 장애를 갖게 되자 법원이 가해학생의 부모에게 그 피해를 보상하라고 명령했다.

자료: 뉴시스(2013).

사례 4

A군은 2010~2012년까지 인천의 한 중학교에 재학할 당시, 경상도 사투리를 사용하고 말할 때 발음이 정확하지 않다는 이유로 B군으로부터 지속적으로 모욕적인 말을 들어 왔다.

이로 인해 A군은 가슴통증, 호흡곤란, 우울감, 적응장애 등의 증상이 생겨 병원을 찾은 결과 외상후 스트레스 장애 진단을 받게 되자 소송을 제기했다.

4) SNS 언어폭력 사례

동급생들의 집단 따돌림과 '카톡 언어폭력'이 여학생의 자살로 이어진 불상사로 경찰이 수사에 나서게 되었다(CBS, 2012). 서울의 한 여고생이 아파트 11층에서 뛰어내려 스스로 목숨을 끊는 사건이 발생했다.

중 3 때 만난 A(17, 남)와 사귀다 지난 2월 이별통보를 받았다. 하지만 A와 헤어지면서 그의 친구들을 비롯해 중학교 때부터 같이 놀던 친구들이 갑자기 적으로 돌변했다.

이 모든 시작은 '버터구이 오징어 사건'이었다. 지난 4월 어느날 한 편의점에 들어간 ○○이는 곧이어 A와 A의 친구 B(17, 남)가 들어오자 무심코 손에 집었던 오징어 과자를 그 친구들 쪽으로 던졌다. 그 뒤로 수진이는 '이상한 아이'가 됐다.

다니고 있던 송파구 일대 4~5군데 학교에까지 소문이 퍼졌다. 이름조차 모르는 다른 학교 학생들까지 채팅방에 들어와 욕을 했다. 소문이 퍼져 나갈수록 ○○이 곁에 있던 친구들도 하나둘씩 떠나기 시작했다. 중학교 때부터 친하게 지내고

○○이가 많이 도와줬던 C(17, 여)도 결국 외면하고 말았다.

하지만 학교 담임이나 부모님들은 ○○이에게 이런 일이 일어나고 있는지 전혀 알지 못했다. 실제로 ○○이를 물리적으로 폭행한 사람이 없기 때문이다. 8월 9일, 아빠에게 그동안 캡처해두었던 채팅방 사진을 보여 주었다. 아빠의 충격이 큰 듯했다. 아빠는 조금도 주저하지 않고 괴롭힌 학생들을 찾아 나섰다. 아빠는 담임을 만나고 괴롭혔던 학생들을 만나 타이르기도 했다. 하지만 이미 결심을 했다. 며칠 후 남겨두었던 나머지 채팅방 사진을 아빠한테 보냈다. 그로부터 약 15분 뒤 ○○이는 살고 있던 아파트 11층에서 몸을 던졌다.

"엄마 미안해. 내가 없어도 힘들어하지 말고 잘 살아야 해. 아빠, 엄마 잘 보살펴줘. 오빠, 예쁜 여자 만나서 잘 살아야 해."

○○이는 하얀 종이에 담담한 말투로 유서를 남긴 채 오후 1시 30분쯤 그렇게 세상을 떠났다.

5) 성적 욕설 등 집단 언어폭력 사례

사례 1

초등학교 5학년 때 부모님의 일로 전학을 갔고, 그 얼마 뒤 아이들은 그냥 "왜 사냐"며 빈정거렸다. 처음에는 새로 전학을 와서 그런가 생각했지만, 어느새 반 아이들에서 전교생으로 확대되었고, 아이들로부터 "찐따"라고 불리게 되었다.

중학교 1학년이 되어 일부러 집에서 멀리 떨어진 여자중학교에 지원했다. 초등학교 동창생들을 만나기 싫어서였다. 그런데 친구 A가 학교에 왔다. 초등학교 동창 중에 유일하게 아는 친구 A가 몇몇 친구에게 나를 가리키며 쑥덕거리는 모습을 봤다. 그 후 나는 '초등학교 때 왕따'라는 이름표가 붙었다. 이유 없는 괴롭힘은 같았지만 '나쁜 말' 수위는 더 잔인해졌다. 나는 이름이 없어지고 '더러운 년', '창녀', '걸레'라고 불렸다.

중학교 2학년이 되어 시도 때도 없이 신경이 곤두서 있었고, 아이들 입을 보기 무서웠다. 아이들은 미술시간에 내가 그린 그림을 찢으며 욕을 했다. 시험기간엔 내 책상에 '죽어라'라는 빨간 글씨가 쓰여 있었다. 스마트폰을 쓰고 나선 페이스북과 단체 카카오톡 등을 통해 집단 공격이 시작되어 집에서도 무서웠다.

사례 2

2008년 8월 서울 송파구에 사는 강모 양(16)은 아파트 11층에서 몸을 던져 목숨을 끊었다. 강양이 삶을 포기한 이유는 언어폭력이다. 가족에 따르면 약 두 달 전부터 친구 16명으로부터 집단 언어폭력을 당했다. 강양의 아버지는 "오전 1시에도 친구들이 그룹 채팅방에 우리 딸을 초대해 1분에 50여 건의 욕설을 퍼붓기도 했다."면서 흐느꼈다. 여중생 이모 양(13)은 "여자애들은 스마트폰을 끼고 산다. 그러다 보기 단톡(단체 카톡)방에서 누구 하나를 타깃으로 정해 밤낮 가리지 않고 말로 '조지는'게 하나의 문화가 됐다."고 했다.

Chapter

04

금품갈취 및 강요

1. 금품갈취 및 강요의 개념과 유형

1) 금품갈취 및 강요의 개념

금품갈취란 법적으로 "사람을 공갈하여 재물의 교부를 받거나 재산상의 불법한 이익을 취득하거나 타인으로 하여금 이를 얻게 함으로써 성립하는 범죄"라고 하는데, 소위 폭행이나 협박을 동반하는 경우가 많기 때문에 강도와 유사한 성격을 지니며, 따라서 폭력 범죄의 주요한 형태로 간주할 수 있다(지순덕, 2005).

강요는 강제적 심부름, 강요는 속칭 빵 셔틀, 와이파이 셔틀 등으로 나타나거나, 의사에 반하는 행동을 강요하는 행위(과제 대행, 게임 대행, 심부름 강요), 폭행 또는 협박으로 상대방의 권리행사를 방해하거나 의무 없는 일을 하게 하는 행위, 의사결정의 자유를 침해하는 행위를 말한다.

2) 금품갈취의 원인

금품갈취는 자신보다 약한 학생을 위협한 후, 가진 것을 빼앗는 행위로서 혼자서 할 수도 있고, 여럿이 어울려서 할 수도 있다. 대체적으로 지적인 면에서나 경제적인 면에서나 열등의식을 갖는 학생들이 자신보다 힘은 약하나, 지적인 부분에서 우수하고 교사나 급우들로부터 사랑을 받으며 경제적으로도 우위에 있는 학생들에게 협박과 공갈을 하여 돈과 물건 등을 빼앗는 행위이다.

금품갈취는 자기보다 나은 사람을 신체적인 힘이나 권력으로 짓누름으로써 가진 것을 빼앗고 여기에서 일종의 쾌감과 만족감을 누리려는 부적응적 행위이며, 또한 상대방을 결핍시키고 자신을 보충시켜 심리적으로 대등한 관계를 만들어보려고 하는 욕구에서 비롯된 행동이기도 하다.

3) 금품갈취의 특성

금품갈취는 주로 학교 주변에서 일어나는 폭력으로 학교중퇴자나 불량학생에 의해서 일어나게 된다. 구체적으로 보면, 갚을 생각없이 돈을 빌려 달라며 가지고 가거나, 폭행을 동반하기도 하고, 거액의 금품을 갈취하기도 한다. 또한 단순히 돈뿐만이 아니라 피해자가 착용하고 있는 유명 의류, 신발, 가방, 시계나 핸드폰을 비롯하여 심지어 피해자를 협박해 집이나 부모의 가게에 들어가 돈을 훔쳐오게 하는 경우가 발생되기도 한다.

금품갈취가 주로 벌어지는 시간은 학생들의 하교시간대나 늦은 저녁이고, 발생장소는 학교(외진 곳, 옥상 등) 및 학원, 유흥업소 주변이다. 길을 가다 운 나쁘게 한두 차례 당하는 수도 있지만, 동일인에게 지속적으로 갈취당하는 경우도 있다. 가해자들은 기성 폭력조직을 모방하기도 하고, 피해자가 신고하면 보복행위도 서슴지 않는 경우도 있다.

4) 금품갈취의 유형

금품갈취는 갚을 생각이 없으면서 돈 빌리기, 입고 있는 의류, 가방 등 빼앗기, 돈을 걷어오라고 강요하기, 교통카드, 시계, 핸드폰, PMP 등 개인물품 빼앗기, 빵, 음료수 등을 구입해 가져오라고 하기 등과 같은 유형으로 나타난다.

5) 금품갈취 피해학생의 특성

일반적으로 금품갈취를 당하기 쉬운 청소년의 특성은 다음과 같다.

첫째, 신체적, 정서적 장애가 있거나, 지적 능력이 떨어지는 학생

둘째, 외모적으로 작고 왜소하거나 힘이 약한 학생

셋째, 평범한 학생으로 잘난 척, 예쁜 척, 착한 척, 돈 많은 척, 짱인 척 하는 등

튀는 행동을 하는 경우

넷째, 남을 무시하고 이기적으로 행동하는 경우

다섯째, 사회적 기술이 부족하여, 도움을 청할 자신감도 확신도 결여되고 대인관계가 서툰 경우

여섯째, 농담이 통하지 않을 정도로 꽉 막혀 있는 친구

일곱째, 지나치게 소극적이어서 반응이 없거나 분위기에 맞추지 못하는 경우

자녀가 이유 없이 아래와 같은 행동을 보일 경우, 금품갈취 등의 학교폭력을 당하고 있지는 않은지 살펴보고, 만약 아래와 같은 사실이 자주 있다면, 금품갈취의 사실을 확인하고 그러한 경우 학교 선생님과 전문가의 도움을 요청하여 사건을 해결하는 것이 필요하다.

첫째, 비싼 옷이나 운동화 등을 자주 잃어버리고 온다.

둘째, 용돈이 모자란다고 하거나, 말없이 집에서 돈을 가져갈 때가 있다.

셋째, 친구, 선배들에게 전화가 자주 걸려오거나 불려나가는 경우가 있다.

다섯째, 굶고 집에 들어올 때가 많다.

여섯째, 핸드폰을 잠가놓거나 비밀이 많다.

2. 금품갈취 및 강요 대처방안

학교 내 금품갈취 등으로 인한 피해는 다수의 학생에게 장기간 지속적으로 이루어진다는 면에서 우려가 되는 일이다. 그러나 이들의 사후 적발은 피해가 크고, 해당학생 처리의 어려움, 보복 등의 문제가 이어지는 만큼 사전 적발과 발생된 경우 지속적으로 관리하는 것이 중요하다.

1) 가해자 및 가해자 학부모 만남

갈취의 피해액수가 적고 문제 제기를 처음 하는 경우나 가해자를 아는 경우 등 가해자와 부모를 만나 재발방지에 대한 다짐을 받는 것이 중요하다.

첫째, 가해자의 사실 인정 및 사과와 재발방지 약속, 각서를 받도록 한다.

둘째, 피해액수 등이 파악된 경우, 갈취 금품 배상을 요청하고 미진할 시나 재발이 우려되는 경우 학교 측에 알려 학교중재를 요청한다.

금품갈취 사건에 대처하는 부모님의 태도는 다음과 같다.

첫째, 아이가 보복의 두려움, 해결방법이 없다고 생각하고 있음을 기억한다.

둘째, 자녀를 안심시키고 대안을 찾아보도록 한다.

셋째, 자녀가 폭력을 자기 탓으로 돌리고 자책하지 않도록 지지한다.

넷째, 내 자녀가 부족해서 당했다는 생각 또는 질책하지 않는다.

다섯째, 후유증 예방을 위해 끊임없는 관심을 보여 준다.

2) 학교 중재, 적극적인 지도 요청

지속적인 피해, 집단 또는 무력에 의한 갈취의 경우나 교육적 차원의 해결을 원하는 경우는 학교 중재를 요청할 수 있다.

자치위원회를 통한 합의가 어려울 시 교육청 민원 또는 경찰신고를 할 수 있고, 갈취의 경우, 형사재판과 민사재판이 가능하며, 금품갈취사건은 민사소송·형사소송이 가능하다.

금품갈취는 신체폭력과 동반 가능성이 많으니 특별한 주의가 필요하다. 아무리 적은 금액이라도, 다른 학생에게 돈을 빼앗겼을 경우에는 반드시 담임교사에게 사실을 알려 피해가 커지지 않도록 평소에 예방교육을 철저히 해야 한다.

3) 경찰신고 및 순찰요청

피해액수가 크고, 가해자가 모르는 사람일 경우 또는 가해자와 학교의 중재를 통해서도 문제가 해결되지 않는 경우, 경찰에 신고할 수 있다. 금품갈취의 경우, 액수에 상관없이 피해가 증명될 수 있으면 형사입건이 가능하고, 피해자의 신분노출을 원하지 않을 경우, 피해금액 배상보다는 신변보호를 요청할 수 있다.

또한 재발방지를 위해 경찰의 주변순찰 강화를 요청할 수 있다.

피해 상황을 파악할 경우 사실 여부, 정황, 시간, 장소, 형태 파악, 지속성 여부, 가해자 인적사항 등 파악, 피해 상황을 아는 친구를 만나 확인(비밀보장 협조), 신체폭행이 있었을 경우, 상처 부위 사진촬영 및 진단서, 증인의 진술서 또는 증언 녹취 등을 확보하여야 한다.

3. 금품갈취 및 강요 사례

1) 폭력 및 금품갈취 사례

사례 1 **강제 전학 간 학교에서도 폭력, 금품갈취 중학생 구속**

강제 전학 등 조치를 취했음에도 또다시 폭력 등을 휘두르고 동급생 금품을 갈취한 중학생이 구속됐다. 제주서부경찰서는 6일 제주시내 모 중학교 2학년에 재학 중인 A군(14)은 폭행, 금품갈취 등(폭력행위 등 처벌에 관한 법률 위반) 혐의를 받고 있다.

경찰에 따르면 A군은 지난해 10월 중순께 동급생인 B군을 협박, 금품을 빼앗는 등 올해 9월부터 11월까지 20여 회에 걸쳐 20여 명으로부터 약 30만 원 상당의 금품을 빼앗은 혐의를 받고 있다.

A군은 또 경찰에 신고한 동급생을 불러내 보복폭행을 저지른 혐의도 받고 있으며, 올해 초에도 형사 입건된 바 있다.

경찰은 "A군은 금품갈취와 폭행을 일삼다, 학교폭력대책자치위원회에서 A군에 대해 강제전학 등과 같은 조치를 취했음에도 반성과 뉘우침이 전혀 없고, 교사의 지도에 대항해 교권을 침해하는 등 상습적으로 폭력을 행사함에 따라 구속영장을 신청, 이에 법원은 A군이 재범 우려가 있음에 따라 이로부터 피해자를 보호할 필요가 있다."며 구속영장을 발부했다.

자료: 제주포커스(2012).

사례 2 경북경찰, 금품갈취 학교폭력 중 2 구속

경북 영주경찰서는 13일 친구들로부터 상습적으로 금품을 빼앗은 혐의(상습갈취)로 영주시내 모 중학교 2학년 A군을 구속했다. 영주시내 중학교에서 속칭 '싸움짱'으로 통하는 A군은 지난 5월 하순께부터 최근까지 모두 10여 명의 학생에게서 스마트폰이나 유명 스포츠메이커 등산 의류, 현금 등을 빼앗은 혐의를 받고 있다.

조사 결과 A군은 같은 학교 학생들에게 자기 집 청소나 담배 심부름을 시키기도 한 것으로 드러났고, 자신이 다니던 학교에서 지난 4월 한 중학생이 동급생들의 괴롭힘을 못 이겨 스스로 목숨을 끊고 경찰이 가해자로 지목된 중학생들을 처벌하는 것을 보면서도 계속해 범행한 것으로 전해졌다.

경찰은 피해학생들의 심리적인 안정을 위해 경찰관과 학생을 연계한 심리케어상담을 실시하고 범죄예방교육과 117신고 홍보 등도 계속하기로 했다.

자료: 연합뉴스(2012).

2) 폭행 및 금품갈취 사례

사례 1 청소년 10여 명이 또래 2명 폭행 · 금품갈취

서울 동대문경찰서는 또래 청소년을 폭행하고 금품을 빼앗은 혐의(폭력행위 등 처벌에 관한 법률 위반)로 김모(16, 무직) 군 등 2명을 입건하고 박모(16, 무직) 군 등 10명의 행방을 쫓고 있다고 8일 밝혔다.

경찰에 따르면 이들은 지난달 21일 오전 3시께 서울 중구 을지로6가의 한 대형쇼핑몰 앞에서 A(16)군과 B(16)군을 강제로 오토바이에 태운 뒤 동대문구의 한 초등학교로 이동해 마구 폭행하고 현금 45만 원과 점퍼, A군의 오토바이 등을 빼앗은 혐의를 받고 있다.

음식점 배달원으로 일하는 A군 등은 전날 식당에서 받은 월급으로 쇼핑하러 왔다가 이 같은 일을 당한 것으로 조사됐다.

B군은 사건 이후 친구들에게 가해청소년들의 인상착의를 설명해 이들의 신원을 최대한 파악한 뒤 경찰에 제공했으며 경찰은 이를 바탕으로 7일 김 군 등 2명을 우선 검거했다.

자료: 연합뉴스(2012).

사례 2 금품 빼앗고 부모 카드 절도 강요… '봇물 터진' 학교폭력

특수절도 등 전과 5범인 A군은 친구 B군(19)과 함께 지난해 11월 12일 오후 5시 50분쯤 광주 금호동의 한 도로에서 고교생 C군(17) 등 5명에게 "집에 가서 부모의 은행 신용카드를 훔쳐오라"며 각목으로 폭행하고 협박했다. 이들은 훔친 카드로 금을 구입하게 한 후 이를 되팔아 150만 원을 빼앗는 등 모두 210만 원을 갈취한 것으로 드러났다.

부산에서는 또래학생들을 폭행하고 '교복 위의 교복'으로 통하는 유명 아웃도어 브랜드 점퍼를 빼앗은 혐의(강도상해 등)로 경찰이 중학교 3학년 P군(15)에 대해 구속영장을 신청하고, 4명을 불구속 입건했다.

박 군 등은 지난달 19일 오후 5시쯤 부산 부전동 길을 가던 중학생 K군(13)을 인근 골목으로 끌고 가 마구 때려 전치 4주의 상처를 입힌 뒤 시가 33만 원 상당의 패딩 점퍼를 빼앗았다. P군 등은 같은 수법으로 4명의 중학생을 폭행하고 패딩 점퍼 4벌(시가 121만 원 상당)을 빼앗아 입고 다닌 것으로 밝혀졌다.

서울에서도 자신들에 대해 험담을 하고 다닌다며 함께 어울렸던 여중생을 감금하고 때린 혐의(강제추행 및 감금 등)로 A양(15) 등 10대 소녀 3명에 대해 서초경찰서가 이날 구속영장을 신청했다. 또 A양 등의 범행을 거든 혐의로 B군(17) 등 남자 가출청소년 2명을 불구속 입건했다.

중학교 중퇴생인 A양 등 3명은 지난달 5일 오후 10시30분쯤 A양 집으로 여중생 C양(15)을 끌고 가 청테이프로 손발을 묶고 상의를 벗기고 추행했다. 또 가위로 C양의 머리카락을 자르고 담뱃불로 지지는 등 1시간 동안 폭행했다. B군 등 남자 청소년들은 옆에서 동영상을 촬영하는 척하며 공포 분위기를 조성했다.

충남 논산경찰서는 같은 반 친구들을 때리고 금품을 빼앗은 혐의(폭력행위 등 처벌에 관한 법률 위반)로 모 고교 A군을 불구속 입건했다. 몸집이 크고 반장인 A군은 지난해 3월부터 12월 말까지 급우 3명을 26차례 상습폭행해 전치 2주의 상처를 입히고, 이들로부터 현금과 시계 등 42만 원 상당의 금품을 갈취했다.

자료: 국민일보(2012). 입력 : 2012-01-06 19:13

3) 협박 및 금품갈취 사례

사례

중학교 2학년 남학생인 A는 평소에 스마트폰에 성인영상물을 가지고 다녔는데, 쉬는 시간에 구석에서 야한 동영상을 보고 있는 모습을 B, C, D가 발견하고 몰래 다가가서 그 모습을 촬영하였다. 눈치를 보고 있던 A가 놀라자 그 모습도 촬영하여 '나는 너의 비밀을 알고 있다'라고 놀렸다. A가 안절부절못하며 지워달라고 부탁하자 그 모습에 도리어 B, C, D는 '그럼 빵사와 봐'라고 시키거나 '아까 그 동영상 주인공처럼 해봐'라고 강요했다. 또한 A가 시키는 대로 하지 않으면 '이 영상을 니네 엄마한테 보내고 우리 반 애들 카톡방에 올리면 어떻게 될까나?'와 같은 말로 협박했다.

A는 B, C, D가 자신이 성인영상물을 본 것을 아이들에게 퍼뜨릴까봐 B, C, D가 시키는 행동들을 했다. 그 후 B, C, D는 A에게 돈도 가져오라고 하여 한 학기 동안 30여만 원의 금품갈취를 했다. A는 돈을 구하기 어려울 때는 부모님의 지갑에도 손을 대어 B, C, D에게 주었다.

B, C, C의 지속적인 협박과 금품갈취로 인해 A는 수업시간에 집중력이 저하되어 성적도 떨어졌고, 계속 초조하고 억울한 마음을 가진 채 멍한 상태로 지내고 있다. 또 부모님 돈을 훔친 사실이 밝혀질까봐 부모님께 미안한 마음과 수치심이 들어 도움을 요청하지 못하고 있다. 무엇보다 A는 자신의 동영상을 가지고 있는 B, C, D가 언제 유포할지 모른다는 생각 때문에 유포가 되면 차라리 죽어버려야겠다는 생각이 자주 든다.

자료: (재)푸른나무 청예단 학교폭력 화해분쟁조정센터 갈등・분쟁 사례는 재구성한 것임

4) 선물 강요 사례

사례 1 선물 강요 없으면 폭행… 초중교 언니의 날 성행

대전 서구의 한 초등학교에 재학 중인 A양(5학년)은 최근 같은 반 친구가 상급생인 6학년 언니에게 '특정한 날'에 선물을 주는 것을 자주 목격했다.

A양은 "언니들이 4, 5학년 후배들에게 본인 생일날 등에 선물을 요구한다"며 "선물을 주지 않으면 언니네 반으로 불려가 혼쭐이 난다"고 했다. A양은 "언니들에게 선물을 주지 않아 가끔 맞는 친구들도 있다고 들었다"고 했다.

또 다른 초등학교(유성구)에 재학 중인 B양(5학년)도 "언니들이 'OO날'을 지정한 후 우리에게 자주 선물을 가져오도록 요구한다"며 "(우리)반 친구 몇 명은 이런 일을 자주 겪다 보니

스트레스를 받는다"고 했다. 그러면서 "생일날이 아니더라도 알고 지낸 지 50일, 100일 등 기념하는 날을 정해 선물을 강요하기도 한다"고 했다. 또 다른 초등학생 C양(5학년)은 "상급생 언니들은 스스로 언니의 날을 지정한 뒤 카카오톡 등 SNS를 통해 후배들에게 알리고 선물을 받고 있다"고 전했다.

初・중학교 여학생들 사이에 학교폭력의 일종인 소위 '언니의 날'이 성행하고 있다. 주로 상급생 언니들이 자신이 소속된 일진이나 소모임 등과 연결된 후배들에게 생일날 등에 선물을 요구하는 것. 하지만 대부분의 학부모나 교사들은 '언니의 날'이 있는지조차 모르고 있는 것으로 나타났다.

한 학부모(43・서구 내동)는 "딸아이가 어느 날 학교에서 돌아와 '상급생 언니가 언니의 날을 만들어 우리 반 친구 몇 명에게 선물을 갖고 오라고 했다'는 얘기를 들려 주더라"며 "학교폭력이 뿌리 깊게 만연해 있는 것 같아 적잖이 놀랐다"고 말했다.

자료: 대전일보(2012).

5) 폭력서클 가입 강요 사례

사례 **초교 싸움짱 가입 강요… 주축 멤버 되려 무모한 폭력**

경기도 내 학교폭력에 대한 대대적인 단속과 예방활동에도 교내 폭력서클인 일명 '일진'들의 활동이 여전하다. 특히, 폭력서클에 가입한 선배들은 올해 입학한 신입생을 대상으로 새내기 색출작업에 열을 올리고 있는 것으로 조사됐다.

24일 경기도 내 중학교 등에 따르면 도 내 일선 중학교에서는 입학 시즌을 맞아 신입생들을 대상으로 일진 선발모집이 활발하게 진행되고 있다. 신입생들은 학교의 주축 멤버로 자리 잡기 위해 출신 초등학교 학생들끼리 임시 그룹을 형성해 세력다툼을 벌이고 있다.

통상 학기 초 2, 3학년 일진 학생들이 학년 대장(일명 짱)과 리더, 행동대장 등을 정하기 때문이다. 이 학생들은 학교를 대표하는 일진들로 타 학교와 다툼이 있을 때 선두에 나서 폭력을 행사한다. 또 학교 간의 미묘한 경쟁심리를 벌이기도 한다.

폭력서클에서 활동하고 있는 한 학생은 "한 학년에 일진으로 지목되는 학생 수가 대부분 20여명 안팎인데, 예전처럼 간판이나 얼굴대표 등을 따로 뽑지는 않는다"라며 "학년 초기 때 정해진 서열이 중학교 생활과 졸업 후 생활을 좌지우지하기 때문에 선배들의 눈에 띄어 한 자리 차지하기 위한 무모한 폭력을 행사하기도 한다"라고 말했다.

선배들로부터 일진으로 지목된 뒤 이어지는 가혹행위도 여전한 것으로 확인됐다. 이들은 선・후배 간 군기확립과 서열정리 등을 목적으로 폭력을 행사하고 있었으며, 조폭영화에서나 있을 법한 '신고식' 문화도 학내 교정에서 이루어지고 있었다.

수원의 A중학교에서 일진으로 지목됐다는 한 학생은 "학교가 끝난 뒤 한적한 놀이터에서 집합해 선배들이 돌리는 '뺑뺑이'라는 놀이기구를 잡고 버티는 것으로 신고식을 치렀다"라며 "뺑뺑이 횟수를 정하고 그 횟수 동안 버티는 것인데, 중간에 어지러워 나가 떨어지면 남은 횟수만큼 각목과 목검으로 두들겨 맞는 식이다"라고 말했다.

다른 중학교 일진 학생은 "신입생들을 상대로 일진을 선발하기 위해 선배들이 직접 나서서 지목하기도 하지만 초등학교 때 싸움을 할 줄 아는 아이들 대부분이 학교생활에서 도태되지 않기 위해 폭력을 행사하며 일진에 가입하려 한다"라고 말했다.

자료: 중부일보(2013).

6) 자살연습 강요 사례

사례 **매일 '자살연습' 강요당한 중학생 결국 자살… 日 잔혹한 이지메**

한국의 학교폭력이 심각한 가운데 일본에서도 한 중학생이 친구들로부터 자살연습을 강요당한 끝에 실제로 스스로 목숨을 끊었다는 증언이 나와 충격을 주고 있다. 4일 마이니치신문 등에 따르면 지난해 10월 일본 시가현 오쓰시의 한 시립중학교에서 중학교 2학년생(당시 13세)이 자신의 집에서 투신자살을 했다. 이에 대해 학교 측은 전교생을 상대로 조사를 벌인 뒤 숨진 학생이 자살연습을 강요당했다는 증언은 숨긴 채 "이지메(집단 괴롭힘)는 있었지만 이지메와 자살 사이의 인과관계는 판단할 수 없다."고 주장했다.

이 학교가 벌인 조사에는 1~3학년 학생 약 320명이 참가했다. 이들 중 15명이 "(숨진 학생이 다른 학생들로부터) 매일 점심시간에 자살연습을 강요당했다고 들었다."거나 "(괴롭힌 학생이) 숨진 학생에게 '자살연습은 했느냐'고 말했다더라."고 답변했다. 또 다른 답변 중에는 "(숨진 학생이) 괴롭힌 학생에게 매일 '죽겠습니다'라고 이메일을 보냈다더라."거나 "암에 걸린 친구에게 생명을 바치겠다고 말했다더라."라는 등 자살과 집단 괴롭힘의 관련을 시사한 것도 있었다.

숨진 학생의 부모는 지난 2월 "집단 괴롭힘이 자살 원인"이라며 오쓰시와 가해학생 3명, 보호자 등을 상대로 약 7,720만 엔(약 11억 원)을 청구하는 소송을 냈다. 이번 조사 결과는 17일 재판에서 원고 측 준비서면에 포함할 예정이다. 사망 학생의 아버지(46)는 "작지만 (자살) 신호를 해 준 학생이 있는데도 (학교 측은) 왜 조사를 중단했는지 구체적으로 설명하지 않고 있다."고 말했다.

자료: 서울신문(2012).

Chapter

05

따돌림

1. 따돌림의 개념 및 유형
2. 따돌림 원인과 피해자의 특성
3. 따돌림 사례

1. 따돌림의 개념 및 유형

1) 따돌림의 개념

따돌림이란 학교폭력의 일부로서 학교 내외에서 2명 이상의 학생들이 특정인이나 특정집단의 학생들을 대상으로 지속·반복적으로 신체적·심리적 공격을 가해 상대방이 고통을 느끼도록 하는 행위를 말한다.

따돌림이란 다른 사람을 신체적으로나 정신적으로 괴롭히려는 의도를 가지고 공격적인 행동을 반복적으로 하는 활동을 말한다. 따돌림은 다른 사람을 이기려는 개인의 행동이라는 특징이 있다(Wkiipedia, 2013). 또한 미국상담심리학회(American Psychological Association : APA) 사전에 의하면, 따돌림은 "더 작거나 약한 사람들을 향해 지속적으로 위협하고 공격하는 행동"이다.

또한 집단 따돌림(bullying)은 집단 내에서 다수가 특정인을 대상으로 위해를 가하는 행위로 학교에서의 다수의 학생들이 특정 학생을 대상으로 2주 이상의 기간에 걸쳐 심리적·언어적·신체적 폭력, 금품 갈취 등을 행하는 것을 말한다.

2) 따돌림의 유형

(1) 박성규(1999)의 유형

박성규(1999)는 따돌림의 유형을 〈표 5-1〉과 같이 소외형, 욕·협박형, 조롱형, 장난형, 강제형의 5가지로 제시하고 있다.

〈표 5-1〉 박성규(1999)의 따돌림 유형

유형	특징
소외형	① 인사를 해도 노골적으로 무시 ② 노는 데 끼워주지 않음 ③ 점심을 같이 먹자고 해도 들은 척 안함 ④ 다른 친구들과 놀지 못하도록 방해 ⑤ 뒤에서 손가락질
욕・협박형	① '재수 없다'라는 말을 함 ② X년(놈) 등의 심한 욕을 함 ③ '꼴보기 싫으니 학교 오지마라', '꺼져버려라' 등의 말을 함 ④ '죽여버리겠다', '가만 두지 않겠다', '없애버리겠다' 등의 협박을 함
조롱형	① 신체적 장애, 체형과 관련한 심한 놀림 ② 공부를 못하거나 머리가 나쁘다고 놀림 ③ 소심한 성격 때문에 심한 놀림 ④ 집안형편(너무 부자, 너무 가난)과 관련해 놀림
장난형	① 체육복, 가방, 신발 등을 훼손 ② 목조르기, 옷벗기기 등의 심한 장난 ③ 툭툭 치기, 발로 차기, 꼬집기 등의 장난
강제형	① 숙제를 강제로 시킴 ② 매점가기 등의 심부름 ③ 가방을 들으라고 시킴 ④ 시험볼 때 시험지를 강제로 보여달라고 함 ⑤ 준비물을 빼앗음 ⑥ 도시락을 빼앗음

(2) 이혜영(1999)의 유형

이혜영(1999)은 따돌림의 유형을 크게 〈표 5-2〉와 같이 집단따돌림 행위와 집단따돌림 집단으로 나누어 제시하고 있다.

〈표 5-2〉 이혜영(1999)의 따돌림 유형

유형	특징
집단따돌림 행위	① 소외로서 같이 놀지 않거나 상대하지 않고 도시락을 같이 먹지 않는 경우 ② 모함으로서 엉뚱한 소문을 내는 것 ③ 경멸로서 은근히 욕하거나 빈정대고 면박이나 핀잔을 주는 행위 ④ 괴롭힘으로서 말을 따라하거나 놀리거나 분필이나 물건 던지기, 발 걸기, 도시락 반찬 뺏어 먹기 ⑤ 폭력으로서 이것은 장난을 빙자하여 때리거나 가혹행위를 하는 것
집단따돌림 집단	① 소집단 내에서 벌어지는 따돌림으로서 집단이 같은 집단에 소속된 한 개인을 지속적으로 따돌리고 괴롭히는 유형 ② 소집단 내에서 대등한 힘을 가지는 성원들이 서로 따돌리고 괴롭히는 유형 ③ 소집단 또는 대집단에 소속되어 있는 성원들이 고립된 개인을 따돌리고 괴롭히는 유형 ④ 한 집단이 다른 집단에 소속된 개인을 괴롭히는 유형

(3) Olweus(1999)의 유형

Olweus(1999)은 따돌림의 유형을 크게 〈표 5-3〉과 같이 직접적인 따돌림과 간접적인 따돌림으로 나누어 제시하고 있다.

〈표 5-3〉 Olweus(1999)의 따돌림 유형

유형	특징
직접적인 따돌림	피해대상에 대해 외부적으로 공격행동을 가하는 것
간접적인 따돌림	집단으로부터 사회적 소외, 내적인 배제를 가하는 것으로 여기에는 외형적으로 구타나 폭행을 하는 공격행동으로부터 외부로 드러나지 않으나 어느 한 집단에서 소외를 시키거나 또는 심리적 갈등이나 부적응을 갖도록 하여 괴롭히는 것까지를 포함

(4) 강진령 · 유형근(2000)의 유형

위에 제시한 것처럼 집단따돌림의 유형에 대한 분류는 다양하지만 강진령 · 유형근(2000)은 〈표 5-4〉와 같이 방법에 따른 유형과 대표적인 행동을 예시하여 보여 주고 있다.

〈표 5-4〉 강진령 · 유형근(2000)의 따돌림 유형

유형		예시 행동
신체형 따돌림	강제형	• 숙제를 강제로 시킨다. • 하기 싫은 심부름을 시킨다.
	장난형	• 가방, 옷에 벌레를 집어넣는다. • 금전 및 물품을 빌리고 돌려주지 않는다.
언어형 따돌림	욕 · 협박형	• 자존심이 상하는 약점만을 이야기한다. • 심한 욕을 한다.
	조롱형	• 신체적 특징을 돼지, 거지 등으로 부른다. • 몇몇이서 쑥덕거리며 쳐다보고 웃는다.
소외형 따돌림	소외형	• 쉬는 시간에 함께 놀지 않고 고립시킨다. • 묻는 말을 의도적으로 무시한다.

2. 따돌림 원인과 피해자의 특성

1) 따돌림의 원인

따돌림의 원인은 크게 세 가지로 요약할 수 있다.

첫째, 나와 또래를 비교하면서 나 자신에 대해 유능감이 아닌 열등감을 가지게 되고, 더 나아가 경쟁적인 질투심으로 확산되어 또래를 비난하게 된다.

둘째, 이기적인 자기중심적 경향은 또래 수용능력을 약화시키고, 더 나아가 또래의 고통에 둔감해지는 비인간적 행동을 보이게 된다.

셋째, 도덕교육이 제대로 이루어지지 않아서 또래를 따돌려서 심각한 상처를 주어도 정당한 것으로 지각한다.

2) 피해자의 특성

따돌림 피해자가 되기 쉬운 학생의 특성과 따돌림 피해자가 나타내는 문제행동의 특성은 〈표 5-5〉와 같이 정리할 수 있다.

〈표 5-5〉 따돌림 피해자의 특성

유형	예시 행동
• 잘난척하고 다른 친구를 무시한다. • 고자질을 잘한다. • 집적거린다. • 내숭떤다. • 거짓말을 잘한다. • 자신의 생각을 분명히 말하지 못한다. • 당당하지 못하고 지나치게 소심하다. • 어눌해 보인다.	• 하교 후 피곤해 한다. • 학용품 등 소지품이 자주 없어진다. • 집에서 몰래 돈을 가져가려 한다. • 손발이나 신체 부위에 경미한 상처가 있다. • 급식을 잘 못먹는다. • 낙서가 많아진다. • 비관적인 내용과 말과 글이 증가한다. • 말수가 적어진다. • 의욕이 없다. • 울적해 한다. • 넋이 나간 듯이 멍하다. • 혼자 있고 싶어 한다. • 짜증을 잘 낸다. • 초조해 하는 기색을 보인다. • 특별한 이유없이 화를 잘 낸다. • 학교 가기를 유달리 싫어한다. • 자기는 왜 이렇게 못났냐고 생각한다.

3. 따돌림 사례

1) 집단 따돌림 사례

사례 1 여중생 투신… '보이지 않는' 집단 따돌림 여전

창원에서 중학교 1학년 학생이 투신자살하는 사건이 발생하면서 학교폭력과 집단 따돌림 현상이 도내 교육 현장에서 여전한 것 아니냐는 우려가 제기되고 있다.

지난 18일 중 1학년 ㄱ(13) 양이 아파트 10층에서 뛰어내려 목숨을 잃었다. ㄱ 양은 "친구들 때문에 많이 운다", "적응하기 힘들다", "소외당하는 느낌이 강하다" 등의 평소 고민을 유서에 남긴 것으로 알려졌다.

경찰은 자살한 ㄱ 양 스스로가 학교생활에 적응하지 못한 데 무게 중심을 두고 있으며 곧 수사를 마무리할 예정이다. 학교 교사들의 진술과 같은 반 학생들의 설문 내용 등을 종합해볼 때 뚜렷한 집단 따돌림 현상을 발견하지 못한 데 따른 것이다.

도교육청 관계자 역시 "학교폭력이 자살의 직접적인 원인이 된 건 아니었던 것 같다"는 조사 결과를 전했다. 하지만 이 관계자는 ㄱ 양이 초등학교 시절에도 학교생활에 적응하지 못했고 따돌림을 당한 적이 있음을 시사했다.

이런 조사 결과를 두고 ㄱ 양이 다니던 중학교 주변 학부모들 사이에서는 "학생 본인에게 책임이 있는 것처럼 돌리면서 학내에 만연한 신종 따돌림 현상 등을 숨기려고만 하는 것 아니냐"는 우려가 제기되고 있다.

또한 ㄱ 양은 자살하기 직전에 다녀온 2박 3일 수련회에서 자살을 시도했던 것으로 알려져 학생 안전을 관리해야 할 학교의 대응에 구멍이 뚫렸음을 보여줬다.

자료: 경남도민일보(2012).

사례 2 집단 따돌림, 더 이상은 안 된다

학교에서 집단 따돌림을 받아 온 인천의 한 여고생이 스스로 목숨을 끊으려 한 사실이 뒤늦게 밝혀져 충격을 주고 있다. 이 여고생은 집단 따돌림을 견디다 못해 선생님과 경찰에 이런 사실을 알렸는데도 해결될 기미가 보이지 않자 결국 '자살기도'이란 극단적인 방법을 택한 것으로 드러났다.

자살을 기도했던 학생은 가해학생들이 반 친구들 앞에서 자신의 외모를 놀리거나 욕을 하고, 심지어는 자신에게 말을 걸거나 밥도 같이 먹지 못하도록 했다고 한다. 이 학생은 자신이 '왕

따'를 당하고 있다며 교사에게 털어놨다. 하지만 학교 측은 이 학생의 고충을 듣고도 1년 가까이 방치했다. 학교 측은 가해자로 지목된 학생들이 관련 사실을 부인하자 이 학생 부모에게 경찰에 신고할 것을 권유했다고 한다. 학교폭력이 발생할 경우 열도록 되어 있는 '학교폭력대책자치위원회'도 소집하지 않았다. 학교 측은 심지어 새학기 반 배정을 하면서 이 학생과 가해학생들을 같은 반에 편성하기도 했다. 신고를 받은 경찰은 집단 따돌림의 진상을 파악하기보다 화해를 종용하고 사과로 사건을 마무리지었다. 피해학생은 결국 자살로 괴로운 현실을 잊으려 했다. 학교폭력의 피해자로서 '선생님'과 '경찰아저씨'에게 호소했지만 이들의 소극적 대처로 피해자는 정신적 고통 속에서 살아야 했다.

자료: 경인일보(2013).

2) 집단 사이버 따돌림 사례

사례 1 **의견 차이가 집단 사이버 따돌림으로 이어져**

A와 B는 중 2 남학생으로 같은 반이며, 평소에 티격태격 시비를 거는 사이였다. 어느 날 A는 반 학생들이 함께 있는 그룹 채팅방에 학생 C가 올린 연예인 사진을 보고 그 연예인 별로라고 하며 자신은 그런 스타일이 싫다고 이야기했다. 그러자 B는 A에게 "네가 뭘 아는데 까부냐 ××야"하고 하면서 욕을 하였다. A는 그냥 그 연예인이 자신의 스타일이 아니라는 의견을 말한 것뿐이라고 답을 하자 B는 "너 같은 찐X가 스타일이 어디 있냐 ㅋ ㅋ 오늘 들은 이야기 중에 젤 어처구니 없다"며 계속적으로 욕을 했다. 그러자 그룹 채팅방에 있던 다른 친구들도 B의 말에 종조하면서 자신을 비웃기 시작했다.

그 이후로 그룹 채팅방에 A의 사진을 올리면서 "넌 내 스타일 아니야 임마"라고 비웃는 친구들이 생기면서 반 친구들로부터 따돌림을 당하기 시작했다. A는 그룹 채팅방에서 지속적으로 놀림과 언어폭력을 당해서 퇴장을 했음에도 불구하고 반 친구들은 계속해서 A를 그룹 채팅방으로 초대하여 심한 욕설을 보냈다. A는 이 사안에 대해서 선생님이나 부모님에게 말하면 B를 포함한 반 친구들에게 보복을 당할 것 같아서 두렵다. A는 요즘 스마트폰 알람이 울릴 때마다 화들짝 놀라며, 학생들이 또 어떤 욕을 할까 걱정하면서 힘겨운 날들을 보내고 있다. 또 밤마다 내일은 어떻게 버텨야 하나 생각하며 불면증에 시달리면서 카톡 알림음과 학생들이 욕을 하는 것이 환청으로 들린다.

자료: (재)푸른나무 청예단 학교폭력 화해분쟁조정센터

3) 사이버 따돌림 사례

사례 1

김모(11) 양은 최근 같은 반 학우들이 모여 수다를 떠는 SNS 그룹 채팅방에 접속해 '방학인데 다들 잘 지내고 있어?' 라고 말을 걸었지만 어느 누구도 답하지 않았다. 친구들은 김양의 채팅은 무시한 채 '영화는 뭐가 재미있다더라.', '아이돌 가수는 누가 좋다더라.' 등 다시 자신들끼리만 대화했다. 김 양은 중간 중간 열심히 답글을 달았지만, 모두 무시당했다. 김 양은 "그곳(사이버상)에서 나는 유령이었다."고 울먹였다.

사례 2

대전 동구의 모 초등학교 5학년 박 모양은 학기 초 같은 반 학우에게 괴롭힘을 당하다가 여름방학이 되면서는 사이버상으로 집단 '왕따'를 당했다. 같은 반 친구들끼리 그룹채팅이 가능한 모바일 메신저에서 따돌림을 당한 것. 처음에는 몇몇 학생이 따돌림을 주도했지만, 시간이 지나면서 반 학생 아무도 김 양을 대화에 껴주지 않았다. 심지어 어떤 친구는 문자로 입에도 담지 못할 욕을 하는 등의 언어폭력을 행사했다. 박 양은 "반에서 따돌림은 참을 수 있었지만, 온라인상에서 없는 사람 취급한 것은 죽고 싶을 만큼 힘들었다."고 말했다.

사례 3

수도권 중학교에 다니는 혜진(가명 · 중2)이는 초등학교 5학년 때부터 따돌림을 당했다. 초등학교를 졸업하면 끝날 줄 알았던 따돌림은 인터넷을 통해 "우리 학교 왕따가 어느 중학교에 간다"는 소문으로 퍼지면서 중학교에서도 계속됐다. 혜진이를 욕하는 저주 카페가 생겼고 그의 얼굴과 영화 속 괴물을 합성한 사진이 카페에 올라왔다. 이를 본 혜진이는 충격을 받았고 결국 지난해 2학기 휴학했다.

사례 4

고등학교 1학년인 A군은 같은 학급에 있는 또래학생들에 비해 다소 체구가 작았다. A군은 부모님의 이혼으로 할머니의 보살핌을 받아 자라온 결손가정의 학생이었다. A군은 반 친구들에게 욕설과 폭력을 사용하였고, 체육시간이나 점심시간 등 반에 아무도 없을 때에는 도둑질을 하기도

하였다. 또한 큰 목소리와 잦은 반문으로 수업이 진행되기 어려운 정도가 많았다. 이러한 행동들과 함께 A군은 다른 학생들에 비해 단정하지 못했던 외모와 불쾌한 냄새로 점점 반 친구들에게까지 따돌림을 당하게 되었다. A군은 어렸을 때부터 부모님의 사랑과 관심을 많이 받고 자라지 못하였기 때문에 누군가 자신에게 관심을 가져주기를 바라는 마음에서 그런 표현으로 나쁜 행동들을 일삼았던 것이다.

이때 A군의 담임교사는 문제 발생 초기에 몇 번의 주의를 주었을 뿐 별다른 제지를 하지 않았고, 적절한 대화를 하지 못하였다. 또한 같은 행동들이 반복되었기 때문에 다른 선생님들도 A군에게 무관심의 방법을 사용하여 지도하였다. 관심을 주지 않으면 A군의 행동들이 잠잠해질 것으로 생각하여 이와 같은 방법을 사용하였지만, 이후 A군은 학년이 올라갈수록 더욱 공격적인 성격으로 변하였고, 결국 학교생활을 견디지 못하고 그만두게 되었다고 한다.

사례 5

여중에 재학 중이었을 때 같은 학급에는 B양이 있었다. B양은 단정한 외모에 공부도 잘하였으나, 사회성의 결여로 친구들과의 관계가 원만하지 못하였다. 자기만의 생각으로 수업 중에 궁금한 것들이 생기면 주위 친구들을 의식하지 않은 채 선생님들에게 질문을 하여 수업에 방해가 되었고, 이와 관련하여 같은 반 C양과 B양은 크게 다투었다. 그 후 C양이 B양을 싫어하고 따돌리게 되었다. 이때 담임교사는 B양이 집단 따돌림을 당한다는 사실을 바로 알아차렸다. B양과의 1 : 1면담, 부모님과의 상담, 반 전체 학생들과의 대화, 주말이나 방학을 이용한 학급 봉사활동 및 현장학습, 마니또 선정 등 다양한 방법으로 집단 따돌림의 해결책을 제시하였고, 그 결과 B양과 학급 전체 학생들과의 관계는 학년이 올라갈 때까지 지속되었다.

사례 6 **'카톡방 집단 따돌림 못 견뎌' 여고생 투신**

카카오톡 대화방에서 집단 괴롭힘을 당한 여고생이 유서를 남기고 아파트 5층에서 투신했다. 지난 9일 새벽 1시쯤 인천시 구월동의 한 아파트 5층에서 16살 A양이 투신했지만, 1층 차양막에 떨어져 목숨을 건졌다.

A양은 부모님과 담임 선생님에게 문자 메시지로 힘들어서 못살겠다며, 투신하면 자신을 괴롭힌 학생들이 학교에 다닐 수 있냐고 남겼다.

A양은 친구들에게 카톡방에서 같은 반 학생들이 SNS를 통해 거짓말을 퍼뜨리고, 감당하기 힘든 욕설을 퍼붓고 집단으로 따돌렸다고 말한 것으로 알려졌다.

자료: 채널A(2016).

4) 장애학생 따돌림 사례

사례 **청각장애학생 따돌림, 방관하고 면박 준 교사들**

서울 A중과 이 학교에 다니는 청각장애학생 B(13)군의 부모 등에 따르면 이달 20일 B군은 음악 수업의 리코더 연주 수행평가 도중 교사로부터 "23일 음악시간까지 제대로 불지 못하면 학급 전체에 수행평가점수를 줄 수 없다"는 말을 들었다. 태어날 때부터 귀가 들리지 않아 4세 때 인공 와우 수술을 받은 B군은 청각장애 2급으로 학교처럼 웅성거리는 소리가 많이 나는 곳에서는 모든 소리가 소음으로 들린다.

음감이 비장애학생들보다 떨어져 연습을 해도 리코더 연주 실력이 늘지 않았던 것인데, 반 친구들은 "장애인 때문에 우리가 점수를 못 받는다"며 비난의 말을 퍼붓기 시작했다.

B군의 부모는 학년 초 담임교사에게 "음악 실기 평가 등 청력을 사용해야 하는 시험이나 과제 등의 평가는 필답시험으로 대체해 달라"고 요청했었다. 올해 1월 시행된 교육부의 '학교생활기록 작성 및 관리지침'의 '청각장애 학생은 청력을 사용해야 하는 시험을 필답시험으로 대체할 수 있다'는 규정에 따른 것이다.

그러나 B군은 반 친구들에게 리코더를 불지 못하는 '공공의 적'이 되어 버렸고, 문제가 커지자 담임 교사는 특수교사에게 B군의 면담을 요청했다. 면담 결과 B군은 1학기 때부터 같은 반 학생 5~6명으로부터 집단 따돌림과 놀림, 언어폭력을 당했던 것으로 드러났다. 몇몇 학생들은 B군의 어깨를 쳐 넘어뜨리는 등의 폭력도 휘두른 것으로 나타났다.

반 친구 C군은 B군에게 수시로 "넌 리코더도 못 부는 장애인이냐"는 말을 했고, 지난달에는 발로 밟은 과자를 먹으라고 강요한 것으로 조사됐다. B군의 부모는 "아이가 자신의 상황을 담임교사에게 호소했으나 교사는 가해학생들에게 '하지 말라'는 말만 했을 뿐 적극적으로 대처하지 않았다"며 "대책이라고 내놓은 게 아이를 도와주는 봉사자로 가해학생 C군을 지정해 괴롭힘을 방지하겠다는 것이었다"고 주장했다. B군의 부모는 관할 경찰서에 학교폭력을 신고하고 학교 측에 문제를 제기했다.

해당 학교는 29일 학교폭력자치위원회를 열고 가해학생들에 대한 징계 절차에 착수했다. B군의 아버지(45)는 "사건을 방치하고 키운 교사들과 무성의한 대응으로 일관한 학교가 문제"라고 주장했다.

이 학교 관계자는 "해당 교사들이 사과하는 입장을 밝혔고 학교도 조정 노력을 했다"고 말했다. 이 관계자는 "청각장애 학생에게 실기 평가는 어려운 과제지만 음악 교사가 학생에게 평가 기회를 두 번이나 줬다"며 "평가를 완료하기 전에는 다른 학생들의 점수도 공개하지 못한다는 뜻으로 말했던 것"이라고 해명했다.

이에 대해 B군의 아버지는 "음악 실기 수행평가 점수를 포기하겠다는 의사까지 밝혔는데도 교사가 듣지 않았다"고 주장하며 "교사들이 만나달라는 말만 할 뿐 무엇이 잘못됐는지 인정하지 않고 있다"고 말했다.

출처: 한국일보(2014).

Chapter

06

성폭력

1. 성폭력의 개념 및 구별

1) 성폭력의 개념

성폭력은 힘의 차이, 즉 물리적인 힘뿐만 아니라 역할관계 · 연령 · 지적 수준 · 사회적 지위 등을 이용하여 청소년에게 가해지는 모든 성적 행위를 말한다.

성폭력은 폭행 · 협박을 하여 성행위를 강제하거나 유사성행위, 성기에 이물질 삽입, 성기 모양을 가지고 놀리기 등의 경우, 상대방에게 폭행과 협박을 하면서 성적 모멸감을 느끼도록 신체적 접촉을 하는 경우, 성적인 말과 행동을 함으로써 상대방이 성적 굴욕감, 수치심을 느끼도록 하는 행위에 해당된다.

청소년은 성폭력으로부터 안전하고 보호를 받을 권리가 있다. 우리나라 법에는 성폭력을 한 가해자를 처벌하는 규정을 두고 있다.

성폭력은 성적 자기결정권이 침해되는 행위로 이성 간, 동성 간에도 일어날 수 있다. 또한 여학생뿐만 아니라 남학생도 성폭력 피해자가 될 수 있다.

성폭력예방을 위해서는 자신이 하루 동안 경험한 일들을 부모나 교사 등 믿을 수 있는 어른에게 꼭 이야기하는 것이 중요하다. 성폭력은 가해자 책임이므로 피해자에게는 아무런 잘못이 없음을 기억하고 성폭력예방은 평소 상대방을 존중하고 배려하는 마음에서 시작된다(교육과학기술부, 2012).

2) 개념 구별

(1) 성희롱

성희롱은 업무와 관련해 성적 언어나 행동 등으로 성적 굴욕감을 느끼게 하거나 성적 언동 등을 조건으로 고용상 불이익을 주는 행위라고 정의하고 있다. 성희롱은 일반인이 생각하는 것보다 훨씬 깊은 상처를 남겨 실제 생활에서 심리적·조직적 측면에서 심각하게 부정적인 결과를 나타낸다.

(2) 성추행

성추행은 성폭력의 정도가 성희롱을 넘어 범죄로 처벌되는 것으로서 폭행이나 협박을 수단으로 추행하는 것이다. 대법원은 '상대방의 의사에 반하는 물리력의 행사로 그 힘의 대소강약을 불문한다'고 밝히고, 판례에서 상대방을 알몸이 되게 하거나 유방을 만지는 행위, 간음 이외의 비정상적인 성행위 강요 등을 의미한다.

(3) 성폭행

성폭행은 강간과 강간미수를 말하는데, 강간은 폭행 또는 협박을 가해 부녀를 강간하는 것이다.

(4) 성폭력

성폭력은 '성을 매개로 해서 상대방의 의사에 반해 이루어지는 모든 가해행위'로서 성희롱이나 성추행, 성폭행 등은 모두 성폭력의 개념에 포함된다. 이 밖에 사이버 성폭력과 스토킹 등을 넓은 의미의 성폭력에 포함시키기도 한다.

2. 성폭력 사례

1) 또래 성폭력 사례

사례 1 친구들이 힘들게 해요

저는 중학교 남학생인데요. 지난 7월부터 최근까지 같은 학교 형들이 학교 빈 교실이나 화장실 등으로 불러서 문을 잠근 뒤 수개월간 저를 때리고 변태적인 행동을 시켰어요. 그리고 부모님이나 선생님에게 이 사실을 알리면 죽이겠다고 협박하는데, 어떡해야 할까요?

자료: 경기도교육청(2012).

사례 2 여학생들의 집단 성폭력 충격

강원 태백경찰서는 지난 6월 초 모 학교 교실에서 쉬는 시간에 A(16)양에게 치마를 걷어 올린 뒤 이를 동영상으로 촬영해 청소년들이 즐겨 보는 음악 전용 TV에 올려 유포한 혐의로 이 학교 학생들을 조사하고 있다.

경찰에 따르면 모두 9명에 달하는 가해 여학생들은 평소에도 A양을 집단으로 따돌림을 해왔으며 이날은 아예 A양의 치마를 들어 올리거나 걷어 내리는 장면을 연출해 동영상을 촬영하는 등의 성폭력을 자행했다는 것이다.

이 일로 심한 충격을 받은 A양은 학교에 등교하지 않고 있으며 뒤늦게 이 사실을 안 학교 측은 A양의 집에 찾아가 학부모와 함께 상담을 했지만 충격의 후유증에서 벗어나지 못한 상태로 알려졌다.

태백경찰서 관계자는 "수사 결과 상습적으로 집단 따돌림을 당하다가 성폭력으로 이어진 사건"이라며 "동영상 유포자를 찾아내 형사처벌할 방침"이라고 말했다.

또 문제의 학교 관계자는 "성폭력 내용을 확인하고 즉각 피해학생 보호에 나섰다"면서 "가해학생들에게 적절한 처벌과 재발방지교육을 실시하고 있다"고 말했다.

이에 대해 가해학생들은 "잘못을 뉘우치고 있다"며 "다시는 그런 일을 하지 않도록 할 것"이라고 강조했다.

자료: 뉴시스(2012).

사례 3 후배에게 성폭력 행한 남고생 물의

서울 강동경찰서는 강동구의 한 남자 사립고등학교에서 2학년 학생이 1학년 학생에게 성폭력을 행사했다는 신고가 접수되어 수사에 나섰다고 밝혔다.

학교 기숙사 자치회장인 2학년 학생 김모 군은 지난 6월 24일 밤 1학년 학생을 기숙사에서 불러내 유사성행위를 강요한 것으로 드러났다. 사실을 안 학교 측은 학교폭력대책자치위원회를 열어 김 군을 퇴학시키고 경찰에 신고했다.

경찰은 해당 학교 전교생 가운데 상당수가 기숙사 생활을 하는 점을 고려해 추가 피해가 더 있을 가능성도 염두에 두고 수사하고 있다.

자료: YTN(2014).

사례 4 '해괴한 성폭력까지'… 중 3, 1년간 학교폭력 당해

경북 포항의 중학교 3학년생이 1년여간 친구 2명에게서 집단 괴롭힘을 당해 온 것으로 드러났다. 이 같은 사실은 피해학생 A군의 어머니가 최근 포털사이트 다음 아고라 게시판에 '아들이 친구들에게 1년간 학교폭력을 당했다'는 글을 올리면서 드러났다.

어머니는 "가해학생들이 칼로 아들의 손을 찌르고 볼펜으로 온몸에 낙서를 하는가하면 정수리의 머리카락을 둥글게 자른 뒤 잔디에 물을 준다며 물을 뿌렸다"고 주장했다.

또 "치약이나 귤껍질, 흙이 섞인 눈 등을 강제로 먹이는가 하면 화장실에 가둔 채 물을 뿌리고 샤프심을 잘게 부숴 머리에 뿌리기도 했다"고 밝혔다.

특히, "폭력이 2학기부터는 더 심해졌으며 교실 창가 커튼 뒤에서 바지를 내리게 한 뒤 돌아가며 음모를 뽑는 등 성적 수치심을 일으키는 행동도 일삼았다"고 주장했다.

어머니는 "이제 곧 졸업을 하고 고등학교에 진학하지만 부모로서 등록금을 내고 교복을 사주는 것 말고는 해줄 것이 없다"며 "상처받은 우리 아이가 고통에서 벗어나 정상적인 생활을 하고 다시는 이 같은 학교폭력이 일어나지 않도록 도와 달라"고 호소했다.

학교 측은 작년 말 사건을 인지하고 진상조사를 벌인 뒤 12월 22일과 26일 두 차례에 걸쳐 폭력대책자치위원회를 열어 가해학생 2명에 대해 출석정지 8일과 학급교체, 서면사과 등의 조치를 했다.

학교 측은 A군이 평소 친구들과 잘 어울렸고 함께 심한 장난도 쳐 학교폭력은 생각도 못했으며 중학교는 퇴학 규정이 없어 최대한의 처벌을 내렸다고 설명했다.

김○○ 교장은 "조사 결과 대부분의 폭력은 인정되며 성폭력(강제추행) 부분은 친구들끼리 게임을 하는 차원에서 같이 했는데, 게임 자체가 좀 심했다"며 "철저한 관리로 학교폭력이 일어나지 않도록 하겠다"고 말했다.

경찰은 A군 어머니의 고소를 접수해 피해경위 등을 조사 중이며 조만간 검찰에 사건을 송치할 예정이다.

한편, 이 글은 7만 건이 넘는 조회 수를 기록하면서 '반드시 처벌해 학교폭력을 뿌리뽑아야 한다'며 경찰의 철저한 수사를 촉구하고, '가족들 힘내세요'라는 위로의 댓글이 달렸다.

자료: 연합뉴스(2015).

사례 5 모범 대안학교서 장애학생 집단 성추행

10년 전부터 자연학습 중심의 교육으로 주목받아 온 대안학교이다. 이 학교는 학생의 10%를 장애학생으로 채워 통합교육의 모범 사례로도 꼽혀왔다.

그런데 최근, 이 학교에서 충격적인 학교폭력사건이 일어났다.

학교 학부모 : (장애학생에 대한) 일상적인 폭력이 진행됐었고, 예를 들어 때린다든지… 그런데 몇몇 아이들 중심으로 성폭력 사건이 일어났다는 걸 알게 됐고요.

두 달 전에는 교내 샤워실에서 일반 학생들이 장애학생 1명의 바지를 벗긴 뒤 성추행하고, 여학생까지 불러 구경시킨 일도 있었다.

학교폭력을 당한 장애학생 3명은 심리치료까지 받았고, 가해학생 3명은 6개월 정학 처분을 받았다. 일반 학교의 경우 학교폭력 피해자와 가해자 격리 원칙에 따라 가해자를 강제 전학시키지만, 이 학교는 12년을 함께 공부한다는 공동체 성격을 내세우며 격리조치를 하지 않은 것이다.

자료: SBS뉴스(2014).

2) 사이버 성폭력 사례

사례 집단 사이버 성폭력 처리 논란

아산의 모 초등학교에서 동급생의 집단 사이버성 폭력으로 인해 피해학생과 학부모가 고통이 가중되고 있다며 반발하고 있다.

아산 모 초등학교 5학년인 A양 등 5명은 사회관계망서비스(SNS)를 통해 동급생인 피해학생에게 수개월 동안 성적 수치심을 느낄 수 있는 사진과 글을 보내는가 하면 여러 차례 욕설을 하는 등 사이버성폭력 및 모욕과 따돌림 등을 통해 피해학생을 괴롭혀 왔다.

이 같은 사실은 지난 3월 가해학생이 담임교사에게 옆 반에 다니는 피해학생이 자신에게 욕을 해서 속상하다며 욕을 한 사실과 관련해 친구들과 함께 사과할 것을 요구했으나 계속 발뺌을 하고 있다고 신고해 이를 조사하는 과정에서 밝혀졌다.

이에 학교 측은 학교폭력대책자치위원회를 열고 조치 결과를 내놓았지만 피해학생 학부모는 가해학생 5명 중 2명은 자진해 다른 학교로 전학을 가버렸고 피해학생과 같은 반 학생을 옆 반으로 보내는 수준의 솜방망이 조치로 오히려 가해학생을 보호하고 있다고 반발하고 있다.

자료: 중부매일(2015).

Chapter

07

사이버폭력

1. 사이버폭력의 개념 및 종류

1) 사이버폭력의 개념

사이버폭력은 익명성을 이용하여 이루어지므로, 물리적인 힘으로 이루어지지 않는다는 특징이 있다. 이는 기존의 폭력에서 '가해자' 범주에 속하던 사람도 사이버폭력의 피해자가 될 수 있게 한다. 또한 익명성 때문에 죄책감이 작아져 폭력이 일종의 놀이화되는 경향이 있다. 직접적 대면이 없으므로, 상대방의 기분을 일반적인 경우보다 더 이해하기 힘들다는 특성도 있다. 또 사이버 세계에서는 현실과 달리 감시망이 부재하므로 사이버폭력이 이루어지기 쉽다. 악질적인 경우, 표적을 정하여 지속적으로 인신공격을 가하거나 개인정보를 사이버상에 유포하는 경우도 발생한다.

학계에서는 '상대방에게 정신적 · 심리적 피해를 유발할 수 있는 가상공간에서의 욕설, 비난, 위협, 유언비어, 따돌림과 괴롭힘 등과 같은 행위'로 개념화하고 있고(김경은 · 윤혜미, 2012), 정부 등 공공기관에서는 '정보통신망을 통해 부호 · 문헌 · 음향 · 화상 또는 영상을 이용하여 타인의 사생활 침해 또는 명예훼손 등의 권리를 침해하는 행위'로 설명하기도 한다(방송통신심의위원회, 2008).

법률적으로는 '인터넷, 휴대전화 등 정보통신기기를 이용하여 학생들이 특정 학생들을 대상으로 지속적, 반복적으로 심리적 공격을 가하거나, 특정 학생과 관련된 개인정보 또는 허위사실을 유포하여 상대방이 고통을 느끼도록 하는 일체의 행위'로 정의하고 있다(학교폭력예방 및 대책에 관한 법률).

사이버폭력이란 컴퓨터 등 정보통신기기를 활용하여 사이버공간에서 타인에게 주로 글, 이미지, 음성 등으로 적대적인 표현 및 태도를 고의 반복적으로 행하여 정신적, 물질적으로 피해를 입히는 범죄행위로 요약할 수 있다(정한라, 2013).

2) 사이버폭력의 특징

사이버폭력은 〈표 7-1〉과 같이 가해행위의 집단성률, 빠른 전파성, 시공간 제약 없는 가해, 피해 기록의 영속성, 은밀한 폭력방식의 정리와 같은 특징이 있다.

〈표 7-1〉 사이버폭력의 특징

특징	설명
가해행위의 집단성률	사이버공간은 "접근의 용이성과 비대면성, 익명성"의 속성을 가져, 다수의 가해자가 손쉽게 폭력 행위에 가담
빠른 전파성	인터넷, SNS의 빠른 전파성과 무한 복제성으로 피해자를 공격하는 소문, 허위사실 등이 빠르게 확산되어 피해를 확대
시공간 제약 없는 가해	시공간 경계가 없는 사이버 공간의 특성으로 24시간 장소의 구애 없이 사이버폭력에 노출
피해 기록의 영속성	인터넷상에 노출된 사이버폭력의 내용은 삭제가 어려워 평생 피해 기록에 대한 두려움에 시달림
은밀한 폭력방식	현실의 대면공간에서 발생하는 물리적 폭력 행위에 비해 비대면 사이버 공간에서의 사이버폭력은 사적이고 은밀하게 발생

자료: 한국인터넷진흥원(2013). 내부자료

3) 사이버폭력의 유형

사이버폭력의 유형은 〈표 7-2〉와 같이 모욕, 명예훼손, 성폭력, 스토킹, 사이버 따돌림의 5가지 정도로 나누어 볼 수 있다.

〈표 7-2〉 사이버폭력의 유형

<table>
<tr><th colspan="2">특징</th><th colspan="2">설명</th></tr>
<tr><td colspan="2">모욕</td><td colspan="2">인터넷상에서 특정인에 대하여 모욕적인 언사나 욕설 등을 하는 행위</td></tr>
<tr><td colspan="2">명예훼손</td><td colspan="2">비방을 목적으로 인터넷상에 구체적인 내용의 허위 또는 사실이 유포되어 피해를 입은 경우</td></tr>
<tr><td colspan="2">성폭력</td><td colspan="2">인터넷을 통해 성적 수치심이나 혐오감을 일으키는 말이나 음향, 글이나 사진·그림, 영상 등을 받은 경우</td></tr>
<tr><td colspan="2">스토킹</td><td colspan="2">공포심이나 불안감을 일으키게 하는 음성, 문자, 화상 등을 반복적으로 받아 피해를 입은 경우</td></tr>
<tr><td rowspan="6">사이버따돌림</td><td rowspan="5">카카오톡 왕따 (카따)</td><td colspan="2">카따란 '카카오톡 왕따'를 뜻하는 10대들의 은어로, 오프라인에서의 왕따 행위를 모바일공간으로 옮겨와서 자행하는 것</td></tr>
<tr><td>떼카</td><td>채팅방에서 피해학생에게 단체로 욕을 퍼붓는 것</td></tr>
<tr><td>카톡 방폭</td><td>채팅방에 피해학생을 초대한 뒤 한꺼번에 나가버려 피해학생만 카톡방에 남게 하는 것</td></tr>
<tr><td>카톡 감옥</td><td>피해학생을 계속 채팅방으로 초대하여 괴롭히는 것</td></tr>
<tr><td>기타</td><td>• 채팅방에서 피해학생의 말만 무시하며 유령 취급하는 행위
• 피해학생을 초대한 뒤 일제히 의미 없는 메시지를 던져서 휴대폰을 마비시키는 행위</td></tr>
<tr><td>와이파이 셔틀, 하트 셔틀</td><td colspan="2">현실의 대면공간에서 발생하는 물리적 폭력 행위에 비해 비대면 사이버공간에서의 사이버폭력은 사적이고 은밀하게 발생</td></tr>
</table>

자료: 한국인터넷진흥원(2013). 내부자료

2. 사이버폭력의 실태

최근 학교폭력에 대한 피해학생의 정서적 고통 중 사이버폭력에 대한 주관적 심각성이 가장 높은 것으로 나타났다. 인터넷과 스마트폰 이용이 보편화된 가운데 온라인 메신저, 인터넷 카페, SNS(Social Network Service) 등에 익숙한 청소년들은 의사소통의 수단으로 온라인을 이용하는 빈도가 높아졌다. 이로 인하여 괴롭힘의 수단으로도 악용되고 있는 사이버폭력 폐해는 심각하다.

청소년들은 사이버공간에서의 폭력이 직접 신체적으로 폭행이 일어나거나 대면하여 욕설을 하지 않는다는 점을 이유로 단순한 장난으로 여기며 학교폭력이 아니라고 인지하는 경우가 많다. 그러나 사이버폭력은 학교폭력의 유형 중 하나이며 이는 피해자로 하여금 심각한 심리적 고통을 유발한다.

2012년 (재)청소년폭력예방재단의 전국학교폭력실태조사에 따르면 학교폭력을 당한 공간에 대한 질문에 '사이버 공간'이라고 응답한 학생이 8.4%로 나타났다. 또한 심각하다고 생각하는 학교폭력 유형에 대한 질문 결과 사이버폭력이라고 응답한 학생은 2011년 1.8%였으나 2012년 4.7%로 2.5배 증가한 것으로 나타나 학생들이 사이버공간상의 학교폭력의 심각성을 인식하고 있음을 알 수 있다.

3. 사이버폭력 사례

1) 카카오톡 사례

사례 **설마 내 아이가 사이버폭력 피해자? 무관심한 부모들**

강원도 지역의 한 고등학교에 재학 중인 김호영(17 · 가명)은 학교폭력 상담창구를 통해 수차례 괴로움을 호소했다.

"'바보'라며 계속 놀리고 카톡으로 똑같은 소문을 퍼뜨린다. 한 친구가 게임 아이템을 선물하라고 괴롭혀서 선물했는데, 엄마에게 들켜서 혼이 났다"는 것이 주된 상담 내용이었다.

상담을 진행했던 상다미쌤은 김 군의 부모에게 연락을 취해 김 군의 우울증세가 심하다며 정신과 치료를 여러 차례 권했다. 하지만 그때마다 김 군 부모는 "우리 아이는 경미한 지적 장애를 겪고 있고, 원래 친구와 잘 어울리지 못한다. 그냥 내버려두라"며 냉담한 반응을 보였다.

상담센터 측은 "가정형편 때문이라면 진료비를 지원하겠으니 김 군이 진료받도록 해야 한다"며 김 군 부모를 설득했다. 경미한 지적장애를 겪고 있던 김 군이 사이버 학교폭력으로 인해 이상행동을 자주 보였기 때문이었다. 전문적인 정신과 치료를 받기 위해서 일주일에 한 번씩 강릉까지 통원치료를 받아야 하는 상황에서 김 군의 부모는 "치료비용 지원 같은 건 필요없다. 참견하지 말라"는 말만 반복했다.

이런 상황에서 김 군은 힘들 때마다 117 학교폭력신고센터에 전화를 걸어 괴로운 마음을 털어놨지만 이마저도 김 군 부모는 "더 이상 117에 전화를 걸지 말라"며 말리기에 급급했다. 6개월여가 지나면서 김 군은 "이제는 친구들이 때리기까지 한다. 전학을 가고 싶다"며 눈물로 상담센터에 도움을 요청했다. 사이버 학교폭력에서 벗어나기는커녕 부모의 무관심 속에서 김 군은 더 심각한 상황에 내몰릴 수밖에 없었다.

서울 강남에 거주하는 송은정(16・가명) 양은 학교폭력상담센터에서 상담을 받는 과정에서 "손목을 그으면 어떻게 될까요?", "목을 매면 아플까요?" 등의 심각한 질문을 자주해 상다미쌤을 놀라게 했다.

사이버 불링과 사이버 갈취 등의 피해에 노출되어 있던 송 양은 "부모님에게 말해도 소용없다. 엄마는 공부를 잘해서 1등하면 다 해결된다고만 말한다"며 답답함을 토로했다.

상담센터 측은 송 양의 상태가 심상치 않다는 판단 아래 송 양 부모에게 치료 동의를 요청했지만 반응은 싸늘했다. 송 양의 부모는 "우리 애가 미쳤다는 말이냐. 정신과 치료를 받았다가 나중에 시집 못 가면 책임지겠느냐. 고발하겠다"며 노발대발했다.

한 상다미쌤은 "가정형편이 어려워 당장 생계가 급한 부모는 '비자발적 무관심'으로 일관하는 경우가 많고, 경제력이나 사회적 지위를 어느 정도 갖춘 부모는 사회적 시선이 두려워 문제를 덮고 가려는 경향을 보인다"며 "정신과 치료에 대한 부모의 인식개선 역시 시급한 과제"라고 말했다.

자료: 헤럴드경제(2014).

2) 따돌림 동영상 사례

사례 따돌림 생중계 당하는 왕따, '사이버폭력'에 두 번 운다

학교폭력의 피해자, 이른바 '왕따'들이 교실 밖에서도 '사이버폭력'에 시달리고 있다. 따돌림을 당하거나 맞는 장면이 스마트폰으로 찍혀 실시간 중계되기도 하고, 개인 홈페이지나 트위터, 페이스북 등이 욕설과 악성 댓글로 '도배' 되기도 일쑤다.

한 인터넷방송 사이트에는 지난 11월 '울 학교 찌질이 패기'라는 제목으로 교실에서 한 학생을 괴롭히고 때리는 동영상이 올라왔다.

이 동영상에는 따돌림의 대상이 된 학생을 때리도록 주위 학생들을 종용하면서 폭행을 가하면 주위학생들이 웃는 모습이 담겼다.

지난해 10월 중학교 1학년이었던 A양은 친구들로부터 따돌림을 받자 하소연을 할 공간으로 자신의 미니홈피에 일기를 쓰며 심경을 토로했다 더 큰 충격에 휩싸였다.

며칠 사이 자신을 따돌렸던 친구들이 일기장과 방명록에 악성 댓글을 퍼부어 결국 A양은 미니홈피를 폐쇄할 수밖에 없었다.

이 같은 '사이버왕따'는 학교 밖이더라도 24시간, 어디서나, 익명의 누구에게나 공격을 당할 수 있다는 점 때문에 더 흉폭한 폭력에 시달릴 수밖에 없다.

한국정보화진흥원이 전국 초중고교생 1,260명을 상대로 지난해 11월 설문조사한 결과, 사이버공간에서 욕설 피해를 입었다는 대답은 9.1%, 놀림과 따돌림을 당했다는 각각 7.8%, 4.1%, 나쁜 소문이 퍼졌다는 응답은 3.1%였다.

특히, 읍면 지역이 대도시보다, 중학생이 초, 고교생보다 사이버폭력에 노출된 비율이 높다는 점에서 오프라인에서 이루어지는 폭력과 비슷한 양상을 보였다는 분석이 뒤따랐다.

자료: 노컷뉴스(2012).

3) 엽기사진 사례

사례 엽기 얼굴사진 퍼뜨리고 집단으로 놀려

"또 울었어요. 저 정말 죽고 싶어요." 최명실(15 · 가명) 양은 경남 지역의 한 중학교에 다니는 평범한 학생이다. 최 양은 지난달 21일 같은 반 친구의 카톡(카카오톡) 프로필 사진을 보자마자 눈을 질끈 감았다. 눈에는 금세 눈물방울이 맺혔다. 공개된 친구의 프로필 사진란에는 최 양의 '엽사(엽기사진)'가 올라와 있었다.

엽사는 최 양을 비롯한 3명의 얼굴 사진에 심한 포토숍 장난을 덧칠한 것이었다. 제목은 '울 학교 돼지X들'이었다.

최 양은 친구에게 "사진 좀 지워줬으면 좋겠어"라고 카톡을 보냈지만 "왜? 멋지지 않냐?"라는 답만 돌아왔다. 사진은 금세 학교에 퍼졌고, 최 양 엽사를 카톡 프로필 사진에 올려 괴롭힘에 동참하는 친구도 하나 둘 늘어났다.

최 양은 열린의사회가 운영하는 청소년 학교폭력 상담 프로그램 '상다미쌤' 상담에서 "죽고 싶다"는 말부터 했다. 평소 아이들의 따돌림을 꾹 참고 있던 터에 이번 카톡 사건까지 겹치면서 최 양은 학교생활을 무척 버거워하고 있다.

학교 상담 권유에 대해 최 양은 "학교 상담을 하면 아이들이 뭐라고 할 거예요. 담임선생님이 알아도 일만 커질 것 같아요"라고 대답했다. "예전에 외부 상담센터에 엄마랑 함께 갔었는데, 엄마가 너무 마음 아파하는 걸 봤어요. 엄마를 아프게 하고 싶지도 않아요"라고도 했다.

요즘 청소년들이 SNS에서 벌이는 여러 사이버 학교폭력 유형 가운데 최 양이 겪은 것은 '이미지 불링(image bullying)'이다. 이미지 불링은 사진 · 동영상 같은 이미지를 활용해 상대방을 괴롭히고 모욕감을 주는 행위를 말한다.

현재 필리핀 유학 중인 장수영(16 · 가명) 군은 벌써 1년 6개월이나 지난 옛날 일에 가슴앓이를 하고 있다. 지난해 4월 친구 여럿이 몰려가 친구 집에서 함께 잠을 잤는데, 한 친구가 자신의 성기 사진을 찍어 SNS로 퍼뜨린 사건 때문이다.

"남자들끼리 그런 장난은 할 수 있다고 생각해요. 장난 후에 사진을 지우면 그만이죠. 하지만 사진이 여자 아이들한테까지 다 퍼졌어요." 장 군은 당시 이것이 그렇게 큰 문제인지 몰랐다고 털어놨다.

장 군은 그러나 사건 한 달 후 유학을 와 철이 들면서 뒤늦게 수치심을 갖게 됐다고 한다. 그는 "방학 때 한국에 들어오면 친구들 만나기가 꺼려진다"며 "올 여름 방학 때 친구에게 사과를 요구했지만 대수롭지 않게 여겨서 더 상처를 받았다"고 말했다.

자료: 헤럴드경제(2013).

4) 페이스북, 카카오스토리 사례

사례 1 **페이스북, 카카오스토리에 숨은 위험한 시선… 사이버 스토킹**

이현우(15・가명) 군이 지난 7월 열린의사회에서 운영하는 학교폭력 상담 프로그램 '상다미쌤(상담 선생님을 친근히 부른 말)'에게 알려온 내용이다. 학교폭력 가해자로부터 두 달 동안 문자 스토킹을 당한 이 군은 이 말을 마지막으로 열린의사회와 연락을 끊었다.

중학교 2학년이던 이 군은 같은 반 대부분의 아이들로부터 왕따를 당했다. 잘난척을 한다는 것이 이유였다. 어느 순간부터 이 군은 학교에서 유령이 되어 있었고, '장난'을 빙자한 아이들의 폭력도 수시로 이루어졌다.

그 중심에는 김무석(15・가명) 군이 있었다. 견디지 못한 이 군은 지난 4월 학교와 경찰에 이를 알렸다. 학교폭력대책위가 열리고 이 군의 따돌림을 주도했던 김 군에게는 강제 전학 조치가 내려졌다. 악몽은 끝난 듯 했다.

하지만 그게 아니었다. 전학을 간 김 군은 끊임없이 이 군에게 소셜 네트워크 서비스(SNS)인 카카오톡을 통해 메시지를 보내왔다. 욕설과 함께 "나만 너를 따돌렸냐?", "나만 때렸냐?", "내가 여기 전학와서 왕따 당하면 니가 책임질 거냐?" 등의 메시지가 수백 통씩 쏟아졌다. 대답을 하지 않으면, "왜 대답을 안하냐", "내가 우습냐. 내가 전학왔다고 우리가 만나지 않을 것 같냐"라는 협박이 이어졌다.

친구 차단을 해도 소용이 없었다. 낯선 아이디로 문자가 왔다. 김 군이었다. 김 군은 친구의 이름으로, 부모님의 이름으로, 혹은 탈퇴 후 아이디를 바꾼 뒤 메시지를 보냈다. 카카오톡을 스마트폰에서 지울까도 생각했지만, 그 아이 하나 때문에 다른 친구들과의 소통 자체를 포기할 순 없었다. 수백 통씩 쏟아지는 김 군의 문자는 두 달 동안 이어지다 이 군이 경찰에 다시 신고를 한 뒤 비로소 끝이 났다. 이 군은 경찰에 신고를 하고 두 달 뒤인 6월 말 학교를 스스로 그만뒀다.

지난 10월 초등학교 5학년인 이윤정(12・가명) 양은 '상다미쌤'에게 "아이들이 나를 왕따시키는 것 같다. 죽고 싶다"며 상담을 신청해왔다. '절친'이었던 최영선(12・가명) 양과 사소한 다툼으로 사이가 멀어진 후였다. 최 양은 이 양의 사진을 '원숭이'와 합성한 뒤 사진 중심의 SNS인 카카오스토리에 올렸다. 처음엔 장난인 줄 알았다. 하지만 이 사진에 댓글들이 줄을 이었다. "정말 똑같다", "원숭이냐, 이윤정이냐", "생긴 것 뿐만 아니라 하는 짓도 똑같지 않아" 등의 댓글이 올라왔다. 또 다른 형태의 왕따라는 느낌이 들었다. "지워달라"는 이 양의 요구에 최 양은 화답했지만, 그때 뿐이었다. 사진은 사라졌다가, 몇 분 뒤 다시 올라왔다. 카카오스토리에 걸린 사진은 급기야, 이 양의 카카오톡 프로필 사진으로 대체됐다. 이후 원숭이와 이 양의 합성 사진은 다른 사진들로 합성돼 한 달 동안 올라왔다, 지워졌다를 반복했다.

자료: 헤럴드경제(2013).

사례 2 주먹질 학교폭력은 옛말… SNS 욕설·협박 신종 폭력 '기승'

지난 6일 청주시의 모 아파트 7층 계단 창문에서 여중생이 아래로 뛰어내렸다. 팔과 다리를 심하게 다쳐 서울의 한 병원으로 옮겨져 치료를 받았다. 이 학생은 소셜 네트워크 서비스(SNS)상에서 괴롭힘을 당해 힘들어했다는 취지의 말을 친구에게 했던 것으로 알려졌다.

주요 사례를 보면 지난해 중학생 3명은 페이스북에 악성 댓글을 다는 것으로 친구를 괴롭히다가 자치위원회에 회부됐다. 가해학생 중 한 명은 피해학생이 '성적으로 문란하다'는 내용의 댓글도 달았다. 다른 중학교에서는 이성 교제 관련 페이스북 댓글을 둘러싼 친구들 간 갈등이 폭행사건으로 이어졌다. 가해자 3명은 피해자 3명을 카카오톡 단체 채팅방으로 불러 심한 언어폭력을 행사한 뒤 다시 놀이터에서 만나 폭력을 휘둘렀다. 모 고교에서는 남학생이 여학생들의 사진을 찍어 이름, 전화번호와 함께 트위터에 공개한 것이 문제가 되어 학교폭력 사안으로 접수되기도 했다.

자료: 연합뉴스(2016).

사례 3 온라인으로 확대된 은밀한 폭력 '사이버 왕따'

"나를 욕하는 게 보기 싫어도 자꾸 이름을 태그해 고통스럽다"는 정모(15) 양은 카카오톡 단체 방에 초대되어 무차별 공격을 당했다. "보기 싫으니까 작작 나대"라며 정 양을 괴롭히는 친구 무리의 폭언을 들었고 방을 나가면 계속해서 초대했다. "너 계속 나가면 해킹도 당하고 그래서 너 핸드폰 못 쓸 수도 있다"며 "초대를 하면 넌 거절 못 하고 계속 욕먹어야 한다"고 정 양을 협박했다.

페이스북에서는 정 양을 향한 '저격글'을 올렸다. 정 양을 겨냥해 "야 너 그러고 살지 마라" 라는 글에는 "너 왜 그러냐? 누구 때문에 그러냐"라는 댓글이 달리며 점점 퍼졌다. 급기야 정 양을 태그해 "너 보라고 한 말이다"라며 댓글을 달아 정 양을 '소환'했다. 정 양은 "피하고 싶어도 피할 수 없어 고통스럽다"고 말했다.

중학생 박모(14) 군은 친구 4명이 조를 나눠 PC방에서 온라인 게임 '서든어택'을 하기로 했다. 박 군과 한 조가 된 친구들은 게임을 하는 내내 "넌 잘하는 게 하나도 없다", "너랑 같은 편이 돼서 재수 없다"며 계속 채팅 메시지를 보냈다. 결국 박 군만 빼고 5명 전원이 게임에서 빠져 박 군 혼자 게임을 해야 했다.

청소년 요금제를 사용하는 초등학생 강모(13) 군은 항상 데이터가 부족하다. 그런데 반에서 '힘이 있는' 한 친구가 "나 데이터 다 썼다"며 데이터를 빌려달라는 부탁에 고통스럽다고 말했다. 강 군의 휴대전화를 와이파이 삼아 모바일 핫스팟을 켜달라며 "잠깐 쓰면 되잖아, 잠깐 쓴다고 배터리가 닳는 것도 아니고 조금만 쓰겠다"고 부탁 삼아 강요한다는 것이다. 다른 친구들까지 "왜 나는 데이터를 안 주느냐"며 강 군을 괴롭혀 고민이 된다며 한숨을 쉬었다.

중학생 윤모(14) 양은 같은 반 친구의 카카오톡 프로필 사진을 보고 충격을 받았다. 자신의 얼굴에 심한 포토샵이 되어 있는 '엽사'가 올라가 있는 것을 보고 "사진 좀 지워 달라"고 부탁했다. 하지만 다른 반 단체 카톡방에도 엽사를 올리고 SNS에도 사진을 올렸다. 잘 모르는 다른 반 친구들까지 윤 양을 놀렸고 '엽사'를 카카오톡 프로필 사진에 올려 괴롭힘에 동참하는 친구들이 늘어났다.

자료: 데일리한국(2015).

5) 해외 사례

사례 **사이버폭력 사범 엄격한 형사처벌… 국내는 세부 내용 보완 필요**

지난해 5월 22일 미국 뉴욕시 퀸즈빌리지의 109중학교에 다니던 12세 소녀 가브리엘 몰리나는 자신의 침실에서 숨진 채 발견됐다.

꽃다운 나이의 소녀의 자살은 미국 사회에 적잖은 논란을 일으켰다. 몰리나가 사이버 따돌림을 당했다는 친구들의 증언이 잇따랐으며 스스로 목숨을 끊기 전 휴대전화에 '매춘부(a whore)'라는 모욕적인 문자 메시지가 온 사실이 밝혀졌다.

친구들과의 불화, 남자친구와의 결별로 벼랑 끝에 선 몰리나를 끝내 죽음으로 등떠민 것은 익명의 발신자들이 보낸 문자 메시지였다.

이른바 '가브리엘 몰리나' 사건은 미국 내 사이버폭력 대책 마련을 촉구하는 도화선이 됐다. 사건이 발생한 뉴욕주는 사이버폭력 사건을 형사범으로 처벌할 수 있도록 법을 개정했으며, 뉴욕시 교육감은 시내 1,700여개 학교에서 사이버폭력에 대한 교육을 실시하도록 지시했다.

이에 사이버폭력이 발생할 경우 피해자 혹은 목격자는 학교 상담사에게 즉각 신고해야 하며 이를 목격하고도 신고하지 않은 학생들에게 처벌을 내릴 수 있게 됐다. 나아가 학교 당국이 교육청이나 경찰에 즉각 보고하지 않으면 법적 처벌을 받는다.

한편, 캐나다는 '파슨스' 사건을 계기로 사이버폭력을 처벌하는 법을 주 정부 차원에서 도입하고 있다.

17세 소녀 레테 파슨스는 지난 2011년 친구들과 10대 모임에 참석해 술을 마신 뒤 남학생 4명에게 집단 성폭행을 당했다. 비극은 여기서 그치지 않았다. 당시 현장 사진이 인터넷에 유포돼 그는 온·오프라인상에서 오랜 집단 괴롭힘에 시달리다 결국 지난해 4월 4일 스스로 세상을 떠났다.

캐나다 노바스코샤주 정부는 이후 사이버폭력 전담 조사팀을 설치해 신고를 접수하고 피해자 보호 및 가해자 조사를 벌이도록 하는 내용의 법안을 마련해 주 의회에 제출했다. 이에 따라 피해

신고가 있으면 법원으로부터 보호 명령을 받아 가해자의 온라인 활동을 즉각 금지하고, 사이버폭력에 사용된 컴퓨터나 전화를 압수해 조사에 들어가도록 했다. 또 가해자는 초범이라도 5,000달러의 벌금이나 6개월 실형에 처하게끔 규정했다.

자료: 헤럴드경제(2014).

Part

02

학교폭력 예방 및 대응

Chapter

08

학교폭력 실태조사 및 후속처리

1. 학교폭력 실태조사의 법적 근거

1) 학교폭력 실태조사 관련 법률

학교폭력 실태조사를 실시할 수 있는 관련 법률은 「학교폭력예방 및 대책에 관한 법률」 제11조 제8항과, 제14조 제4항에 의거하여 학교폭력 실태조사를 실시할 수 있다.

〈표 8-1〉 학교폭력예방 및 대책에 관한 법률

법률조항	내용
「학폭법」 제11조 제8항	교육감은 학교폭력의 실태를 파악하고 학교폭력에 대한 효율적인 예방대책을 수립하기 위하여 학교폭력 실태조사를 연 2회 이상 실시하여야 한다.
「학폭법」 제14조 제4항	전담기구는 학교폭력에 대한 실태조사(이하 "실태조사"라 한다)와 학교폭력예방 프로그램을 구성 · 실시하며, 학교의 장 및 자치위원회의 요구가 있는 때에는 학교폭력에 관련된 조사 결과 등 활동 결과를 보고하여야 한다.

2) 학교폭력예방 및 대책에 관한 법률의 목적과 특징

「학교폭력예방 및 대책에 관한 법률」의 목적과 특징은 다음과 같다.

첫째, 피해학생의 보호, 가해학생의 선도 · 교육 및 피해학생과 가해학생 간의 분쟁조정을 통하여 학생의 인권을 보호하고 학생을 건전한 사회구성원으로 육성함을 목적으로 한다.

둘째, 학교 내외에서 발생하는 학생을 대상으로 하는 폭력에 적용되는 일반법으로서 학교폭력이 발생하면 형사 · 민사상의 절차와는 별개로 반드시 적용해야 하는 법이다.

셋째, 학생 간의 분쟁을 사법처리 이전에 교육적으로 해결하고자 한다.

넷째, 학교 내에서 가해자 및 피해자에 대한 신속한 조치로 2차 피해를 방지하고자 한다.

3) 학교폭력 실태조사 개요

학교폭력 실태조사는 학교폭력 발생 실태 및 관련 인식을 체계적으로 조사하여 학교별 현황 정보를 제공하고, 학교폭력근절 종합대책 등 정책 수립에 활용함으로써 학교폭력에 대한 학생들의 인식을 개선하고, 학교의 적극적 대응 노력을 유도하는 것이 실시 목적이다.

조사주관은 전국 시·도교육감협의회 위탁을 받아 한국교육개발원에서 실시하며, 조사대상은 초·중등교육법 제2조의 초·중등교육을 실시하는 학교의 학생은 초등 4~고등학교 3학년 재학생 전체, 학부모는 전국 초등학교 1학년~고등학교 3학년 학부모(기타학교 포함)를 대상으로 한다. 조사시기는 학기별 1회(연 2회), 조사방법은 온라인 설문조사를 통해 실시하며, 결과 공개는 학교별 정보공시 연 1회(11월 말) 조사 참여 및 피해 현황 등 6개 항목에 대해 결과를 공개한다.

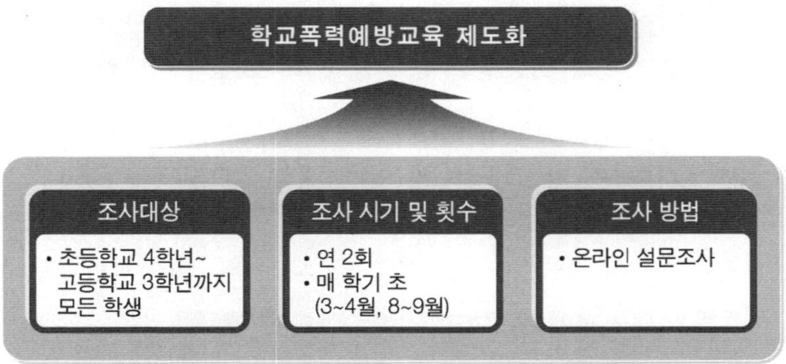

[그림 8-1] 학교폭력 실태조사 개요

자료: 교육과학기술부(2014). 학교폭력사안처리 가이드북. p. 30.

2. 학교폭력 실태조사 후속처리

1) 단위학교의 학교폭력 실태조사 후속업무 처리

단위학교에서 이루어지는 학교폭력 실태조사 후속업무 처리는 〈표 8-2〉와 같이 ① 실태조사 유형별 분석 및 심층 조사 → ② 자치위원회 개최 및 심의 → ③ 학교폭력 사안별 처리방안 및 예방대책 제출 → ④ 실태조사 결과 설명회 개최의 4단계로 이루어진다.

(1) 실태조사 유형별 분석 및 심층 조사

서술형 문항에서 나타난 사안(가・피해자조사), 객관식 문항 중에서 중대 사안 심층 조사(쪽지 설문 등), 객관식 문항 분석을 실시한다.

(2) 자치위원회 개최 및 심의

학교폭력전담기구에 학교폭력 실태 및 유형을 보고하고, 학교폭력대책자치위원회를 개최하여 실태조사의 학교폭력사안 심의 및 조치를 시행한다.

(3) 학교폭력사안별 처리방안 및 예방대책 제출

학교 구성원의 의견을 수렴 → 학교운영위원회 심의 → 학교폭력대책자치위원회 심의 → 대책을 교육청에 보고하여야 한다. 이때 학교운영위원회 자문, 학교폭력대책자치위원회 심의・의결 전이라도 대책(안)을 우선적으로 추진할 수 있다.

(4) 실태조사 결과 설명회

학교폭력 실태조사 현황(분석 및 예방대책)을 학생, 교직원, 학부모에게 설명회 개최, 서면(가정통신문), 학교 홈페이지 탑재 등을 통해 실태조사 결과를 알린다.

〈표 8-2〉 단위학교 학교폭력 실태조사 후속업무 처리과정

<table>
<tr><th>단계</th><th colspan="2">조치 내용</th></tr>
<tr><td>[1단계]
실태조사
유형별 분석 및
심층조사</td><td colspan="2">① 학교폭력 전담기구 회의를 개최하여 실태조사 결과를 종합적으로 분석
② 학교폭력사안별 처리방안 및 예방대책 수립</td></tr>
<tr><td rowspan="9">[2단계]
자치위원회 개최
및 심의</td><td colspan="2">① 자치위원회 개최
② 학교폭력사안별 처리방안 및 예방대책에 대한 심의 · 의결
→ 필요시 경찰 · 검찰 등 조사 전문가 참여</td></tr>
<tr><th>피해 사례</th><th>조치 방안</th></tr>
<tr><td>피해자 정보 · 피해사례가 구체적이지 않은 경우</td><td>교육 및 상담</td></tr>
<tr><td>학교 내 폭력이 자주 발생하는 공간을 명시한 사례</td><td>교내 순회지도</td></tr>
<tr><td>가 · 피해자 정보는 없으나, 피해사실 등이 구체적으로 서술된 경우</td><td>학교 자체 진상조사</td></tr>
<tr><td>가 · 피해자 정보 및 피해사실 등이 구체적으로 서술된 경우</td><td>자치위원회 개최</td></tr>
<tr><td>전문적인 상담 · 심리치료가 필요한 경우</td><td>전문적인 상담·치료</td></tr>
<tr><td>학교 밖 우범지역과 관련된 피해사실이 서술된 경우</td><td>지역사회 및
유관기관 연계지도</td></tr>
<tr><td colspan="2">→ 피해사례에 대한 조치는 권고사항이며, 학교의 판단에 따라 재분류할 수 있음</td></tr>
<tr><td>[3단계]
학교폭력사안별
처리방안 및
예방대책 제출</td><td colspan="2">학교폭력 사안별 처리방안 및 예방대책을 시 · 도교육청 보고</td></tr>
</table>

단계	조치 내용
[4단계] 실태조사 결과 설명회	교사, 보호자, 학생, 지역사회 관계자 등을 대상으로 학교폭력에 대한 조치 사항 및 대책 설명회 개최 → 서면으로 대체 가능

자료: 교육과학기술부(2012). 학교폭력 실태조사에 따른 후속업무 처리 매뉴얼

2) 심층조사 및 자치위원회 개최 등 후속조치

진상조사과정에서 가해, 피해학생의 신분이 노출되지 않도록 유의하여 사안별로 처리하되, 단위학교 차원에서 별도조사를 실시하여 사실 관계를 보다 명확히 확인하고 조치하여야 한다.

우울, 불안, 분노, 자살충동 등 심리・정서적 어려움을 호소하는 사례는 전문적인 상담과 치료를 받을 수 있도록 Wee센터, 정신건강증진센터, 청소년상담센터, 병의원 등 전문기관에 의뢰하여야 한다.

서술형 문항 ①번의 경우 학교 자체적으로 사안을 조사하여 조치하되, 시・도 교육청의 데이터 필터링 결과(117 학교폭력신고센터 통보 여부)와 연계하여 사안을 처리해야 하며, 실태조사를 통해 새로 파악된 사안의 경우 학교폭력 신고 접수 대장에 인지사안으로 등재하여 관리하여야 한다.

설문지 문항 분석 ➜

- 학교폭력 피해 경험(유형별 빈도, 지속 기간)
- 학교폭력 피해 경험(힘들었던 정도, 힘들었을 때의 생각)
- 학교폭력 가해 경험(유형, 방법, 가해(중단) 이유, 집단성, 가해자 인식)
- 서술형 문항–학교폭력 피해, 목격 경험 및 학교폭력 근절을 위한 방안 제언

후속처리 방법 ➜

- 다음의 경우 반드시 사실관계를 엄밀히 확인하여 사안을 처리
  - '강제추행, 성폭력을 당했다' 항목에 1명 이상 응답한 경우
  - '1주일에 1~2번 정도', '거의 매일' 빈도에 1명 이상 응답한 경우
  - 피해자가 장애인을 비롯하여 사회적 약자로 추정되는 경우
- 진상조사과정에서 가해, 피해학생의 신분이 노출되지 않도록 유의
- 우울, 불안, 분노, 두려움, 자살충동 등 심리·정서적 어려움을 호소하는 사례는 전문적인 상담과 치료를 받을 수 있도록 Wee센터 또는 관련 기관으로 의뢰
- 서술형 문항의 경우 시·도 교육청의 데이터 필터링을 거쳐 117 학교폭력신고센터에 통보되어 필요시에는 경찰 수사 가능

수사 지시 사례

▸ 가·피해자 정보가 모두 명확하게 적시된 경우
 ※ 가해자 또는 피해자 정보만 있는 경우는 제외
▸ 피해사실이 위법에 해당하는 경우(폭행, 갈취, 강요, 모욕 등)
 ※ 단순 따돌림이나 사소한 욕설 정도는 수사 대상이 아님
▸ (예시) 김**와 박**가 남**네에서 1명당 35대쯤 계속 맞았다(○)
 장**가 나를 계속 때렸다(X), 최**가 이**를 따돌린다(X)

[그림 8–2] 설문지 문항 분석 및 후속처리 방법

〈표 8–3〉과 같이 응답조건에 부합되는 경우만 심층문항 응답대상학생으로 분류하여 심층조사를 실시한다.

〈표 8-3〉 심층조사 및 분석 항목

<table>
<tr><th rowspan="2">영역</th><th colspan="2">문항 내용</th><th rowspan="2">비고
(응답조건)</th></tr>
<tr><th>기본</th><th>심층</th></tr>
<tr><td rowspan="6">피해
경험</td><td>① 피해 경험 유·무</td><td>①-1 학교폭력을 가한 상대</td><td>피해 경험 있다</td></tr>
<tr><td>② 피해 유형별 빈도·지속 기간</td><td></td><td>피해 경험 있다</td></tr>
<tr><td>③ 피해 장소</td><td></td><td>피해 경험 있다</td></tr>
<tr><td>④ 피해 시간</td><td></td><td>피해 경험 있다</td></tr>
<tr><td>⑤ 힘들었던 정도</td><td>⑤-1 힘들었을 때의 생각</td><td>힘들었다,
매우 힘들었다</td></tr>
<tr><td>⑥ 피해 사실 알린 대상</td><td>⑥-1 알리지 않은 이유
⑥-2 알린 후 효과</td><td></td></tr>
<tr><td>문항 수</td><td>6</td><td>4</td><td>10</td></tr>
<tr><td rowspan="4">가해
경험</td><td>① 가해 경험 유·무 및 유형</td><td>①-1 가해 이유
①-2 가해 중단 이유</td><td>가해 경험 있다</td></tr>
<tr><td>② 가해 유형</td><td></td><td></td></tr>
<tr><td>③ 가해 방법</td><td></td><td></td></tr>
<tr><td>④ 가해자의 인식</td><td></td><td></td></tr>
<tr><td>문항 수</td><td>4</td><td>2</td><td>6</td></tr>
<tr><td rowspan="2">목격
경험</td><td>① 목격 경험 유·무</td><td></td><td></td></tr>
<tr><td>② 목격 후 행동</td><td>②-1 알리지 않은 이유</td><td>모른 척 했다</td></tr>
<tr><td>문항 수</td><td>2</td><td>1</td><td>3</td></tr>
<tr><td>예방
교육</td><td>① 학교폭력예방교육의 효과</td><td></td><td></td></tr>
<tr><td>문항 수</td><td>1</td><td></td><td>1</td></tr>
<tr><td>향후</td><td>① 향후 학교폭력 발생 시 행동</td><td></td><td></td></tr>
<tr><td>문항 수</td><td>1</td><td></td><td>1</td></tr>
<tr><td>기타</td><td colspan="2">학교생활 만족도(행복), 안전도 등(9문항)</td><td></td></tr>
<tr><td>서술
문항</td><td colspan="2">① 피해·목격 경험 기술(장소, 시간, 내용 등)
② 학교폭력 근절을 위한 방안 제언</td><td>신고 의사 확인</td></tr>
</table>

3) 교내 · 외 순찰 및 안전대책 마련

(1) 학교 안

학교폭력이 자주 발생하는 장소 및 시간을 파악하여 사각지대 해소 등 교내 환경을 개선하고, 배움터지킴이, 자원봉사자 등 학생보호인력 순찰을 강화하고, CCTV 추가 배치 등 안전 인프라를 구축한다. 특히, 운동장 외곽, 복도, 특별실 이동 공간, 우유배급장소 등 우범지역으로 지목된 곳에 대한 순찰을 강화한다.

학생들에게 학교폭력이 빈번하게 발생하는 장소를 안내하고, 안전한 학교 만들기를 위한 학생자치활동을 강화하며, 학교전담경찰관이 교내 상주 · 활동할 수 있는 공간을 제공한다.

(2) 학교 밖

지역상권, PC방 · 노래방 · 학원 등 청소년 출입업소, 아파트 내 지역주민 협의체 등 지역사회와의 연계를 강화하고, 학교전담경찰관과 연계하여 정보공유 및 취약지역 합동순찰을 실시한다.

특히, 학교폭력지역협의회를 통해 지방자치단체, 경찰서 등 지역사회 협력방안을 마련하여 자퇴, 퇴학, 가출청소년 등 학교 밖 청소년에 대한 지도를 강화한다.

실태조사 관련 문항	➜	• 학교폭력 피해 장소 • 학교폭력 피해 시간
후속처리 방법	➜	• 교내 학교폭력이 자주 발생하는 장소를 파악하여 환경 개선 및 배움터 지킴이 교내 순찰, 학부모 자원봉사자 활용, CCTV 배치 변경 등에 활용 – 학생들에게 학교폭력이 빈번하게 발생하는 장소를 사전에 안내 – 안전한 학교 만들기를 위한 학생자치활동 강화 ※ 운동장 외곽, 복도, 특별실 이동 공간, 우유배급장소 등 교내외 우범 지역으로 지목된 곳에 대한 순시 강화 – 시·군·구 단위 지역상권, PC방·노래방·학원 등 청소년 출입업소, 아파트 내 지역주민 협의체 등 지역사회와의 연계 강화 – 자퇴, 퇴학, 가출청소년 등 학교 밖 청소년에 대한 지도 강화 ※ 학교폭력지역협의회를 통해 지방자치단체, 경찰서 등 지역사회 협력 방안 마련

[그림 8-3] 교내·외 순찰 및 안전대책 마련 방안

4) 신고체계 점검 및 개선

설문지 문항 중에서 피해 경험 후 알리는 대상, 학교폭력 목격자로서의 행동유형, 단위학교 폭력예방교육의 실효성에 대한 문항을 분석하여 학교폭력 사안이 학폭법에 따라 적절하게 신고·처리되고 있는지를 점검하고, 학교의 사안 처리 과정 전반에 대한 개선방안을 마련한다.

학교폭력 신고 비율이 낮은 경우, 그 원인을 분석하여 개선하는 한편, 학교폭력 신고체계를 다양하게 마련 운영하고, 이를 적극 안내(신고 방법 게시 등)한다.

실태 조사 관련 문항	→	• 피해 경험 후 알리는 대상 • 학교폭력 목격자로서의 행동 유형 • 단위학교폭력예방교육의 실효성
후속처리 방법	→	• 교내에서 발생하고 있는 사안이 적절하게 신고되고 학교폭력 전담기구를 거쳐 제대로 처리되고 있는지를 점검하며, 학교의 폭력사안 처리과정 전반에 대한 개선방안 마련 • 학교폭력 신고 비율이 낮은 경우, 그 원인을 분석하여 개선하는 한편, 학교폭력 신고체계에 대해 다양한 방법으로 수시 안내(신고방법 게시 등)

[그림 8-4] 신고체계 점검 및 개선방안

5) 학교폭력예방교육 활용

설문지 문항 중에서 단위학교폭력예방교육의 실효성, 향후 학교폭력 발생 시 행동 및 서술형 문항을 분석하여 학교폭력의 개념, 문제점, 신고 방법, 도움 요청, 자치위원회 개최 등 예방교육 분야별로 학생들의 인지상태를 파악하고, 미흡한 부분은 교육을 통해 적극적으로 안내한다.

실태 조사 관련 문항	→	• 단위학교폭력예방교육의 실효성 • 향후 학교폭력 발생 시 행동 • 서술형 문항
후속처리 방법	→	• 학교폭력의 개념, 문제점, 신고방법, 도움 요청, 자치위원회 개최 등 예방교육 분야별로 학생들의 인지상태를 파악하고, 미흡한 부분을 적극 보완 • 서술형 내용의 유형을 분석하여 학교에서 주로 발생하는 폭력의 사례를 제시하고 해결방안 토론, 조·종례 시 담임 훈화 등 학교폭력예방교육에 활용하고, 상담 프로그램 운영 시 관련 사례 활용

[그림 8-5] 학교폭력예방교육 활용방안

이상의 내용을 종합하여 단위학교 학교폭력 실태조사 후속업무 추진일정을 정리하면 〈표 8-4〉와 같다.

〈표 8-4〉 단위학교 학교폭력 실태조사 후속업무 추진 일정

순	추진업무	업무추진 기관			비고
		학교	교육 지원청	시 교육청	
1	후속업무 처리 지침 안내			○	공문 시행
2	서술형 문항 모니터링 경찰 협조공문 발송		○	○	시교육청 → 지방경찰청
3	실태조사 분석 및 사안 조사	○			• 서술형 문항에서 나타난 사안(가, 피해자조사) • 객관식 문항 중대 사안 심층 조사(쪽지 설문 등) • 객관식 문항 분석
4	서술형 문항 수사요청 사안 선정 작업		○	○	• 초, 중은 교육지원청에서 • 고등학교는 시교육청에서
5	서술형 문항 수사요청 사안 제출		○		교육지원청 → 시교육청으로 전자문서 제출
6	서술형 문항 수사요청 사안 최종 선정			○	시교육청에서 경찰관 협조받아 최종 선정
7	서술형 문항 수사요청 사안 수사의뢰			○	시교육청 → 대구지방경찰청(117센터)
8	자치위원회 개최 및 심의	○			• 폭력 실태 및 유형 보고(전담기구) • 실태조사의 학교폭력사안 심의 및 조치
9	학교폭력사안별 처리 방안 및 예방대책 제출	○			• 초, 중 → 교육지원청 • 고, 특수, 학평 → 시교육청 • 자료집계 첨부파일로 제출
10	실태조사 결과 설명회	○			단위학교실정에 맞게 실시 – 서면, 홈페이지 가능

순	추진업무	업무추진 기관			비고
		학교	교육지원청	시 교육청	
11	학교폭력사안별 처리 방안 및 예방대책 지원청별 수합 제출		○		• 교육지원청 → 시교육청으로 전자문서 제출 • 단위학교 예방활동 및 조치 내용 점검(컨설팅 시)
12	현장지도 점검 (컨설팅)		○	○	• 초, 중 → 교육지원청 • 고 → 시교육청
13	실태조사 후속업무 결과 교육부 제출			○	• 경찰수사 결과 보고 • 생활지도 특별지원학교 관련 보고
14	학교폭력대책지역위원회에 보고			○	실태조사 결과 및 후속업무 처리 결과

3. 조치방안별 조치 내용

학교폭력 사안별 처리방안 및 예방대책에 대한 예시는 〈표 8-5〉와 같다.

〈표 8-5〉 학교폭력 실태조사 조치방안별 조치 내용(예시)

조치 방안	세부 조치 내용	
교육 및 상담	학교폭력예방 교육 및 상담 프로그램에 활용	학생들이 응답한 내용의 유형을 분석하여 학교폭력예방교육의 내용에 포함하고, 상담 프로그램 운영 시 관련 사례 활용
교내 순회지도	교내 순찰지도 강화	• 배움터 지킴이, 보호자 자원봉사자 등 활용 추진 • 학생들에게 학교폭력이 빈번하게 발생하는 장소를 사전에 안내 • 안전한 학교 만들기를 위한 학생자치활동 강화 ☞ 학급회의 시 교내 우범 지역에 대한 지도에 대한 자치활동 계획 수립

조치 방안	세부 조치 내용	
		☞ 학생회 간부 및 또래상담자를 활용한 교내순시 • CCTV 설치 등 교내 환경개선 및 정비 • 방과 후 시간, 근무 종료 후 시간, 공휴일 교내 순찰 강화 • 교외 우범 지역에 대한 단속 및 순찰강화 대책 마련 • 경찰 순찰인력 동원 및 지역주민협의회의 협조대책 마련 ☞ 〈예시〉의 경우 운동장 외곽, 복도, 특별실 이동공간, 우유배급 장소 등 교내외 우범지역으로 지목된 곳에 대한 순시 강화
	교외 학교폭력 유해환경 정비	• 교외 우범지역에 대한 단속 및 순찰강화 대책마련 • 경찰 순찰인력 동원 및 지역 주민협의회의 협조 대책 마련 ☞ 〈예시〉의 경우 운동장 외곽, 복도, 특별실 이동 공간, 우유배급장소 등 교내외 우범 지역으로 지목된 곳에 대한 순시 강화
학교 자체 진상조사	학교폭력전담기구의 진상조사 실시	• 학교폭력 전담기구에서 사안조사를 실시하여 진상 규명(사실로 파악된 경우 자치위원회에 회부) • 진상조사 결과, 구체적인 증거가 드러나지 않는 경우 예방교육에 사례를 적시하여 재발이 되지 않도록 조치 ☞ 〈예시〉의 경우 홍길동(가명) 학생과 기타 학생들의 가해행위가 적시되어 있으므로 주변 학생들과의 면담 등 사안조사를 통해 사실 관계를 파악한 후 적절한 조치를 취해야 함
자치위원회 개최	자치위원회 개최	진상조사 사안보다 구체적으로 학교폭력 사안에 대해 기술된 경우 학교폭력 전담기구의 사안조사를 거쳐 자치위원회 개최 등 적절한 조치 실행
전문적인 상담 및 치료	전문적인 상담과 치료 지원	• 학교 내 Wee클래스에서 우선 지원하고, 상태가 심각한 경우 Wee센터 등 전문상담기관 연계 • 우울, 불안, 자살충동, PTSD(외상후 스트레스장애) 등을 호소하는 사례는 전문병원으로 의뢰 • 보호자가 자녀의 안정과 치료에 협조할 수 있도록 조치
지역사회 및 유관기관 연계지도	교외 연합 생활지도 강화	• 동일사건 연관된 학교가 2개 이상인 경우 관련 학교와 공조 • 일진과 같은 폭력서클 관련성에 대해 조사 필요
	지역유관기관과 협력하여 학생지도	• 시청, 구청단위 지역상권 업주대상의 학생폭력예방교육 협조 요청

조치 방안	세부 조치 내용	
		• PC방, 노래방, 학원 등 지역청 관할 기관에 대한 교육 실시 • 아파트 내 지역주민협의체와 협력하여 우범지역 순찰지도 • 자퇴, 퇴학, 가출청소년 등 학교 밖 청소년에 대한 지도 강화

자료: 교육과학기술부(2012). 학교폭력사안처리 가이드북. p. 34.

1) 학교폭력예방교육 및 상담 강화

학교폭력예방교육 및 상담 강화를 위해 학교에서 실천할 수 있는 방법들은 다음과 같다.

- 담임교사를 통한 학교폭력예방교육 및 인성지도 강화 및 지속적으로 실시(조·종례시간 활용)
- 휴대전화 및 인터넷 예절교육 강화
- 사제동행 행복시간 활용 폭력예방지도 실시
- 상담 프로그램을 통한 학교폭력 사전 예방활동 강화
- 학생·학부모·교사를 대상으로 정기적 학교폭력예방교육 실시
- 학교 매니페스토 교육의 내실화와 언어폭력, 스마트폰의 올바른 사용에 대한 예방교육 강화
- 안전사고 예방교육 실시
- 결손 가정 및 맞벌이 가정의 하교 후 프로그램 파악 활용
- 요선도 학생 및 위기 학생 개별 및 집단상담 강화
- Wee 클래스를 적극 활용하여 폭력 사용 학생들의 지속적인 상담 및 관리
- 부모와 자녀 간 커뮤니케이션 강화
- 생활지도 도움카드 활용 및 누가 기록
- 학교폭력 징후 발생 시 담임 → 생활부장 → 교감, 교장선생님께 바로 사안

을 알리고, 신속하게 매뉴얼에 의해 처리
- 학생들이 담임선생님께 익명(1004)으로 휴대전화 문자 메시지로 상담 신청

2) 교내외 순회 및 순찰 강화

학교폭력을 예방하기 위해 학교에서 실천할 수 있는 교내외 순회 및 순찰 강화 방법들은 다음과 같다.

- 배움터 지킴이, 학부모 자원봉사자 교내 순찰 강화
- 방과 후 시간, 교사 안전지킴이 교내 순회지도 운영 강화
- 학생들에게 학교폭력이 빈번하게 발생하는 장소를 사전 안내
- CCTV 설치 등 교내 환경 정비
- 화장실, 복도, 계단 등 순회 강화
- 외부인 학교 출입 시 출입증 발급·관리 및 교사 명찰 달기
- 학교 밖 우범 지역 교사순찰 및 동천지구대에 순찰 협조

3) 학교 자체 진상조사

학교폭력을 예방하기 위해 학교에서 실천할 수 있는 교내외 순회 및 순찰 강화 방법들은 다음과 같다.

- 학교폭력 전담기구에서 실태 파악
- 교사 및 학생에 대한 학교폭력예방교육 자료로 활용
- 실태조사 결과에 따른 학생생활지도 및 상담과 학부모예방교육 실시
- 지속적인 학교폭력예방교육 설문조사 실시
- 진상조사 결과, 구체적인 증거가 드러나지 않을 경우 예방교육에 사례를 적시하여 재발이 되지 않도록 조치
- 학교홈페이지 신고 및 신고함 확인 후 조치

- 사안 개요 파악 후 학교장 보고 조치

4) 학교폭력신고에 대한 관리 철저

학교폭력신고에 대한 관리를 철저하게 하기 위해서는 117전화, 홈페이지 및 신고함 신고 방법 등을 철저하게 지도한다.

5) 지역사회 및 유관기관 연계지도

지역사회 및 유관기관 연계지도를 강화하기 위한 방법은 다음과 같다.

- 일진과 같은 폭력서클 관련성에 대해 조사
- 지역유관기관과 협조하여 생활지도 실시
- 학교 주변 및 우범 지역(놀이터, 공터, 주차장, 등)에 대하여 담당 경찰지구대에 순찰 강화 협조 요청 공문 발송
- 아파트 내 지역주민협의체와 협력하여 우범 지역 순찰지도 및 예방지도 요청
- 학부모 교육기부단을 활용한 교외 순찰 실시
- 안전지킴이 집 역할 안내 및 활용

Chapter

09

학교폭력예방교육

1. 학교폭력예방교육의 목적
2. 학교폭력예방교육의 방법
3. 학교폭력예방교육 자료
4. 학교폭력예방 프로그램과 대처방안

1. 학교폭력예방교육의 목적

범사회적 · 범국가적으로 문제화되고 있는 학교폭력문제에 효과적으로 대처 · 예방할 수 있는 사회적 분위기를 조성하고, 학생들이 폭력의 심각성을 인지하고 슬기롭게 대처하여 즐거운 학교생활을 할 수 있도록 하기 위해 학교폭력예방교육을 실시하고 있다. 특히, 신학기 초 개학 및 입학을 맞이하여 학교폭력 발생요인이 증가하고 있으므로 학교폭력예방교육 행사를 내실 있게 운영하여 안전하고 행복한 학교를 만들고자 교사, 학생, 학부모, 지역사회가 관심을 갖고 노력하여야 한다.

1) 학교폭력예방교육 실시에 관한 법적 근거

학교에서 정기적으로 교사, 학생, 학부모를 대상으로 학교폭력예방교육을 실시하여야 한다. 학교폭력예방교육 실시에 관한 법적 근거는 〈표 9-1〉과 같이 학교폭력예방 및 대책에 관한 법률 제15조, 학교폭력예방 및 대책에 관한 법률 시행령 제17조에 명시되어 있다.

〈표 9-1〉 학교폭력예방교육 실시에 관한 법적 근거

법률조항	내용
학폭법 제15조	① 학교의 장은 학생의 육체적 · 정신적 보호와 학교폭력의 예방을 위한 학생들에 대한 교육(학교폭력의 개념 · 실태 및 대처방안 등을 포함하여야 한다)을 학기별로 1회 이상 실시하여야 한다. ② 학교의 장은 학교폭력의 예방 및 대책 등을 위한 교직원 및 보호자에 대한 교육을 학기별로 1회 이상 실시하여야 한다. ③ 학교의 장은 제1항에 따른 학교폭력예방교육 프로그램의 구성 및 그 운용 등을 전담기구와 협의하여 전문단체 또는 전문가에게 위탁할 수 있다.

법률조항	내용
	④ 교육장은 제1항부터 제3항까지의 규정에 따른 학교폭력예방교육 프로그램의 구성과 운용계획을 보호자가 쉽게 확인할 수 있도록 인터넷 홈페이지에 게시하고, 그 밖에 다양한 방법으로 보호자에게 알릴 수 있도록 노력하여야 한다.
학교폭력예방 및 대책에 관한 법률 시행령 제17조	① 학기별로 1회 이상 실시하고, 교육 횟수 · 시간 및 강사 등 세부적인 사항은 학교 여건에 따라 학교의 장이 정한다. ② 학생에 대한 학교폭력예방교육은 학급 단위로 실시함을 원칙으로 하되, 학교 여건에 따라 전체 학생을 대상으로 한 장소에서 동시에 실시할 수 있다. ③ 학생과 교직원, 학부모를 따로 교육하는 것을 원칙으로 하되, 내용에 따라 함께 교육할 수 있다. ④ 강의, 토론 및 역할연기 등 다양한 방법으로 하고, 다양한 자료나 프로그램 등을 활용하여야 한다. ⑤ 교직원에 대한 학교폭력예방교육은 학교폭력 관련 법령에 대한 내용, 학교폭력 발생 시 대응요령, 학생 대상 학교폭력예방 프로그램 운영 방법 등을 포함하여야 한다. ⑥ 학부모에 대한 학교폭력예방교육은 학교폭력 징후 판별, 학교폭력 발생 시 대응요령, 가정에서의 인성교육에 관한 사항을 포함하여야 한다.

시 · 도교육청에 따라서 다소 차이는 있지만 대체로 학기별로 반드시 1회 이상(학기별 2시간, 연간 4시간 이상 실기 권장)으로 하여 학생들에 대한 교육과 교직원에 대한 교육을 별도로 실시함을 원칙으로 하나 내용에 따라 함께 교육 가능하고, 학급 단위로 실시함이 원칙이나 여건에 따라 전체 학생 대상도 가능하며, 창의적 체험활동 등의 시간을 활용하여 예방교육을 실시할 수 있음을 원칙으로 하고 있다.

2) 학교폭력예방교육의 목적

학교폭력예방교육 실시의 목적은 전시적 · 획일적 학교폭력예방교육에서 벗어나 학생의 자율권과 교사의 교육권이 함께 보장될 수 있는 생활교육으로 나아가기 위해 일상생활과 모든 교과 수업시간을 활용하여 실천적이고 공감하는 생활지도방안과 제도적 지원을 마련하는 것이다.

구체적인 목적은 다음과 같다.

첫째, 학생들 상호 간에 배려하며, 칭찬과 관심을 바탕으로 한 '사랑 나눔' 실천으로 더불어 살아가는 진솔한 교우관계를 형성한다.

둘째, 학생 · 교사 · 학부모 모두에게 꿈과 신바람 및 감동을 주는 학교 풍토를 조성하고 친구 사랑 학교문화를 정착시킴으로써 학교폭력을 예방한다.

2. 학교폭력예방교육의 방법

1) 학교폭력예방교육 실시 개요

〈표 9-2〉 학교폭력예방교육 실시 개요

대상	횟수	시기	방법(예시)
학생	학기별 1회 이상 (연 2회 이상)	단위 학교별 계획 수립	• 교과교육 및 창의적 체험활동 교육과정을 통한 예방교육 • 생활지도를 통한 예방교육 등
보호자	학기별 1회 이상 (연 2회 이상)		• 보호자 연수를 통한 예방교육 • 가정통신문, 홈페이지 등을 통한 예방교육 등
교사	학기별 1회 이상 (연 2회 이상)		• 교사 연수를 통한 예방교육 • 각종 매뉴얼을 활용한 예방교육 등

2) 학생

학생을 대상으로 학교폭력예방교육을 할 경우 학기별 1회(필수), 학기당 2시간 이상 권장하고 있다. 교육방법으로는 외부전문가 초빙강연, 학교장 훈화, 담임이 조·종례, 학급회의 시간에 학교폭력예방교육, 학교폭력예방 동영상 시청 등의 방법이 있다.

유치원 및 초등학교는 조기예방교육에 초점을 두고 있고, 초·중·고는 맞춤형 예방교육에 중점을 두며 학교급별 맞춤형 학교폭력예방교육을 실시하고 있다.

〈표 9-3〉 학교급별 맞춤형 학교폭력예방교육

구분	세부 내용
조기 예방교육 (유치원 및 초등학교)	• 유치원 기본교육과정 운영의 내실화 • 가정친화적 인성교육 강화로 유아 발달단계에 기초한 학교폭력예방교육 실시 • 초등학교 학년 단계별 예방 프로그램을 운영 • 학교폭력 가·피해 예측학생에 대한 예방상담 강화
맞춤형 예방교육 (초·중·고)	• 매년 3월과 9월 셋째 주를 학교폭력 관련 프로젝트 주간으로 정해 다양한 프로그램 운영 • 학교폭력의 이해, 예방 및 대처능력 등을 학교급과 발달단계를 고려해서 학급단위로 운영 • 단위학교의 학교폭력 발생 특성을 고려한 맞춤형 예방교육 병행 • 집단따돌림 예방교육 및 상담 강화 • 강요에 의한 휴대폰 대여, 심부름 등 다양한 괴롭힘에 대한 예방교육 강화 • 다문화가정 및 장애학생 예방교육 강화 • 성인지적 통합인권교육 실시 • 사이버 청정학교 및 인터넷 미디어 교실 운영

〈표 9-4〉 학교폭력예방교육 학교 사례

행사명	대상	주제 및 내용	비고
동영상 교육	1~6 학년	• 학교폭력예방 동영상 시청 • 학교폭력근절 서약서 작성 • 바른 언어 실천 서약서 작성	공문 게시 자료 서약서 양식 활용
내 친구 캐릭터 그리기	1학년	• 친구 그리기 – 친구의 캐릭터를 그리고 친구의 장점 자세하게 쓰기 – 착한 내 친구 소개하기	학습지 활용
만화로 친구 자랑하기	2~3 학년	• 천사표 내 친구 – 친구의 착한 점, 잘하는 것을 만화로 그리기 – 천사표 내 친구 소개하기	학습지 활용
친구 사랑 우체통	4~6 학년	• 친구야 고마워! 미안해! – 친구에게 우정을 다지는 내용이나, 화해의 내용이 담긴 편지를 써서 전달하기	배부된 학습지 활용
학생 토론회	4~6년	학급 어린이회를 통한 토론 (주제: 학교폭력예방)	협의록 활용
담임과 소통하기	5~6년	※학생과 담임 간의 소통의 장 마련	일기장, 생활본 등 활용
학교폭력 예방연수	교직원	• 학교폭력에 대한 교사 역할 • 학교폭력 사안 처리 시 유의사항	PPT 및 연수물
학교폭력 예방교육	학부모	통신문 발송(경찰서장)	
학교폭력 예방교육	1~6 학년	담임을 통한 학교폭력예방교육(아침활동, 수업 중 등)	
학교폭력 진단표	학생	나는 학교폭력을 얼마나 알고 있는가?	※1~3학년용 진단표 ※4~6학년용 진단표 ※학교폭력 유형 정답표
영상자료 시청	학생	학교폭력 수준별 영상자료 〈해피콘서트〉	※학급별 실시 ※영상자료 별도 배부

<table>
<tr><th>행사명</th><th>대상</th><th>주제 및 내용</th><th>비고</th></tr>
<tr><td>학교폭력
예방서약
서 쓰기</td><td>학생</td><td>학교폭력예방을 위한
7가지 실천 서약
(친구야 사랑해)</td><td>※생활본에 학생이 직접 작성해서 보관하며, 학생지도에 이용</td></tr>
<tr><td>설문지
작성</td><td>학생</td><td>학교폭력 관련 설문지 작성</td><td>※교육부에서 온라인으로 실시(추후안내)</td></tr>
<tr><td>학교
폭력예방
글짓기</td><td>학생</td><td>학교폭력예방을 위한
일기 쓰기</td><td>※학교폭력예방을 위한 일기 쓴 후 담임교사 추수지도</td></tr>
<tr><td rowspan="7">기타</td><td rowspan="2">학생</td><td>학생보호 및 학교안전 표준 가이드 라인</td><td>홍보자료 홈페이지 탑재</td></tr>
<tr><td>일기장으로 담임과 소통하기</td><td>※학생과 담임 간의 소통의 장 마련</td></tr>
<tr><td rowspan="2">교직원</td><td>사안처리 10大 유의사항
학교폭력 관련 법령
학교폭력의 개념 및 유형</td><td>※학교에 근무하는 모든 인력 대상</td></tr>
<tr><td>학생보호 및 학교안전 강화를 위한 개선방안</td><td></td></tr>
<tr><td rowspan="2">학부모</td><td>학교폭력예방 및 대처방안 학부모 연수</td><td></td></tr>
<tr><td>학교폭력예방을 위한 10가지 실천 서약
(얘들아 사랑해!)</td><td></td></tr>
<tr><td>공통</td><td>굿바이 학교폭력 애플리케이션 안내</td><td>※홈페이지 게시
※학급별 담임 안내</td></tr>
</table>

최근에는 학생들에게 역할극·연극·뮤지컬 등 문화체험형 교육을 확대하여, 학교폭력에 대해 강의만 들었을 때와는 달리, 폭력의 심각성을 직접 체감하고 공감하는 기회를 확대해 나가고 있다. 이러한 연극·뮤지컬 등 문화체험형 교육을 통해 관람 학생과 교원 상당수가 학교폭력예방에 도움이 된다고 응답하였다.

또한 경찰서에 마련된 체험장에서 경찰 역할, 역할극 체험 등을 통해 준법의식을 키우고 학생이 학교폭력으로부터 스스로를 지킬 수 있도록 '청소년 경찰학교' 프로그램도 운영하고 있다.

경찰청에서는 소년법상 촉법소년(만 10세) 및 범죄소년(만 14세)에 해당하는 초등학교 4학년 및 중학교 2학년을 대상으로 범죄예방교실을 시 · 도교육청 또는 교육지원청(또는 학교)이 지방경찰청과 협의하여 실시하고 있다.

학생대상 학교폭력예방교육에서 유의할 점은 전체학생 대상, 강의식 교육을 지양하고 가급적 교과별, 학급별, 학년별 특성에 맞는 다양한 방식의 교육 및 토론, 체험이 되도록 하여야 한다.

〈표 9-5〉 경찰청 범죄예방교실 교육 내용

구분	초등학교 4학년	중학교 2학년
학교폭력의 법적 정의	• 학교폭력의 개념 • 장난과 범죄의 경계 • 학교폭력 유형별 설명	• 학교폭력의 개념 • 장난과 범죄의 경계 • 학교폭력 유형별 설명
사례로 보는 학교폭력 유형 및 법적 책임	• 초등학생 사이에 주로 발생하는 학교폭력 • 신종 학교폭력 사례 소개	• 중학생 사이에 주로 발생하는 학교폭력 • 신종 학교폭력 사례 소개 • 성폭력 · 성매매(조건만남 등) 예방교육
형사처벌 절차	〈촉법소년의 형사처벌 절차〉 • 경찰 단계 학교폭력 가해학생 조사 및 처리 절차 • 법원 단계에서의 사안별 처분 내용	〈범죄소년의 형사처벌 절차〉 • 경찰 단계 학교폭력 가해학생 조사 및 처리 절차 • 검찰 · 법원 단계에서의 사안별 처분 내용
학교폭력 피해 및 목격 시 대응요령	• 117 학교폭력신고센터 홍보 • 학교폭력 목격자에 대한 신고 강조 • 학교폭력 피해자 대처 요령 등	• 117 학교폭력신고센터 홍보 • 학교폭력 목격자에 대한 신고 강조 • 학교폭력 피해자 대처요령 등

3) 교사

교사를 대상으로 한 학교폭력예방교육은 학교폭력 관련 법령, 학교폭력 발생 시 대응요령, 학생대상 학교폭력 등을 내용으로 하여 학기 초 학교폭력예방과 대처방법 연수 실시, 외부 전문가 초빙 연수, 생활교육 관련 학교 단위 직무연수 개설을 권장하고 있다. 또한 단위학교 학교폭력 담당자 연수를 교육청 단위로 실시하고 있다.

또한 대상으로는 교원, 행정직원, 영양사, 배움터지킴이 등 학생보호 인력 등 모든 인력을 대상으로 교육을 실시하여야 한다.

〈표 9-6〉 학교급별 맞춤형 학교폭력예방교육

구분	세부 내용
학교관리자, 학교폭력 담당자 대응역량 강화	• 교장, 교감자격 연수에 학교폭력 교과목 시간 수 확대 • 학교관리자 학교폭력예방 및 대처 연수 강화 • 학교폭력 담당자 정례 워크숍 개최 • 시 · 도교육청 학교폭력 담당자, 생활지도 우수교원을 대상으로 학교폭력예방 · 근절 선진국 우수학교 방문기회 제공
담임교사 대응역량 강화	• 임용 · 자격연수과정에 학교폭력 교과목 시간 수 확대 • 전문가가 학교 현장을 직접 방문해서 교직원대상 연수 실시 • 학교폭력예방 동영상 연수 자료 제작 · 보급 • 학교폭력 상담 콜센터를 지역교육청 단위에 설치 · 운영 • 다문화가정 및 장애학생대상 담임교사 연수 강화
교원 대상 사이버 연수 실시	• 학교폭력 관련 사이버 연수과정 확대 운영 • 전 교원 대상 사이버 연수과정 이수 의무화 • 따돌림 예방 및 대처 사이버 연수과정 개설

4) 학부모

학부모를 대상으로는 학교폭력 징후 판별, 학교폭력 발생 시 대응요령, 자녀 대화 기술, 가정에서의 인성교육에 관한 사항, 학생안전강화대책 등을 내용으로 하여 각급학교 학교폭력대책자치위원회 학부모 위원 연수, 외부 전문가 초빙 연수, 학교 홈페이지나 가정통신문 등을 통한 교육이 있다.

학교설명회, 일과 후 교육 등을 활용하여 학부모교육 참여율을 제고하기 위하여 다양한 노력을 하여야 한다.

〈표 9-7〉 학교급별 맞춤형 학교폭력예방교육

구분	세부 내용
학부모회를 활용한 학교폭력예방교육 실시	• 학부모교실 등을 통한 학교폭력예방교육 확대 • 아버지 학교, 아버지 교실 운영
찾아가는 학부모교육 실시	• 학교폭력 취약 지역을 대상으로 '찾아가는 학부모교육' 실시 • 직장인대상 '찾아가는 학부모교육' 실시 • 자발적 학습조직 대상 '찾아가는 학부모교육' 실시

3. 학교폭력예방교육 자료

학교폭력예방교육에 관련된 자료는 교육부에서 〈표 9-8〉과 같이 개발하여 각급 학교로 보급하고 있다.

〈표 9-8〉 교육부 학교폭력예방교육 자료 안내

구분	자료명	자료 형태
교사용	학교폭력 핵심매뉴얼【학교폭력에 대한 교사의 역할】	PPT파일, PDF파일
	학교폭력사안 처리 가이드북	한글파일
	학교폭력예방 길라잡이 콘텐츠	플래시파일
	게임 · 인터넷 · 스마트폰 올바른 사용을 위한 생활지도 매뉴얼	PDF파일
	학교폭력사안별 대응 매뉴얼	한글파일
	집단 따돌림 예방 교사용 지도서(중학생용)【우리들의 행복한 교실】	PDF파일
	도덕수업, 국어수업을 통한 학교폭력예방교육 PPT 및 학생용 교재(초등 저 · 중 · 고학년용, 중학생용, 고등학생용)	PPT파일, PDF파일

구분	자료명	자료 형태
학생용	학교폭력 핵심 매뉴얼 • 초등 저학년용 【소중한 나, 소중한 나의 친구들】 • 초등 고학년용 【아픔없는 우리학교, 행복한 학교생활 만들기】 • 중학생용 【난 아픈데, 넌 장난?】 • 고등학생용 【학교폭력은 범죄입니다】	PPT파일, PDF파일
	집단 따돌림 예방 워크북(중학생) 【우리들의 행복한 교실】	PDF파일
보호자용	학교폭력 핵심 매뉴얼 【우리 아이들에게 무슨 일이?】	PPT파일, PDF파일

자료: 교육부 홈페이지(http://www.moe.go.kr)-학교폭력예방

또한 도란도란 학교폭력예방 누리집(www.stopbullying.or.kr)에 접속하면 학교폭력, 예방과 대처, 자료실, 상담실이 운영되고 있으며, 이 밖에 '청소년폭력예방재단', '스쿨로', 'Wee 프로젝트', '학교폭력SOS지원단' 등 학교폭력과 관련해 상담·신고 등 필요한 서비스를 제공받을 수 있는 홈페이지가 있다.

스마트폰으로 '굿바이 학교폭력' 앱을 설치하면, 긴급전화, 학교폭력예방법, 고민상담, 정보 등을 공유할 수 있다.

[그림 9-1] 도란도란 학교폭력예방 누리집(http://www.dorandoran.go.kr/)

〈표 9-9〉 사이버교육의 실시

구분	프로그램	프로그램 특징	이용방법
온라인	솔리언 또래상담 프로그램	청소년이 뽑은 고민상담 대상 1순위인 '또래친구'를 통한 현장상담 프로그램	한국청소년상담복지개발원 (www.kyci.or.kr 또는 www.cyber1388.kr)
온라인	개별 프로그램	학교급별 · 대상별 예방교육 영상자료	청소년 폭력예방재단 원격교육연수원 (http://home.ejikim.com)
스마트폰 애플리케이션	굿바이! 학교폭력	스마트폰 앱을 이용한 학교폭력예방 · 상담	안드로이드마켓 또는 애플앱스토어에서 다운

4. 학교폭력예방 프로그램과 대처방안

학교폭력이 일어났을 때 학생들이 프로그램을 통하여 자신과 타인을 이해하고 자신의 삶을 긍정적으로 설계함으로써 학교폭력이 일어나지 않도록 예방하는 것이 학교폭력예방 프로그램 개발의 목적이다.

국내 · 외에 개발된 학교폭력예방 프로그램의 사례를 살펴봄으로써 학교폭력예방을 위한 실천 활동에 도움을 주고자 한다.

1) 국내의 학교폭력예방 프로그램

우리나라의 대표적인 학교폭력예방 프로그램은 〈표 9-10〉과 같이 KEDI, 시우보우, 무지개, 내가 바로 지킴이, 헬핑, 작은 힘으로 시작하자 등이 있다.

〈표 9-10〉 우리나라 학교폭력예방 프로그램

예방 프로그램 명	핵심 구성요소	대상	회기	개발기관
학교폭력예방 프로그램	공감, 관점 채택, 친사회적 문제해결 및 의사소통기술, 또래중재 기술과 행동, 학교폭력 예방을 돕는 학교환경 구성	초등학교 4~6학년	4차시	한국교육 개발원 (2007)
시우보우 프로그램	이타행동, 대인관계, 의사소통, 인권과 평화의식, 폭력문화, 집단 따돌림 등 학교폭력	초, 중, 고	학교급별 10편, 편당 7~10분	서울대 발달심리 연구실(2006)
무지개 프로그램	마음의 힘, 관심과 사랑, 친구상담, 학교갈등 통찰, 희망 가꾸기	초, 중, 고	10회기	청소년보호 위원회(2002)
내가 바로 지킴이	학교폭력 인식, 예방나무, 무비오케, 예방교육 강의 등	초, 중, 고	60분	청소년폭력 예방재단
헬핑 프로그램	학교폭력 인식, 방관자와 중재자 역할, 학교폭력 법률과 대처요령	초, 중	8회기	서울대 발달심리 연구실 (2005)
작은 힘으로 시작해봐!	폭력개념, 폭력트라이앵글, 대처행동 이해	초	40분	사회정신건강 연구소(2005)
어울림 프로그램	공감, 의사소통, 갈등해결, 자기존중, 감정조절, 학교폭력 인식·대처	초, 중, 고	10~12 차시	교육부 (2013)

(1) KEDI 학교폭력예방 프로그램

한국교육개발원(KEDI)에서 개발한 학교폭력예방 프로그램은 초등학교 학생들에게서 쉽게 발생할 수 있는 집단 따돌림(왕따), 언어폭력, 신체폭력, 금품갈취 등의 학교폭력 사례 프로그램을 개발하였다.

공감과 관점 채택능력, 시회적 정보처리, 또래중재와 갈등해결, 안전하고 즐거운 학교 만들기에 관한 내용으로 구성되어 있다.

〈표 9-11〉 KEDI 학교폭력예방 프로그램 구성

회기	주제	회기명	핵심 내용
1	공감	입장 바꿔 생각해 봐!	공감하고 배려하는 마음 갖기
2	대인관계	나라면 어떻게?	긍정적인 갈등해결 방법 이해
3	또래 중재	우리 반의 평화는 내 손으로!	또래 중재자 역할과 또래 중재 방법
4	학교 환경	행복하고 즐거운 학교	학교폭력을 예방하는 학교환경 개선 방법

(2) 시우보우(서울대학교 발달심리연구실)

시우보우 프로그램은 시우보우(視友保友)-'친구를 보고 친구를 지키자'라는 뜻으로 초·중·고 학생들을 대상으로 동영상 자료를 활용하여 인성교육, 폭력에 대한 인식, 학교폭력 대처양식을 학습시키기 위해 개발되었다.

학생의 발달 수준과 인지, 정서, 행동의 세 차원을 고려하여 제작되었고, 학생의 흥미와 동기를 유발할 수 있도록 7~10분 정도의 동영상 자료를 중심으로 제작되었다. 따라서 동영상 자료 중심이기 때문에 학습자가 수동적이고, 활동 중심이 아니라는 점과 예방을 목적으로 개발되었기 때문에 가해학생의 선도나 피해학생의 치유를 위해 활용하는 데에는 미흡하다는 점이다.

〈표 9-12〉 시우보우 프로그램 회기별 내용 구성

회기	단계	주제	회기명	핵심 내용
1	기본 인성 함양	이타행동	"내가 바로 그 사람이야"	내가 먼저 도와주기
2		대인관계	"나와 조금 다를 뿐이야"	다름을 인정하기
3		의사소통	"이렇게 말해요"	효과적인 의사소통기술
4		인권과 평화의식	"우리에게 인권이 있어요"	인권에 대한 개념
5	폭력 인식	폭력문화	"나도 폭력에 중독되고 있다"	폭력매체의 부정적 영향

회기	단계	주제	회기명	핵심 내용
6	학교 폭력 대처	집단 따돌림	"내가 먼저 시작할 수 있어요"	집단 따돌림의 원인과 대처요령
7		언어적 폭력	"말도 상처가 돼요"	언어폭력 대처요령
8		신체적 폭력	"아프게 하지 말아요"	신체적 폭력의 위험성
9		금품갈취	부끄러운 일	금품갈취의 유형과 대처요령
10		사이버폭력	내가 사이버폭력을?	사이버폭력의 유형과 대처요령

(3) 무지개 프로그램(청소년폭력예방재단)

무지개 프로그램은 초·중·고 학생을 대상으로 학교와 청소년기관에서 활용할 수 있도록 개발된 피해학생 치유 및 재활 프로그램이다. 이 프로그램은 모형 개발의 성격이 강해 학교 현장이나 청소년기관에서 직접적으로 활용하는 데는 제한적이고, 학생들의 흥미와 관심을 불러일으키기에는 활동이 다소 부족한 점이 있다(박효정 외, 2007).

〈표 9-13〉 무지개 프로그램 구성

활동 주	수업(10명 내외/90분)	과제
1	• 오리엔테이션 – MI 실시 및 채점 – 별칭 짓기	• 마음의 힘 깨우기(R/V) – 호연지기 – 활동지 작성
2	• 관심과 사랑나누기(A) – 마음의 문 열기 • 마음의 힘 키우기(R/V) – 호연지기 토론	• 마음의 힘 깨우기(R/V) – 고난극복 – 활동지 작성
3	• 마음의 힘 깨우기 – 구족화 그리기(A) – 고난극복 토론(R/V)	• 마음의 힘 깨우기(A) – 어려운 사람에게 용기를 – 편지와 카드 쓰기

주 \ 활동	수업(10명 내외/90분)	과제
4	• 친구상담 연습하기(SPC) – 채팅상담, 만화 완성하기 – 게시판 리플 달기 – 게임하기	• 관심과 사랑 나누기(R/V) – 우정 · 사랑 – 활동지 작성
5	• 관심과 사랑 나누기 – 믿음의 원(A) – 우정 · 사랑 토론(R/V)	• 학교갈등 통찰하기(R/V) – 학교갈등 – 활동지 작성
6	• 친구상담 연습하기(SPC) – 채팅상담, 만화 완성하기 – 게시판 리플 달기 – 게임하기	• 학교갈등 통찰하기(A) – 고통받는 친구들
7	• 선배체험 나누기(E) – 체험 듣기 – 고백 쪽지(A)	• 학교갈등 통찰하기(A) – 나만의 스트레스 해결법
8	• 친구상담 연습하기(SPC) – 채팅상담, 만화 완성하기 – 게시판 리플 달기 – 게임하기	• 희망 가꾸기(A) – 내가 존경하는 인물(찾고 꾸미기)
9	• 희망 가꾸기(A) – 명함 만들기 – 희망나무 가꾸기 – 존경하는 인물	• 희망 가꾸기(A) – MI 활동 계획서 작성하기
10	• 희망 가꾸기(A) – MI 활동 계획서 발표 – 상장 만들고 나눠 주기 – 평가하기	

* A: 활동, E: 체험하기, R: 읽기, V: 비디오 보기, SPC: 친구상담 연습하기

(4) 내가 바로 지킴이(청소년폭력예방재단)

'내가 바로 지킴이' 프로그램은 학생들이 학교폭력에 대해 바로 이해하고 폭력

예방을 위한 자기 역할을 인식하며, 친구 간에 긍정적 역할 수행을 지도함으로써 학교폭력 상황을 예방하는 교육 프로그램이다.

초등학교 저학년용, 고학년용, 중·고등학교용으로 개발되었고, 모둠활동을 통해 학교폭력의 개념과 대처방법을 이해할 수 있도록 하였으며, 특히 중·고등학생용은 역할극을 통해 피해자와 가해자의 입장을 이해할 수 있도록 활동 내용이 구성되어 있다.

〈표 9-14〉 초등학교 저학년용 프로그램

제목	내용	목표
이게 뭐야	• 청소년폭력예방재단 및 강사를 소개하고 〈내가 바로 지킴이〉 프로그램 내용 및 목표를 소개한다. • 전체 인원을 조(모둠)별로 나누어 잘하는 모둠에 스티커를 상으로 주어 동기부여 등을 통해 프로그램에 대한 기대감을 준다.	소개 및 관계 형성
학교폭력 O·X퀴즈	• 유형별 학교폭력 상황 그림을 준비하여 그림에 나타난 상황을 보며 자신의 경험 말하기를 유도하고 상황을 맞춘 팀에게 스티커를 준다.	학교폭력의 개념 정리
이럴 땐 이렇게 베스트 5	• 유형별 학교폭력방안을 5위까지 순위를 부여하여 판을 만든다. • 손 인형을 가지고 가해자가 피해자에게 학교폭력을 하는 상황을 연출하여 그에 대한 대처방법을 이야기하고 그 답안이 순위에 있는 경우 답이 적힌 경우 예방 나무에 그 답을 붙이고 스티커를 준다.	예방법과 대처방법 제시
예방나무 만들기	• 예방나무 준비 및 대처방안이 적힌 사과를 준비한다. • 손 인형을 가지고 학교폭력 상황을 연출한 후 그에 대한 대처방안을 이야기하여 준비한 답안을 맞출 경우 그 답이 적힌 사과를 예방나무에 붙이고 스티커를 준다.	예방법과 대처 방법 제시
으랏차차!!	• 학교폭력예방은 혼자 하는 것이 아니라 함께 해야 하는 것임을 알게 하는 활동이다. • 여러 명이 함께 손과 발을 맞대고 바닥에서 일어난다.	예방을 위한 협동심과 책임감 배양

〈표 9-15〉 초등학교 고학년용 프로그램

제목	내용	목표
이게 뭐야	• 청소년폭력예방재단 및 강사를 소개하고 〈내가 바로 지킴이〉 프로그램 내용 및 목표를 소개한다. • 전체 인원을 조(모둠)별로 나누어 잘하는 모둠에 스티커를 상으로 주어 동기부여 등을 통해 프로그램에 대한 기대감을 준다.	소개 및 관계 형성
수사대 활동	• 수사대가 되어 스스로 학교폭력의 개념을 알아본다. • 조(모둠)별로 종이를 나누어 주어 자신들이 경험하거나 생각하는 학교폭력에 대해 토의, 그림이나 글로 표현하면서 폭력의 개념을 정리한다.	학교폭력의 올바른 이해 및 위험성 제고
빙고게임	• 빙고게임을 통해 학교폭력예방 및 대처 방법에 대해 익힌다. • 빙고용지 9칸을 만들어 모둠별로 토의한 학교폭력예방 및 대처 방법을 쓰게 하고 하나씩 발표하면서 내용을 하나씩 지워나가 먼저 지운 모둠에게 준비한 상품을 준다.	예방법과 대처 방법 제시
예방나무 만들기	• 예방나무 준비 및 대처방안이 적힌 사과를 준비한다. • 빙고게임을 통해 나온 9가지 예방 및 대처방법을 사과에 적도록 하여 예방나무에 붙인다.	예방법과 대처 방법 제시
으랏차차!!	• 학교폭력예방은 혼자 하는 것이 아니라 함께 해야 하는 것임을 알게 하는 활동이다. • 여러 명이 함께 손과 발을 맞대고 바닥에서 일어난다.	예방을 위한 협동심과 책임감 배양

〈표 9-16〉 중 · 고등학교용 프로그램

제목	내용	목표
이게 뭐야	• 청소년폭력예방재단 및 강사를 소개하고 〈내가 바로 지킴이〉 프로그램 내용 및 목표를 소개한다. • 전체 인원을 조(모둠)별로 나누어 잘하는 조(모둠)에 스티커를 상으로 주어 동기부여 등을 통해 프로그램에 대한 기대감을 준다.	소개 및 관계 형성
무비오케	• 학교폭력 관련 영상물 등을 감상한다. • 모둠끼리 모여 학교폭력에 대해 느낀 점을 토론하고 몸으로 표현하여 발표한다.	학교폭력 상황의 간접 경험과 대안행동 모색

제목	내용	목표
이럴 땐 이렇게 (역할극)	• 역할극을 통해 상대방의 입장을 이해하고 학교폭력 예방의 대안을 모색한다. • 학교폭력을 종류별로 나누어 보고, 각 조(모둠)별로 상의해서 한 가지 주제를 선택한 후 역할극을 구성하고 발표한다.	학교폭력 상황의 간접경험과 대안행동 모색
학교폭력예방 가요제	• 좋아하는 노래를 정하여 학교폭력예방과 대처방안이 들어가는 가사로 개사하여 부르는 활동이다. • 모둠별로 정한 노래를 개사하여 학교폭력예방 및 대처방안 가요 콘테스트를 열고 시상한다.	학교폭력 상황의 간접 경험과 대안행동 모색
이것이 학교폭력이다 (예방교육강의)	• 파워포인트 자료 등을 통해 학교폭력의 올바른 이해 및 위험성을 인식시키고 대처 방법을 알려준다. • 학교폭력의 정확한 정의, 위험성, 법적 처벌, 대처 방법 등에 대해 정리한다.	학교폭력의 올바른 이해 및 위험성 재고 및 예방을 위함
으랏차차!!	• 학교폭력예방은 혼자 하는 것이 아니라 함께 해야 하는 것임을 알게 하는 활동이다. • 여러 명이 함께 손과 발을 맞대고 바닥에서 일어난다.	예방을 위한 협동심과 책임감 배양

(5) 헬핑 프로그램(서울대학교 발달심리연구실)

헬핑(HELP-ing: Help Encourage yourself as a Leader of Peace - ing!) 프로그램은 8회기 이하의 기간 동안 학급 전체를 주 대상으로 하는 프로그램으로서 폭력의 부정적 결과와 대처방안에 대해 정확한 인식능력을 도모하는 사회인지능력 향상을 위해 제작된 프로그램이다.

우리나라의 교육 여건을 반영하여 비교적 단기간에 일반 학생을 대상으로 교실에서 실시될 수 있도록 하였으며 초등용(한 회기당 40분)과 중등용(한 회기당 45분) 각 8·4·2·1 회기용으로 구성되어 학교 현장에 따라 선택하여 사용할 수 있게 되어 있다.

프로그램 CD에는 각 회기별 시청각 자료, 학생용 워크북(헬핑책), 교사용 매뉴얼이 포함되어 있으며 특정한 교육을 받지 않은 일반 교사들도 교사용 매뉴얼을 바탕으로 프로그램을 진행할 수 있게 하였다.

〈표 9-17〉 헬핑 프로그램 회기별 목표와 구성

내용 \ 학교급		초등학교	중학교
1회기	내용	'전쟁과 테러'와 왕따에 대한 공통점 인식	'전쟁과 테러'와 학교폭력에 대한 공통점 인식
	방법	학교폭력 사진 슬라이드와 목소리 녹음	학교폭력 실제 동영상
2회기	내용	학교폭력의 부정적 결과 인식	학교폭력에 대한 정확한 인식과 부정적 결과 인식
	방법	애니메이션과 한의사 인터뷰	피해자 동영상과 양의사의 의학적 설명
3회기	내용	왕따 상황에서 방관자 역할에 대한 인식	학교폭력 상황에서 방관행동의 문제점 인식
	방법	애니메이션과 일화 소개	역사적 사례 소개와 피해자 인터뷰
4회기	내용	갈등상황에서 중재자의 필요성 인식	본인의 갈등 대처 유형에 대인 인식과 대안탐색
	방법	애니메이션과 중재단계 연습	갈등 대처 유형에 대한 유형 찾기와 피해자 인터뷰
5회기	내용	학교폭력 법률 인식	학교폭력 법률 인식
	방법	애니메이션과 학교폭력법에 관한 설명	학교폭력의 구체적인 해결과정 알아보기와 경찰 인터뷰
6회기	내용	학교폭력 대처요령-적고 알리기	학교폭력 대처요령-적고 알리기
	방법	금품갈취 상황을 보고 모니터링 하기	실제 괴롭힘 동영상 보고 모니터링 하기
7회기	내용	학교폭력 대처요령-재치로 해결하기	학교폭력 대처요령-동조
	방법	집단활동을 통해 상황별 언어대처요령 연습	동조에 관한 실험 동영상

내용 \ 학교급		초등학교	중학교
8회기	내용	나와의 약속과 8회기 정리	나와의 약속과 8회기 정리
	방법	집단활동을 통한 8회기 강조점 정리	집단활동을 통해 이타적 행동을 위한 자기효능감 증진

(6) 작은 힘으로 시작해 봐!(사회정신건강연구소)

청소년 폭력에 대해서 학교나 상담자들이 참고할 수 있는 프로그램으로 지난 수년간 현장에서 느낀 점들을 바탕으로 초등학생을 대상으로 6~8명 정도로 구성된 모둠 5~6개가 집단상담방식으로 총 8회기에 걸쳐 수행되는 학교폭력예방 프로그램이다. 교육의 효과는 빠를수록 좋다는 진리에 따라서 중학생을 경험으로 한 연구를 초등학생에게 적합하도록 차등을 두어 변화 개발하였다.

〈표 9-18〉 작은 힘으로 시작해 봐! 프로그램

구분		차시	단원명	목표
도입 (응집력 형성)		1	평화열차 7979!!	프로그램 소개 및 동기화
전개	폭력 개념 이해	2	폭력에 대한 진실 혹은 거짓!	학교폭력의 개념 및 정의 이해
		3	폭력! 그것이 알고 싶다~	학교폭력의 범위 및 종류 이해
		4	학교에서 생긴 일	학교폭력의 피해 및 심각성 인식
	입장별 이해	5	폭력 트라이앵글	피해자/가해자/방관자 입장 이해 및 공감
	대처 행동(Tip)	6	Stop 법칙을 소개합니다~	Stop 법칙 이해 및 연습
		7	평화는 힘이 세다	수호천사 역할 이해 및 학급규칙 수립
정리		8	수호천사로 임명합니다!	수호천사 임명식 및 프로그램 평가

(7) 어울림 프로그램(교육부)

어울림 프로그램은 학생의 사회성, 정서, 학교폭력예방 인식 및 대처역량 등을 함양하기 위한 6대 핵심 구성요소를 모듈 형태로 구성되어 있으며, 대상별로 교원(생활지도, 상담교사 등), 학생(가·피해학생, 선도학생 등), 학부모 등 의견이 반영된 프로그램 내용이 구성되어 있다.

특히, 역할극, 음악·미술활동, 놀이 및 게임, 집단상담, 감정코칭 등 다양한 체험활동 중심으로 구성되어 있다.

〈표 9-19〉 어울림 프로그램의 주요 내용

핵심 구성요소 (모듈)	세부 내용	달성 목표
① 공감·배려	• 타인이해, 타인조망수용능력, 관점채택능력 • 배려행동 증진	사회성
② 의사소통/대인관계기술	• 경청 및 자기주장 훈련 • 대화의 중요성 및 의사소통 기술 획득	
③ 갈등해결/문제해결능력	• 또래중재 기술과 행동요령 • 또래관계에서의 갈등상황 대처 방법 • 또래관계 형성 및 유지 방법	
④ 자기이해 및 자기존중감	• 긍정적인 자기 수용과 미래상 형성	정서
⑤ 감정조절	• 미해결된 부정적 감정 인식 및 표현 • 공격성, 충동성, 분노조절 • 우울, 불안감, 무력감 조절	
⑥ 학교폭력 인식 및 대처	• 학교폭력 행동유형 및 학교폭력에 대한 심각성 인식 • 학교폭력 상황에서 가해자, 피해자, 방관자 입장에 따른 적절한 대처방법 탐색	학교폭력예방 역량

2) 외국의 학교폭력예방 프로그램

외국의 대표적인 학교폭력예방 프로그램은 〈표 9-20〉과 같이 미국의 Second Step, PATHS, RCCP, 핀란드의 Kiva Koulu, 오스트레일리아 FSP 등이 있다.

〈표 9-20〉 외국의 학교폭력예방 프로그램

예방 프로그램 명	핵심 구성요소	대상	회기	개발기관
Second Step	공감과 의사소통, 학교폭력예방, 감정조절, 문제해결 능력, 약물남용예방	6~8학년	13~15차시	USA
Kiva Koulu	학교폭력 상황에서 방관자의 능동적 행동, 예방·중재·모니터링	1~4학년 7학년	20시간	Finland University of Turku(2009)
Resolving Conflict Creatively Program (RCCP)	능동적 경청, 자기주장, 정서 경험, 관점 채택, 협동, 협상, 문제해결, 갈등 분석 등	유치원생 ~고등학생	51회기	RCCP National Center, New York, USA(1985)
Promoting Alternative Thinking Strategies (PATHS)	문제해결능력, 자기 통제, 정서조절 등	초등학생	119회기	Center for the Study and Prevention of Violence, Univ. of Colorado, USA(1998)
Friendly Schools & Families (FSF)	긍정적 사회기술 학습, 학급규칙, 학부모 참여와 연계, 학교풍토와 환경	초등학생	5수준 3단위, 단위별 3~5회기	Child Health Promotion Research Unit, Australia (1999)

자료: 교육부(2013). 학교폭력예방 교원연수자료집.

(1) Second step

미국 일리노이대에서 개발한 'Second step' 프로그램은 사회·정서적 학습이론을 배경으로 4~14세까지의 아동을 대상으로 하는 교실기반 사회성발달 프로그램이다. '공감과 의사소통', '감정조절', '문제해결능력', '약물남용 예방' 등 각 연령대에 따라 다르게 구성된 커리큘럼으로 학생들의 학교 적응력 향상을 돕는다.

일리노이대가 2008년 수행한 연구 결과에 따르면 학교폭력예방 프로그램은 '부모교육', '운동장 감독교사의 증가', '가정-학교 간 의사소통', '효과적인 학급경영', '교육과정과의 융합' 등이 포함되어 있을수록 감소 효과가 큰 것으로 나타났다(한국교육개발원, 2013).

(2) Kiva Koulu

핀란드에게 개발한 Kiva Koulu 프로그램은 토의 수업, 영상물, 게임, 소그룹 활동 등 학생들이 폭력에 적극적으로 대응할 수 있도록 체계적으로 구성되어 있으며, 학교폭력예방에 있어 방관자의 역할을 강조하는 프로그램이다. 2006년 핀란드 정부가 투르크 대학과 계약을 체결하고 개발하기 시작해 현재는 90% 이상의 핀란드 학교가 이 프로그램을 사용하고 있다.

키바 프로그램을 운영하는 모든 학교는 최소 세 명의 교직원을 학교 키바 팀에 합류시키고 있다. 쉬는 시간에는 감독을 맡은 교직원들이 '키바 유니폼(조끼)'을 착용하고 순찰을 돌며 사전 예방활동을 한다.

키바 프로그램은 교사들에게 '학교폭력을 절대 허용하지 않는다'는 공통의 인식을 공유하도록 사전 교육을 실시하며, 폭력 상황 발생 시 단계별 프로세스를 상세히 안내하는 '교사 지침 매뉴얼'도 제공하고 있어 어떤 상황에서도 동일한 관점으로 접근할 수 있다는 장점이 있다(한국교육개발원, 2013).

(3) RCCP

미국에서 1985년 개발한 RCCP(Resoving Conflict Creatively Program) 프로그램은 초등학교 교사와 학생들에게 비폭력적인 방법으로 갈등을 해결하고, 폭력적인 상황에 개입하는 것을 예방하며, 미국의 다인종사회, 다계층사회의 갈등 해결과

간문화적 이해를 촉진하기 위하여 고안된 프로그램이다. 능동적 경청, 자기주장 훈련, 정서적 경험, 관점 채택, 협동, 협상, 문제해결, 갈등 분석, 편견의 억제 등이 프로그램의 내용에 포함되어 있다.

(4) PATHS

미국에서 1998년에 개발한 PATHS(Promoting Alternative Thinking Strategies) 프로그램은 유치원~초등학교 5학년 학생을 대상으로 문제해결기술, 자기통제, 정서적 조절기술 등 친사회적 행동기술을 가르치기 위해 고안된 프로그램이다.

(5) FSF

호주에서 1999년에 개발한 FSF(Friendly Schools and Families) 프로그램은 학교 정책, 학교 분위기, 학생관리 및 지원, 학급관리, 학생 가족과 학교의 연계, 물리적 학교 환경 등 6가지로 구성되어 있으며, 학교뿐 아니라 학급 차원에서 교사가 활용할 수 있도록 교재와 포스터 등을 제공하여 학생, 학부모와 가정, 학교와 지역사회가 체계적으로 변화할 수 있도록 하고 있다.

Chapter

10

학교폭력 대응

1. 학교에서 학교폭력 초기 대응
2. 학교폭력 관찰 및 면담
3. 가정에서 초기 대응
4. 외부기관 연계 대응 및 학교폭력신고센터 일원화
5. 학교폭력의 징후로 의심할 수 있는 사례

1. 학교에서 학교폭력 초기 대응

학교에서 일어나는 학교폭력의 경우 교사가 학생들의 행동이나 교실 분위기를 살펴보고 학교폭력이라고 느끼는 '감지'와 학생들의 말이나 제보, 행동을 직접 목격함으로써 알게 되는 '인지'를 통해 신속하고 적극적으로 학교폭력 사안에 초기 대응을 해야 한다.

교사의 학교폭력 초기 대응 방법은 다음과 같다.

1) 학교폭력 현장을 목격한 경우

학교폭력이 일어났을 경우 담임교사의 대응이 중요하게 작용한다. 교사가 학교폭력 현장을 목격하였을 경우에는 관련 학생을 안전조치하고, 학부모에게 연락한 후 피·가해학생 상담을 실시한 다음 전담기구 사안조사를 요청하여야 한다.

[그림 10-1] 학교폭력 현장을 목격한 경우 초기 대응 방법

학교폭력 현장을 목격한 경우 교사가 유의할 사항은 다음과 같다.

첫째, 응급조치, 병원 이송 여부를 판단하여 신속한 판단 및 응급조치를 하여야 한다.

둘째, 실신하거나 머리를 부딪힌 경우는 반드시 병원검사를 실시하여야 한다.

셋째, 학교 및 해당 학부모에게 상황을 보고하고 조치사항을 구체적으로 알려야 한다.

넷째, 학교폭력사안의 확대 및 왜곡방지를 위해 올바른 초기 대응이 필요하다.

다섯째, 정확하고 충분한 증거 확보를 가능하게 하여 분쟁을 최소화할 수 있다. 특히, 학교폭력 발생 시 학교에서 대처한 내용을 반드시 문서(기록)로 만들어 두는 것이 필요하다.

2) 학교폭력사안을 인지한 경우

학교폭력사안을 초기에 담임교사가 감지 · 인지하기 위해서는 [그림 10-2]와 같이 평소에 학교폭력에 꾸준한 관심을 갖고 관찰하여 학교폭력을 감지한 후 관련 학생을 관찰 · 면담, 전담기구에 사안을 보고하고 학부모에게 학교폭력사안을 통보하면 된다.

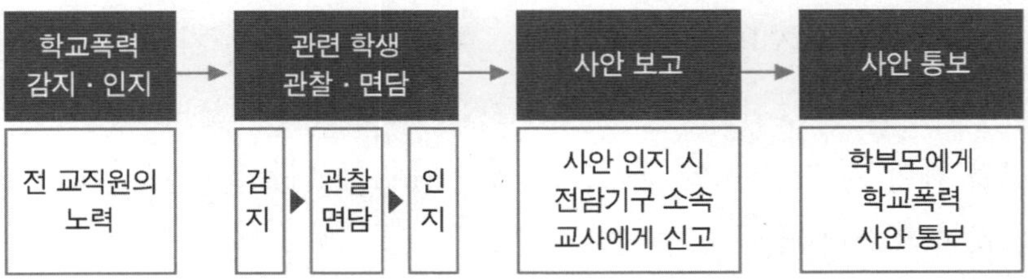

[그림 10-2] 학교폭력사안을 인지한 경우 초기 대응 방법

3) 학교폭력 신고를 받았을 경우

담임교사가 학교폭력 신고를 받았을 경우는 [그림 10-3]과 같이 학교폭력신고서를 작성하여 학교폭력 담당교사에게 사안을 접수한다. 학교폭력 담당교사는 신고대장에 기록한 후 전담기구에 사건을 보고하고, 접수사항을 알린 후 전담기구에서 학교폭력에 대한 사안조사를 하게 된다.

[그림 10-3] 학교폭력 사안 인지 시 초기 대응 방법

4) 학교폭력 초기 대응 후 절차

담임교사가 학교폭력 현장을 목격한 경우, 학교폭력사안을 초기에 인지한 경우, 학교폭력 신고를 받았을 경우 등의 학교폭력 초기 대응 후 절차를 정리하면 [그림 10-4]와 같다.

담임교사가 학교폭력 현장 목격, 학교폭력 신고 접수, 학교폭력을 인지하였을 경우 초기 대응으로는 학교폭력전담기구에 사안을 신고하고, 전담기구에서 사안조사가 이루어지면 학교폭력자치위원회에 보고한 후 심의·의결한 다음 의결된 사항을 학교장에게 조치요청을 하게 된다. 학교장은 최종 조치한 결과를 교육청으로 보고해야 한다. 동시에 학교폭력전담기구에서 사안조사 내용을 교육청으로 사안보고를 해야 한다. 유의할 점은 학교에서 대처한 내용을 반드시 문서로 만들어 두는 것이 필요하다.

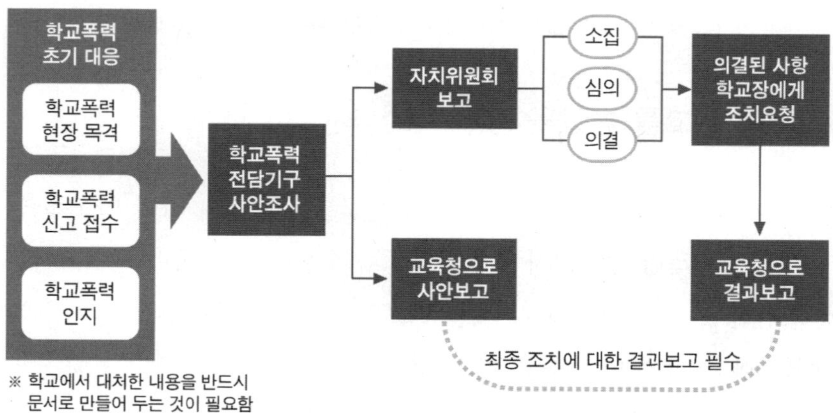

[그림 10-4] 학교폭력 초기 대응 후 절차

2. 학교폭력 관찰 및 면담

학교에서 일어나는 학교폭력의 경우 교사가 가・피해학생을 대상으로 관찰 및 면담을 실시한 후 가・피해학생 부모를 대상으로 면담이 이루어져야 한다.

1) 학생 관찰

(1) 피해학생 관찰

피해학생이 신체적으로 혹은 심리・정서적으로 어려움을 겪고 있지는 않은지를 파악한다.

(2) 가해학생 관찰

가해학생이 특정 학생을 괴롭히는지 혹은 다수의 학생들을 괴롭히는지, 가해학생이 반 내에서 다른 학생들에게 어떤 학생으로 통하는지 등을 파악한다.

(3) 관련 학생 관찰

관련된 학생들은 더 없는지, 학교폭력 사안에 어떻게 연루되어 있는지 등에 대해 알아본다.

2) 학생 면담

교사가 학교폭력 사안을 인지하고 있다는 것에 대해 말하지 않고, 학교생활이나 교우관계 등을 물어본다. 가해학생 등에게 교사가 학교폭력 사실을 알고 있다는 것을 너무 성급히 이야기하면 다른 학생들을 더 괴롭힐 위험이 있으므로 주의한다. 반장 등의 임원에게 자연스럽게 교실 분위기나 관련 학생들을 물어본다.

3) 학부모 면담

(1) 피해학생 학부모 면담

교사는 자녀의 피해 사실에 대하여 놀라고 당황스러워하는 한편 가해학생에 대한 분노와 원망, 억울함, 자신의 자녀에 대한 미안함 등으로 자기가 자녀를 대신하여 무엇이라도 해주고 싶은 마음이 들 수 있다는 것을 인지하고 면담을 실시해야 한다.

피해학생 학부모를 대상으로 면담할 때 유의할 점은 다음과 같다.

첫째, 학부모의 감정을 수용·이해하고 경청하여 정서적 지지를 한다.

둘째, 학부모가 말하는 피해 사실을 객관적으로 인지하고 진심어린 사과와 유감을 표현해야 한다.

셋째, 학부모와 피해학생의 요구사항을 정확히 묻는다.

넷째, 추후 처리과정을 설명하고 사실에 근거하여 문제를 해결할 것을 약속한다.

다섯째, 학생의 보호와 안정, 적응을 위해 노력할 것을 약속한다.

여섯째, 사건은폐를 의심할 만한 어떠한 진술도 하여서는 안 된다.

(2) 가해학생 학부모 면담

교사는 가해학생 학부모가 자기 자녀가 다른 학생에게 폭력을 휘둘렀다는 사실에 당황스러움과 혼란스러움, 의심, 미래에 대한 불안감 등을 경험하게 되며 동시에 잘못을 인정하면 더 큰 피해를 입을지도 모른다는 우려도 할 수 있다는 것을 인지해야 한다.

가해학생 학부모를 대상으로 면담할 때 유의할 점은 다음과 같다.

첫째, 학부모의 감정을 수용하되 피해학생의 피해 정도와 가해행위는 정확히 알려준다.

둘째, 가해 측의 진심 어린 사과의 중요성을 인지시키고 향후 절차를 안내한다.

셋째, 가해학생에게 교육적으로 적절한 지도와 선도가 이루어질 것임을 알린다.

넷째, 이번 일로 가해학생이 학교에서 낙인찍히지 않을 것임을 알려준다.

다섯째, 가정에서 학생에 대한 특별한 관심과 지도를 부탁한다.

3. 가정에서 초기 대응

학교에서 일어나는 학교폭력의 경우 교사가 가·피해학생을 대상으로 면담을 실시한 후 가·피해학생 부모를 대상으로 면담이 이루어져야 한다.

1) 피해학생 가정의 초기 대응

피해학생 가정에서 해야 할 일은 다음과 같다.

첫째, 부모가 아이에게 "절대 네가 잘못한 게 아니야"라고 이야기를 하여 아이에게 지지를 보내줘야 한다.

둘째, 먼저, 담임선생님에게 학교폭력 사실을 알린 후 도움을 요청해야 한다.

셋째, 자녀에게 온 문자메시지, 이메일, 음성녹음, 상해진단서 등의 증거를 확보해 두어야 한다.

넷째, 교문 앞에서 아이를 기다리면서 보호하여 안심할 수 있도록 해주어야 한다.

피해학생 가정에서 하지 않아야 할 일은 다음과 같다.

첫째, 학교폭력은 자녀만의 문제가 아니므로 아이를 탓해서는 안 된다.

둘째, 부끄럽다고 해서 피해사실을 은폐, 축소해서는 안 된다.

셋째, 부모가 절망하면 아이는 더 움츠러들기 때문에 힘들다고 해서 힘든 내색을 하면 안 된다.

넷째, 괴로운 심정은 이해되나 부모가 아이의 상처를 덮어줄 목적으로 가해학생에게 보복을 해서는 안 된다.

다섯째, 문제 회피, 침묵, 전학, 이사는 해결책이 아니므로 도피해서는 안 된다.

2) 가해학생 가정의 초기 대응

가해학생 가정에서 해야 할 일은 다음과 같다.

첫째, 아이와 친구, 교사에게 정확한 경위를 확인하여 가해사실 유무를 알아야 한다.

둘째, 아이의 잘못과 부모의 책임을 스스로 인정해야 한다.

셋째, 피해학생에게 아이와 함께 진심으로 사과하고 회복을 지원해야 한다.

넷째, 전문가 상담, 봉사활동 등을 통해 다시 성장할 수 있는 기회를 주어야 한다.

가해학생 가정에서 하지 않아야 할 일은 다음과 같다.

첫째, 가해 사실을 부인하는 것은 또 다른 가해 행위이므로 부인하지 않도록 한다.

둘째, 피해학생에게 폭력의 원인을 찾지 말고, 스스로 문제가 없는지를 살펴봐야 한다.

셋째, 아이들이라고 해서 폭력 자체를 정당화해서는 안 된다.

넷째, 불안, 걱정, 두려움 등을 통해 회피해서는 안 된다.

3) 피해학생 학부모가 경찰에 고소한 경우

가해 측의 부모가 가해사실을 인정하지 않거나 축소 내지 합리화할 때, 학교 측에서 효과적으로 사안처리하지 않거나 성의 없는 태도를 보일 때, 피해 상황이 매우 심각하고 피해 후유증이 명확하게 예상될 때에는 피해학생 학부모가 경찰에 고소를 많이 하는 경우이다.

피해학생 학부모가 경찰에 고소한 경우에 가정에서 해야 할 일은 다음과 같다.

첫째, 학교 차원에서 할 수 있는 보호 및 지도조치를 계속적으로 실시하는 것이 좋다.

둘째, 법적 절차가 진행되는 동안 가해행동이 재발하지 않도록 주의한다.

셋째, 가해학생을 상담교사나 지역상담센터와 연계하여 지속적으로 상담을 실시한다.

4. 외부기관 연계 대응 및 학교폭력신고센터 일원화

1) 외부기관 연계 대응

학교폭력이 발생한 경우 전문성을 가진 외부기관과 연계 대응하는 것이 중요하다. 학교폭력SOS지원단, 정신보건센터, 건강지원센터, 가정지원센터, 보건소, 성폭력 one-stop지원센터, 학생고충신고 및 상담전화, Wee센터, 청소년상담지원센터, 해바라기센터, 굿네이버스 등의 기관을 통해 학교폭력사안에 연계 대응할 수 있다.

[그림 10-5] 학교폭력 외부기관 연계대응

학기 초 각 학교에서는 안전사고예방대책을 세울 때 학교에서 가까운 거리에 있는 지구대, 병원, 법률기관, 상담기관 등과 업무협약을 맺어 평상시 긴밀한 협조체제를 유지하는 것이 좋다.

2) 학교폭력신고센터 일원화

- 학교폭력 신고 대표전화를 117로 통합하여 24시간 운영한다.
- 신고센터는 접수된 학교폭력사안의 경중을 판단하여 경찰청 또는 학교폭력 원스톱지원센터(Wee 센터, CYS-Net)로 사건을 이송한다.
- 경찰청 및 상담센터는 신고센터로부터 이송을 받은 사안의 최종 처리 결과를 해당학교 및 학교폭력신고센터에 통보한다.
- 통보를 받은 학교의 장은 자치위원회를 소집하여 심의를 거쳐 사건을 종결한다.

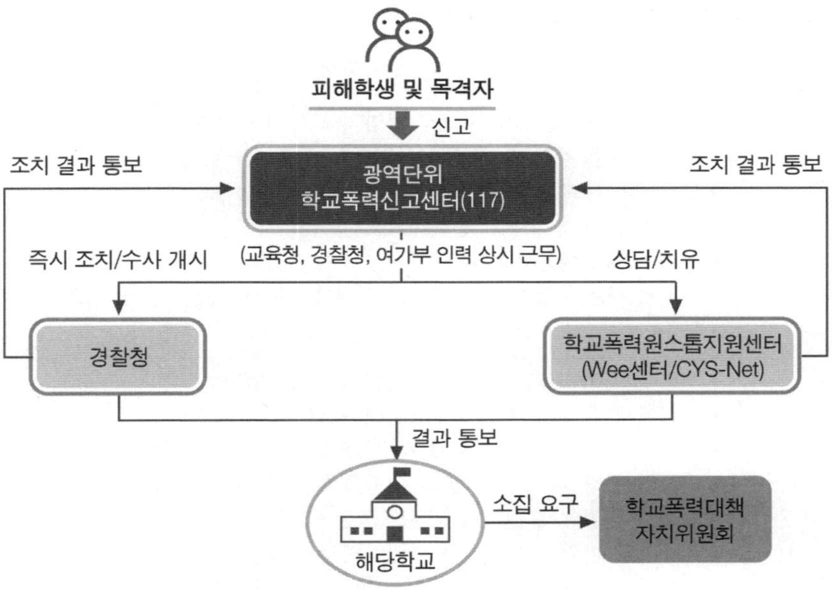

[그림 10-6] 학교폭력신고센터 일원화

자료: 교육과학기술부(2012). 학교폭력 사안처리 가이드북. p. 81.

5. 학교폭력의 징후로 의심할 수 있는 사례

가해학생의 경우 가정과 학교에서 〈표 10-1〉과 같이 일반적으로 학교폭력의 징후로 의심할 수 있는 사례를 나타내는 경우가 많으므로, 부모와 교사는 특별히 관찰하는 것이 필요하다.

〈표 10-1〉 가해학생의 사례

구분	사례
가정에서	• 부모님을 포함한 어른들에게 반항적이고, 무시하며 공격적이다. • 또래 친구들에 비해 참을성이 없으며 화를 잘 낸다. • 부모와의 대화를 기피한다. • 외출이 잦고 친구들의 전화에 신경을 많이 쓴다. • 귀가시간이 늦어지고 불규칙하다. • 집에서 주는 용돈보다 돈 씀씀이가 크고, 사주지 않은 물건을 소지하고 있다. • 음주, 약물 남용 또는 흡연 등의 행동을 한다.
학교에서	• 비행 전력이 있거나 또래 폭력집단에 속해 있다. • 교실에서 큰 소리를 많이 치고 반 분위기를 주도한다. • 교사와 눈길을 자주 마주치며 수업분위기를 독점하려 한다. • 교사가 질문 시 다른 학생의 이름을 대며 그 학생이 대답하게끔 유도한다. • 교사의 권위에 도전하는 행동을 종종 나타낸다. • 친구에게 받았다고 하면서 비싼 물건을 가지고 다닌다. • 다른 학생들을 지배하고, 굴복시키며 힘과 위협으로 자기주장을 세우고, 자기 뜻대로 관철시키려는 욕구가 강하다. • 음주, 약물 남용 또는 흡연 등의 행동을 한다. • 난폭하고 강인한 것처럼 보이고, 피해학생에게 동정심을 전혀 기울이지 않는다.

피해학생의 경우 가정과 학교에서 〈표 10-2〉와 같이 일반적으로 학교폭력의 징후로 의심할 수 있는 사례를 나타내는 경우가 많으므로, 부모와 교사는 특별히 관찰하는 것이 필요하다.

〈표 10-2〉 피해학생의 사례

구분	사례
가정에서	• 전화를 받고 갑자기 외출하는 경우가 많다. • 휴대폰에 협박성 문자 메시지가 온다. • 친구에게 전화 오는 것조차 싫어한다. • 부모와 눈을 잘 마주치지 않고 피한다. • 자기 방에서 혼자 보내는 시간이 많다. • 학용품이나 소지품이 자주 없어지고 전보다 용돈을 자주 달라고 요구한다. • 몸에 상처나 멍이 들어 있거나, 옷이 더렵혀 있고 찢겨 있다. • 교과서나 공책에 '죽고 싶다', '죽어라' 같은 낙서가 발견된다. • 갑자기 학교에 가기 싫어하고 학교를 그만 두거나 전학가고 싶어 한다.
학교에서	• 수업시간에 많은 학생들로부터 야유나 험담을 많이 받는다. • 체육시간이나 점심시간, 야외활동시간에 집단에서 떨어져 따로 행동한다. • 옷이 지저분하거나 단추가 떨어지고 구겨져 있으며 혼자 다닌다. • 친구의 심부름이나 시키는 대로 따른다. • 교과서나 필기도구 등이 자주 없어지거나 수업 준비물을 챙겨오지 못한다. • 이름보다는 비하성 별명이나 욕으로 호칭되고, 잘못에 대해 비웃어도 이에 반발하지 않는다. • 성적이 갑자기 혹은 서서히 떨어진다. • 자주 지각을 하거나 표정이 어둡고 몸이 아프다는 이유로 결석이 잦다. • 자기 교실에 있기보다 이 반, 저 반 다른 반을 떠돈다. • 같이 어울리는 친구가 거의 없거나 소수의 학생과 어울린다. • 특별한 볼일 없이 교무실(상담실, 보건실)이나 교사 주위를 배회한다. • 평상시와 달리 수업에 집중하지 못하고 불안해 보인다. • 수련회, 수학여행 및 체육대회 등 학교행사에 참석하지 않는다. • 각종 모둠활동에서 소외된다.

자료: 경기도교육청(2012). 학교폭력예방 및 대처종합매뉴얼. 경기도교육청장학자료제9호, 8-9.

Chapter

11

학교폭력전담기구 및 대책자치위원회

1. 학교폭력전담기구 구성 및 역할

1) 학교폭력전담기구의 구성(학폭법 제14조 제3항)

- 구성권자 : 학교장
- 구성원 : 교감, 전문상담교사, 보건교사 및 책임교사 등 학교폭력과 관련된 자로 구성한다. 따라서 생활지도부장이나 상담부장 등의 보직교사도 구성원이 될 수 있다.

2) 학교폭력전담기구 역할

〈표 11-1〉 학교폭력사안 발생 시

구분	내용
학교폭력 신고 접수 및 관련 학생 보호자에게 통보	• 전담기구는 학교폭력신고 접수대장을 비치하고 117신고센터, 학교장, 교사, 학생, 보호자 등 학교폭력 현장을 보거나 그 사실을 알게 된 자 및 기관으로부터 신고받은 사안에 대해 기록·관리함 • 학교폭력신고 접수대장은 학교장, 교원의 학교폭력 은폐 여부를 판단하는 중요한 기초자료로 활용되므로, 사소한 폭력이라도 신고한 것은 접수하여야 함 • 접수한 사안에 대해서는 즉시 관련 학생 보호자에게 통보하고, 통보일자, 통보방법 등 통보사실 등을 기록함
학교폭력 사안조사	• 학교폭력을 인지한 경우 피해 및 가해 사실 여부에 대해 조사하여야 함. 이 경우, 담임교사의 협조를 구할 수 있음 • 인지 : 학교폭력 사태를 인지한 경우, 학교의 장은 지체 없이 전담기구 또는 소속교원으로 하여금 가해 및 피해사실 여부를 확인하도록 해야 함[1)]
학교폭력대책자치위원회 개최 전 사전심의	신고된 학교폭력사안에 대해 사전심의를 실시하고 심의 내용을 상황보고서로 작성하여 학교장 및 자치위원장에게 보고함

1) 법률 제14조 제3항

구분	내용
집중보호 또는 관찰대상 학생에 대한 생활지도	해당학생 담임교사와 함께 지속적인 상담 및 기록을 진행함

〈표 11-2〉 학교폭력예방활동

구분	내용
학교폭력 실태조사	연 2회 이상 정기적으로 학교폭력에 대한 실태조사를 실시하여 학교폭력 사안처리의 기초자료로 활용하고 학교폭력예방계획 수립에 반영함
학교폭력 예방교육	• 학생, 교직원, 보호자에게 시행할 예방교육 프로그램 계획을 수립하고 운영함 • 학교폭력예방교육 계획 수립 시 자치위원회의 심의를 거치도록 함(필요시 외부전문기관의 자문 실시)

3) 학교폭력전담기구 구성원의 역할

학교폭력전담기구 담당교사들은 서로 유기적인 협력을 통해 효과적으로 사안을 처리할 수 있도록 한다.

책임교사	보건교사	전문상담교사
• 사안조사 시 피해 · 가해학생의 담임교사 및 전문상담교사 등의 협조를 얻어 사안의 진상을 조사함 • 학교폭력, 진행 상황 등을 육하원칙에 따라 기록하고 증인 및 증거자료 확보 후 자치위원회에 보고함	• 피해 · 가해학생의 신체적 · 정신적인 피해 상황을 파악함 • 신속하게 피해학생을 파악하여 전문기관에 의뢰할 수 있도록 함 • 긴급한 사안일 경우 119에 연락을 취하고 피해학생 병원 이송 시 동승함	• 학생에 대한 조사과정 자체가 상담의 과정이므로 상담의 기본태도를 지키면서 조사가 진행되도록 함 • 피해 · 가해학생과의 상담을 통해 심리적 · 정서적 상황을 파악하도록 함 • 필요한 경우 피해 · 가해학생에 대한 심리검사를 실시하여 학생의 상태에 대한 소견을 제시함

[그림 11-1] 학교폭력전담기구 구성원 역할

학교의 장 및 자치위원회의 요구가 있을 때에는 조사 결과 등 활동 결과를 보고하여야 한다.

2. 사안조사 진행과정

1) 사안조사 진행과정

전담기구

학교폭력 사건 발생 인지 ▶ 신고접수 및 학교장 보고 ▶ 즉시 조치 (긴급 조치 포함) ▶ 사안 조사 ▶ 관련 학생 /보호자 면담 ▶ 사건 보고 ▶ 자치위원회

단계	처리 내용	비고
학교폭력사건 발생인지	사건 발생을 인지한 교사, 학생, 보호자 등은 학교폭력전담기구에 신고	
	↓	
신고 접수 및 학교장 보고	• 학교폭력전담기구는 신고된 사안을 신고대장에 반드시 기록하고, 학교장과 담임교사에게 보고한 후 피해·가해학생 보호자에게 통지 • 사안이 중대한 경우, 학교장 및 자치위원장에게 즉시 보고	학교폭력 전담기구
	↓	
즉시 조치 (긴급 조치 포함)	• 피해학생과 가해학생 즉시 격리 • 피해학생 및 신고·고발한 학생이 가해학생으로부터 보복행위를 당하지 않도록 조치 〈피해학생〉 • 「아동·청소년의 성보호에 관한 법률」에 따라 성폭행에 대해서는 반드시 수사기관에 신고하고, 성폭력 전문상담기관 및 병원을 지정하여 정신적·신체적 피해 치유 • 피해학생의 신체적·정신적 피해를 치유하기 위한 조치 실시 • 피해학생의 보호가 긴급한 경우, 「학폭법」 제16조 제1항에 따라 학교장은 피해학생에 대한 조치(제1호, 제2호, 제6호)를 취한 후, 자치위원회에 즉시 보고하여 추인	학교장, 학교폭력 전담기구, 담임교사

단계	처리 내용	비고
	〈가해학생〉 가해학생의 선도가 긴급한 경우, 「학폭법」 제17조 제4항에 따라 학교장은 가해학생에 대한 조치(제1호부터 제3호까지, 제5호 및 제6호의 조치를 할 수 있으며, 제5호와 제6호는 병과조치 할 수 있음)를 취한 후, 자치위원회에 즉시 보고하여 추인	
	↓	
사안조사	• 학교폭력전담기구에서 구체적인 사안조사 실시 –피해 · 가해학생의 면담, 주변학생 조사, 설문조사, 객관적인 입증자료 수집 등 • 피해 · 가해학생 심층면담 • 조사한 결과를 바탕으로 사건보고서 작성 • 성폭력의 경우 비밀유지에 유의	학교폭력 전담기구, 담임교사
	↓	
관련 학생/ 보호자 면담	조사 결과에 대해 해당학생 부모님께 알리고, 향후 진행 절차 등에 대해 통보	학교폭력 전담기구, 담임교사
	↓	
사건보고	가해 및 피해 사실 여부에 관하여 종합적으로 정리하여 학교의 장 및 자치위원회(자치위원회의 요청이 있는 경우)에 보고	학교폭력 전담기구
	↓	
	자치위원회	

[그림 11-2] 사안조사 진행과정

▶ 사안조사 방법

- 서면조사, 해당학생 및 목격자의 면담조사, 사안 현장조사 등을 통해 종합적인 방법으로 신속하게 자료를 확보한다.
- 면담조사를 하는 경우에는 육하원칙에 근거하여 구체적으로 확인서를 받는다.
- 객관적이고 공정한 사안조사를 실시한다.
- 피해 · 가해학생의 확인이 어긋날 시, 목격한 학생의 확인을 받거나 증거자료확보를 통해 적극적으로 사안조사에 임한다.
- 전담기구 소속교사는 학생, 보호자, 목격자, 담임교사 등을 면담조사한 후에 학교폭력 사안조사보고서를 작성한다.〈양식 14〉

2) 사안조사 절차

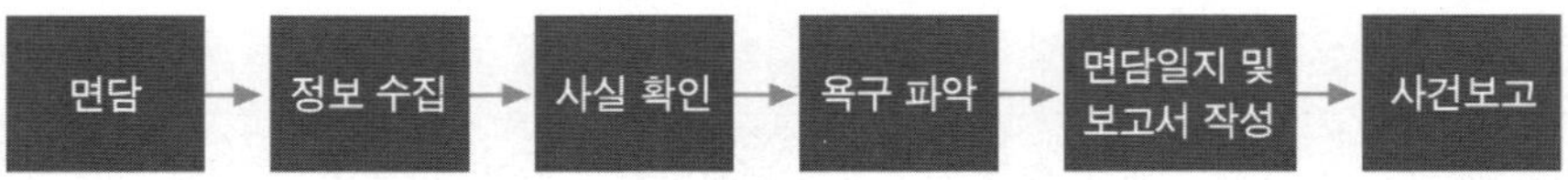

[그림 11-3] 사안조사 절차

(1) 면담

- 신뢰감과 안정감 주기
- **심리 · 정서상태 파악** : 전문상담교사 등 상담전문가에게 학생의 심리 · 정서적 상태를 파악하도록 도움을 요청한다.
- **일반적인 경우** : 교사는 학생들의 언행을 주의 깊게 살펴봄으로써 심리 · 정서적 상태를 파악할 수 있다. 해당학생의 눈맞춤, 눈빛, 손 떨림, 목소리 크기 및 높낮이 등을 통해 학생의 불안, 분노, 우울 등을 파악한다.
- **위급한 심리적 지원이 필요한 경우** : 학교 내 전문상담교사를 통해 심리검사 또는 정서적 지원을 받도록 한다.

▶ **학교에 전문상담교사가 없는 경우**

- 교육청에 설치되어 있는 Wee Center 소속 상담사 및 전문상담순회교사에게 도움을 요청할 수 있다.
- 학교폭력전담부서 등에 소속된 상담자격증을 지닌 교사가 그 역할을 담당한다.
- 이러한 여건이 되지 않을 시에는 학교폭력SOS지원단(1588-9128), 청소년상담복지센터, 지역사회복지관, 청소년수련관 등의 상담전문가의 도움을 받는 것이 좋다.

▶ **초기 위기 스크리닝이 필요한 경우**

인근 신경정신과, 정신보건센터, 상담소 등을 통해 전문가의 도움을 받도록 한다.

▶ **초등학생의 경우**

일반적으로 초등학생의 경우는 서면조사에서 무엇을 써야 할지 몰라서 충분한 내용을 기재하지 못할 수 있다. 따라서 서식에 기재해야 될 내용에 대해 구체적으로 알려 줄 필요가 있다.

▶ **차별 금지**

학업능력의 우열 정도나 학급임원의 역할수행 등이 암묵적인 폭력 관행으로 연결되지 않도록 한다.

(2) 정보 수집

- 사안에 대한 정보 수집을 통해 피해학생 파악 : 학년, 성별, 인적 사항, 피해학생 수, 교우관계, 장애 유무, 평소 학교생활, 특이사항 등
- 사안 파악 : 폭력 유형(신체폭행, 금품갈취, 따돌림 등), 폭력 형태(집단폭력, 일대일 폭력 등), 발생 및 지속기간(1회적 · 지속적 사안), 발생장소, 발생원인, 치료비, 피해 정도 등
- 가해학생 파악 : 학년, 성별, 인적 사항, 가해학생 수, 가해 동기, 다른 피해자 및 유사 사안의 관련 유무 등

(3) 사실 확인

- 확인서 : 피해·가해학생 확인서, 목격학생 확인서(육하원칙에 따라 기재)
- 설문조사 : 해당 학급 및 학생 대상 설문조사
- 온·오프라인 자료 : 이메일, 채팅, 게시판, SNS, 피해사실 화면 온라인상 캡처, 문자 메시지, 사진, 동영상 자료, 음성 증거 자료 등
- 진단서, 소견서 및 사진 : 폭력 피해를 증명할 수 있는 신체·정신적 진단서, 의사 소견서, 관련 사진

▶ **진위 파악**

- **일치성** : 피해 측과 가해 측이 면담을 통해 확인한 것과 정보 수집을 통해 밝혀낸 결과들이 일치하는지를 파악한다.
- **상호인정** : 조사 결과를 피해·가해학생이 상호 인정하는지 확인한다.
- **주변 확인의 일치** : 목격학생의 확인과 일치하는지를 점검한다.

(4) 욕구 파악

- 욕구 파악
- 학생과 보호자의 사안 해결에 대한 욕구 파악
- 피해·가해 상황에 대한 수용 정도 및 사과, 처벌, 치료비 등에 대한 합의, 재발 방지 욕구

(5) 정황 파악

- 피해학생의 현재 상태에 대한 이해 : 대처능력, 적응능력 등 파악
- 피해학생 측(보호자 포함)의 현재까지의 대처 상황 확인

- 가해학생 측의 대응 방법 파악

(6) 면담일지 및 보고서 작성

- 면담일지 작성 : 관련 학생과 보호자, 관련 학생의 담임교사와 면담을 한 후에는 면담일지를 작성한다.
- 보고서 작성 : 조사가 끝난 후에는 보고서를 작성하도록 한다.

(7) 사건 보고

피해 및 가해 사실 여부에 관하여 종합적으로 정리하여 학교의 장 및 자치위원회(자치위원회의 요청이 있는 경우)에 보고한다.

▶ **긴급 보고**

긴급하고 중대한 사안이 발생한 경우 즉시 해당 지역 교육청에 보고하도록 한다.

3) 전담기구의 사안조사 기준

전담기구는 폭력행위의 유형별 중점 파악 요소, 폭력 행위의 경중 판단요소 등을 파악한다.

〈표 11-3〉 학교폭력조사 기준

폭력 유형		중점 파악요소
신체적 폭력		상해의 심각성, 감금 · 신체적 구속 여부, 성폭력 여부
경제적 폭력		반환 여부, 손괴 여부, 협박/강요의 정도
정서적 폭력	괴롭힘	지속성 여부, 협박/강요의 정도, 성희롱 여부
	따돌림	
언어적 폭력		욕설/비속어, 허위성, 성희롱 여부
사이버매체 폭력		명의도용, 폭력성/음란성, 유포의 정도, 사이버 성폭력 여부

※ 사안에 해당하는 모든 폭력 유형 검토

〈표 11-4〉 폭력행위의 경중 판단요소 내용

폭력행위의 경중 판단요소 내용
〈학교폭력예방 및 대책에 관한 법률 제16조의2, 제17조 제2항〉 • 피해학생이 장애학생인지 여부 • 피해학생이나 신고 · 고발 학생에 대한 협박 또는 보복행위인지 여부 〈학교폭력예방 및 대책에 관한 법률 시행령 제19조〉 • 가해학생이 행사한 학교폭력의 심각성 · 지속성 · 고의성 • 가해학생의 반성의 정도 • 해당 조치로 인한 가해학생의 선도 가능성 • 가해학생 및 보호자와 피해학생 및 보호자 간의 화해의 정도 〈기타〉 • 교사(敎唆)행위를 했는지 여부 • 2인 이상의 집단폭력을 행사한 것인지 여부 • 위험한 물건을 사용했는지 여부 • 폭력행위를 주도했는지 여부 • 폭력서클에 속해 있는지 여부 • 정신적 · 신체적으로 심각한 장해를 유발했는지 여부

사안조사 기준에 따라 조사를 실시하고 전담기구 사안조사 결과보고서를 작성한다.

3. 학교폭력대책자치위원회 구성의 목적 및 기능

학교폭력이 일어났을 때 학교에서 가장 중요한 역할과 기능을 하는 것이 학교 내에 설치된 학교폭력대책자치위원회이다. 학교폭력대책자치위원회는 학교폭력 사후 처리가 주요한 목적이 아니라 학교폭력이 일어나지 않도록 미리 예방에 중점을 두고, 학교폭력이 일어났을 경우 학교폭력에 대처하여 가해자와 피해자를 대상으로 분쟁을 해결하고 조정하는 것이다.

1) 구성의 목적

학교폭력의 예방과 대책에 관하여 필요한 사항들을 심의하여 피해학생의 보호, 가해학생의 선도·교육 및 피해학생과 가해학생 간의 분쟁조정을 통하여 학생의 인권을 보호하고 학생을 건전한 사회구성원으로 육성함을 목적으로 한다.

2) 역할

학교폭력대책자치위원회의 역할은 다음과 같다.

첫째, 자치위원회는 학교폭력예방 및 대책수립을 위한 학교의 체제를 구축하는 것이다.

둘째, 자치위원회는 피해학생의 보호를 위하여 필요하다고 인정하는 때에는 피해학생에 대하여 해당하는 조치를 하도록 학교의 장에게 요청할 수 있다.

셋째, 자치위원회는 피해학생의 보호와 가해학생의 선도·교육을 위하여 가해학생에 대하여 해당하는 조치를 하도록 학교의 장에게 요청할 수 있다.

넷째, 자치위원회는 학교폭력과 관련하여 분쟁이 있는 경우에는 피해학생과 가해학생 간의 분쟁을 조정할 수 있다.

다섯째, 자치위원회는 피해학생에 따른 조치를 요청하기 전에 피해학생 및 그 보호자에게 의견 확인의 기회를 부여하는 등 적정한 절차를 거쳐야 한다.

다섯째, 그 밖에 대통령령으로 정하는 사항(학교폭력의 예방 및 대책과 관련하여 법 제14조 제3항에 따른 책임교사 및 학생회 대표가 건의하는 사항)

여섯째, 자치위원회 또는 학교의 장이 피해학생 보호조치 및 가해학생 선도·교육조치에 따라 내린 조치에 대하여 이의가 있는 피해학생 또는 그 보호자는 그 조치를 받은 날로부터 15일 이내, 그 조치가 있음을 안 날로부터 10일 이내에 지역위원회에 재심을 청구할 수 있다(법률 제17조 제1항). 자치위원회가 가해학생 선도·교육조치 중 전학과 퇴학조치에 대하여 이의가 있는 학생 또는 그 보호자는 그 조치를 받은 날부터 15일 이내, 그 조치가 있음을 안 날로부터 10일 이내에 시·도학생조치조정위원회에 재심을 청구할 수 있다(법률 제17조 제2항).

일곱째, 자치위원회는 해당 지역에서 발생한 학교폭력에 대하여 학교장 및 관할 경찰서장에게 관련 자료를 요청할 수 있다.

여덟째, 자치위원회의 설치·운영 등에 필요한 사항은 지역 및 학교의 규모 등을 고려하여 대통령령으로 정한다.

4. 학교폭력대책자치위원회 위원 구성

1) 위원 구성 및 구성원의 역할

학교폭력대책자치위원회의 위원 구성 및 역할은 〈표 11-5〉, 〈표 11-6〉과 같다.

〈표 11-5〉 학교폭력대책자치위원회의 위원 구성

위원 구성	자치위원회는 위원장 1인을 포함하여 5인 이상 10인 이하의 위원으로 구성하되, 대통령령으로 정하는 바에 따라 전체위원의 과반수를 학부모 전체회의에서 직접 선출된 학부모대표로 위촉하여야 한다. 다만, 학부모 전체회의에서 학부모대표를 선출하기 곤란한 사유가 있는 경우에는 학급별 대표로 구성된 학부모 대표회의에서 선출된 학부모대표로 위촉할 수 있다.

〈표 11-6〉 학교폭력대책자치위원회 구성원의 역할

위원장	위원	간사
• 필요하다고 판단할 때 교장에게 위원회 소집 요청 • 회의 주재 • 간사 1인 지명	• 회의 안건 심의 • 분쟁조정 참여	회의록 작성 및 자치위원회 사무 처리

자치위원회의 위원장은 해당 학교의 교직원에서 자치위원회의 사무를 처리할 간사 1명을 지명한다(시행령 제14조 제5항).

2) 위원 자격 및 외부 전문가 참여 전략

학교폭력대책자치위원회를 활성화하기 위해서는 학교폭력 처리에 관련된 전문가를 위원으로 참여시켜야 하고, 이들의 참여를 최대한 이끌어 낼 수 있는 참여전략이 필요하다.

〈표 11-7〉 학교폭력대책자치위원회의 위원 자격

위원 자격	• 해당 학교의 교감 • 해당 학교의 교사 중 학생생활지도의 경력이 있는 교사 • 학부모 전체회의에서 선출된 학부모 대표 • 판사 · 검사 · 변호사 • 해당 학교를 관할하는 경찰서 소속 경찰공무원 • 의사의 자격을 가진 사람 • 학교폭력예방 및 청소년 보호에 대한 지식과 경험을 가진 사람 중 하나 이상의 요건을 갖춘 사람 ※ 위원의 정수 및 구성 비율은 학교의 특성 및 지역여건을 고려, 학교장에게 맡겨져 있음. 교사의 수를 늘려 위촉한다거나 법률전문가나 청소년전문가 없이 위원회를 구성하는 것도 가능하나 '교외 전문가 위원'의 구성 비율을 높게 하는 것이 바람직하다.

학교폭력대책자치위원회에 외부 전문가의 참여가 필요한 이유는 다음과 같다.

첫째, 자치위원회나 분쟁조정 시, 법률·의료 전문가가 참여하면 진행과정상 객관성을 확보하는 데 용이하다.

둘째, 외부전문가가 관계하는 기관과의 유기적인 협력체제를 구축할 수 있다.

셋째, 자치위원회의 공정성을 제고할 수 있다.

외부 전문가 참여 유도를 위한 구체적인 전략을 소개하면 다음과 같다.

첫째, 판사·검사·변호사 참여 유도를 위한 전략 : 지역변호사회, 교육청 소속 변호사 등에 추천을 요청함으로써 사회봉사를 원하는 변호사와 연계하도록 노력한다.

둘째, 의사 자격이 있는 전문가 유도를 위한 전략 : 학기 초 의사 자격이 있는 보호자에게 가정통신문 등을 통해 자치위원회를 적극 홍보함으로써 관심 있는 보호자의 참여를 유도한다.

셋째, 경찰공무원 참여 유도를 위한 전략 : 해당 지역 및 학교의 담당경찰관을 위원으로 하는 것이 바람직하다. 그 이유는 수락의 용이성, 학교와의 연계를 강화할 수 있기 때문이다.

3) 위원장 선출 및 임기

학교폭력대책자치위원회의 위원장 선출 및 임기는 〈표 11-8〉과 같다.

〈표 11-8〉 학교폭력대책자치위원회의 위원장 선출 및 임기

구분	내용
위원장 선출	위원 중 호선 (학교장은 어떠한 사유를 들어서라도 자치위원회의 위원이 될 수 없음)
임기	자치위원회의 위원의 임기는 2년으로 하되 연임할 수 있다. 다만, 자치위원회 위원의 사임 등으로 새로 위촉되는 위원의 임기는 전임위원 임기의 남은 기간으로 한다. 위원장이 사고로 직무를 수행할 수 없을 때에는 위원장이 지정하는 위원이 위원장의 직무를 대행한다.

5. 학교폭력대책자치위원회의 개최 및 운영

1) 개최

학교폭력대책자치위원회가 개최되는 경우는 〈표 11-9〉와 같다.

〈표 11-9〉 학교폭력대책자치위원회 개최

구분	내용
위원회 개최	• 자치위원회는 분기별 1회 이상 회의를 개최하고, 자치위원회의 위원장은 다음 각 호의 어느 하나에 해당하는 경우에 회의를 소집하여야 한다. ① 자치위원회 재적위원 4분의 1 이상이 요청하는 경우 ② 학교의 장이 요청하는 경우 ③ 피해학생 또는 그 보호자가 요청하는 경우 ④ 학교폭력이 발생한 사실을 신고받거나 보고받은 경우 ⑤ 가해학생이 협박 또는 보복한 사실을 신고받거나 보고받은 경우 ⑥ 그 밖에 위원장이 필요하다고 인정하는 경우 • 자치위원회는 회의의 일시, 장소, 출석위원, 토의 내용 및 의결사항 등이 기록된 회의록을 작성 · 보존하여야 한다. • 그 밖에 자치위원회의 구성 · 운영에 필요한 사항은 대통령령으로 정한다.

2) 운영

학교폭력대책자치위원회의를 운영하는 과정은 [그림 11-4]와 같다.

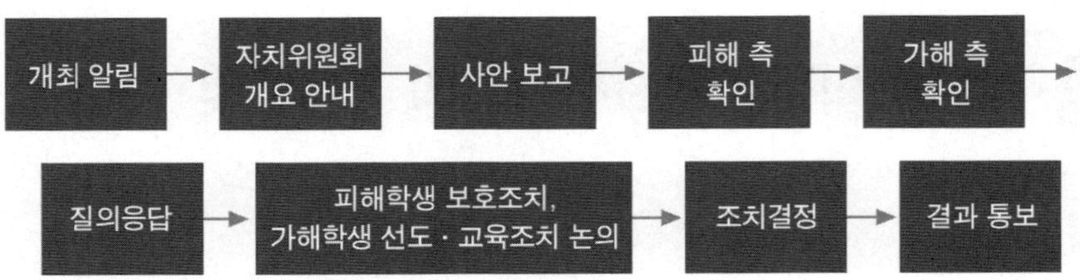

[그림 11-4] 학교폭력대책자치위원회 운영과정

첫째, 회의는 재적위원 과반수의 출석으로 개의하고, 출석위원 과반수의 찬성으로 의결한다.

불출석 위원들의 위임장 인정되는 경우는 다음과 같다. ① 매우 예외적인 상황과 사안과 관련된 사안조사 등의 과정에서만 위임장으로 출석인정, ② 각종 심의 및 의결에 있어서 위임장으로 출석을 인정, 처리하는 것은 부적절, ③ 위임장이 아닌 출석위원 과반수가 실제로 출석한 후 심의하는 것이 원칙이다. 재적위원 수가 7명인 위원회: 출석위원(위원장 포함) 3명과 불출석한 위원들(4명)의 위임장을 출석으로 인정하여 학교폭력사안을 심의・의결하였다면 개의・의결정족수에 대한 치명적인 하자가 있는 것으로 봐야 한다.

둘째, 자치위원회의 회의에 출석한 위원에 대하여는 예산의 범위 안에서 수당과 여비를 지급할 수 있다. 다만, 본교의 소속 교직원은 그러하지 아니한다.

셋째, 자치위원회의 회의는 분기별 1회 이상 개최하여 운영 활성화한다.

넷째, 자치위원회의 회의록을 작성・보존하여야 한다. 회의록을 공개해야 하는 경우는 피해・가해학생 또는 보호자가 회의록의 열람・복사 등 회의록 공개를 신청한 때에는 학생과 그 가족의 성명, 주민등록번호 및 주소, 위원의 성명 등 개인정보에 관한 사항을 제외하고 공개하여야 한다(법률 제21조 3항). 비밀의 범위는 학교폭력 피해학생과 가해학생 개인 및 가족의 성명, 주민등록번호 및 주소 등 개인정보에 관한 사항, 학교폭력 피해학생과 가해학생에 대한 심의・의결과 관련된 개인별 발언 내용, 그 밖에 외부로 누설될 경우 분쟁당사자 간에 논란을 일으킬 우려가 있음이 명백한 사항이다(시행령 제33조).

6. 학교폭력대책자치위원의 제척・기피 및 회피

1) 제척

자치위원회의 위원은 법 제18조에 따라 피해학생과 가해학생 간의 분쟁을 조정함에 있어 다음의 어느 하나에 해당하면 해당 분쟁조정사건에서 제척된다.

첫째, 위원 또는 그 배우자나 배우자였던 자가 당해 분쟁조정사건의 피해학생 또는 가해학생의 부모 등 보호자인 경우 또는 보호자였던 경우

둘째, 위원이 당해 분쟁조정사건의 피해학생 또는 가해학생과 친족관계에 있거나 있었던 경우

셋째, 그 밖에 자치위원회가 당해 분쟁조정사건과 관련이 있다고 인정하는 경우

2) 기피 · 회피

학교폭력과 관련하여 분쟁이 발생한 피해학생, 가해학생 또는 그 보호자(이하 분쟁당사자라 한다)는 자치위원회의 위원에게 공정한 심의를 기대하기 어려운 사정이 있다고 인정할 만한 상당한 사유가 있는 경우에는 자치위원회에 그 사실을 서면으로 소명하고 기피신청을 할 수 있다.

제2항의 규정에 의한 기피신청이 있을 때에는 자치위원에는 의결로서 당해 의원의 기피 여부를 결정하여야 한다. 이 경우 기피신청을 받은 자는 그 의결에 참여하지 못한다.

자치위원회의 위원이 제1항 또는 제2항의 사유에 해당하는 경우에는 스스로 당해 분쟁조정 사건에서 회피할 수 있다.

7. 학교폭력사안 처리 절차

학교폭력대책자치위원회에서 처리하는 학교폭력사안 처리는 정식으로 접수된 사안만을 처리하며, 대부분 사건 자체가 경미해서 담임종결로 처리되는 경우가 많으나, 일부분은 학교폭력대책자치위원회를 거쳐 경찰, 검찰에 넘어가는 경우도 있다.

학교폭력사안 처리단계는 ① 폭력사건 발생인지 → ② 신고 접수 및 학교장 보고 → ③ 즉시 조치 → ④ 사안조사 → ⑤ 가 · 피해학생 부모면담 → ⑥ 처리방향 심의 및 결정 → ⑦ 자치위원회 개최 및 조치 → ⑧ 결정통보 및 재심안내 → ⑨ 조치실행 및 사후처리의 과정을 거친다.

단계	처리 내용	비고
폭력사건 발생인지	사건현장 목격, 117신고센터 통보, 신고 등을 통해 사건 발생을 인지한 교사, 학생, 학부모 등은 학교폭력전담기구(책임교사 등)에 신고	
	⬇	
신고 접수 및 학교장 보고	• 학교폭력전담기구는 신고된 사안을 신고대장에 반드시 기록하고, 학교장, 담임교사에게 보고한 후 가 · 피해학생 학부모에게 통지 • 사안이 중대한 경우, 학교장 및 자치위원장에게 즉시 보고	학교폭력 전담기구
	⬇	
즉시 조치	• 피해학생과 가해학생 즉시 격리 • 신고 · 고발한 학생도 피해학생의 수준에서 가해학생으로부터 보복행위를 당하지 않도록 조치 〈피해학생〉 • 「아동 · 청소년의 성보호에 관한 법률」에 따라 성폭행에 대해서는 반드시 수사기관에 신고하고, 성폭력 전문상담기관 및 병원을 지정하여 정신적 · 신체적 피해 치유 • 피해학생의 신체적 · 정신적 피해를 치유하기 위한 조치 실시 〈가해학생〉 • 2인 이상의 학생이 고의적 · 지속적으로 폭력을 행사하는 등에 해당하는 사안의 경우 학교장은 가해학생에 대해 출석정지 • 가해학생의 선도가 긴급한 경우, 「학교폭력예방 및 대책에 관한 법률」 제17조 제4항에 따라 학교장은 가해학생에 대한 조치를 취한 후, 자치위원회에 즉시 보고하여 추인	학교장 학교폭력 전담기구 담임교사

단계	처리 내용	비고
사안 조사	• 학교폭력전담기구에서 구체적인 사안조사 실시 – 가 · 피해학생 면담, 주변학생 조사, 설문조사, 객관적인 입증자료 수집 등 • 가 · 피해학생 심층상담 • 조사한 결과를 바탕으로 가해자와 피해자 확정 • 성폭력의 경우 비밀유지에 유의	학교폭력 전담기구 담임교사
	⬇	
가 · 피해학생 부모면담	• 조사 결과에 대해 부모에게 알리고, 향후 처리 절차 등에 대해 통보	학교폭력 전담기구 담임교사
	⬇	
처리방향 심의	• 자치위원회 개최 시기 결정	학교폭력 전담기구
	⬇	
처리방향 결정	• 전담기구의 심의 결과를 바탕으로 자치위원회 개최 요구	학교장
	⬇	
자치위원회 개최 및 조치	• 가해학생 및 보호자에게 의견진술의 기회를 부여하는 등 적절한 절차를 거쳐야 함 • 자치위원회를 개최하여 가 · 피해학생에 대한 조치 결정	자치위원회
	⬇	
결정통보 및 재심안내	• 자치위원회의 결정을 가해자와 피해자 및 그 보호자에게 통보 • 통보 시 재심을 받을 수 있는 방법 안내	학교장
	⬇	
조치 실행 및 사후 관리	• 학교장은 자치위원회의 조치 요청이 있는 경우, 14일 이내에 해당 조치를 해야 함 • 가해학생과 그 보호자가 조치를 거부하거나 회피하는 경우 관련 법령에 따라 징계 또는 재조치 • 교육감에게 조치 및 그 결과 보고 ※ 학교폭력예방 및 대책에 관한 법률 제19조	학교장 담임교사 전 교원

단계	처리 내용	비고
	• 가 · 피해학생이 안정적인 학교생활을 할 수 있을 때까지 심리치료, 재활치료, 생활지도 등 실시 • 가 · 피해학생 소속 학급, 필요시 학생 전체를 대상으로 학교폭력예방교육 실시	

[그림 11-5] 학교폭력사안 처리 절차

8. 학교장의 역할 및 가 · 피해학생 처리

1) 학교장의 역할

학교폭력대책자치위원회에서 학교장의 역할은 가장 중요하다고 할 수 있다. 주의할 점은 학교폭력대책자치위원회 결정 전 가해 · 피해학생을 구분하지 않고 '관련 학생'으로 지칭하여야 한다.

첫째, 자치위원회의 피해학생에 대한 조치 요청이 있는 때에는 학교의 장은 피해학생 보호자의 동의를 받아 14일 이내(단, 학교장 판단에 따라 7일 이내 추가 연기 가능)에 해당 조치를 하여야 하고 이를 자치위원회에 보고하여야 한다(법률 제16조 제3항).

둘째, 제1항에 따른 요청이 있는 때에는 학교의 장은 14일 이내에 해당 조치를 하여야 한다(법률 제17조 제6항).

셋째, 학교의 장은 교육감에게 학교폭력이 발생한 사실 및 제16조, 제16조의 2, 제17조, 제17조의 2 및 제18조의 규정에 따른 조치 및 그 결과를 보고하고, 관계 기관과 협력하여 교내 학교폭력단체의 결성예방 및 해체에 노력하여야 한다(법률 제19조).

2) 가해학생에 대한 조치

자치위원회는 피해학생의 보호와 가해학생의 선도·교육을 위하여 가해학생에 대하여 다음 각 호의 하나에 해당하는 조치(수 개의 조치를 병과하는 경우를 포함한다)를 할 것을 학교의 장에게 요청하여야 한다.

학교폭력 가해학생 조치별 적용 세부 기준 고시(교육부 고시 제2016-99호)에 의거하여 가해학생에 대한 세부 기준을 적용하여야 한다.

제1조(목적) 이 고시는 「학교폭력예방 및 대책에 관한 법률」(이하 "법"이라 한다) 제17조 및 「학교폭력예방 및 대책에 관한 법률 시행령」 제19조에서 위임된 가해학생 조치별 적용 세부 기준을 정함을 목적으로 한다.

제2조(조치의 결정) ① 학교폭력대책자치위원회(이하 "자치위원회"라 한다)는 가해학생이 행사한 학교폭력의 심각성, 지속성, 고의성의 정도와 가해학생의 반성 정도, 해당 조치로 인한 가해학생의 선도 가능성, 가해학생 및 보호자와 피해학생 및 보호자 간의 화해의 정도, 피해학생이 장애학생인지의 여부 등을 고려하여 [별표]에 따라 법 제17조 제1항 각 호의 조치 중 가해학생별로 선도 가능성이 높은 조치(수개의 조치를 병과하는 경우를 포함한다)를 할 것을 학교의 장에게 요청하여야 한다.

② 자치위원회는 피해학생 및 신고·고발 학생의 보호가 필요하다고 판단되는 경우 일정기간 가해학생이 피해학생과 접촉하는 것을 금지하고, 가해학생 스스로 자신의 잘못을 되돌아 볼 수 있는 기회를 주기 위해 법 제17조 제1항 제2호 조치를 기간을 정하여 부과할 수 있다.

③ 자치위원회는 가해학생이 학내외 전문가의 도움을 받아 폭력에 대한 인식을 개선하고 행동을 반성하게 하기 위해 법 제17조 제1항 제5호 조치를 기간을 정하여 부과할 수 있다.

④ 자치위원회는 법 제17조 제9항에 따라 가해학생이 특별교육을 이수할 경우 해당 학생의 보호자도 별도의 특별교육 기간을 정하여 함께 교육을 받게 하여야 한다.

제3조(장애학생 관련 고려사항) ① 가해학생 또는 피해학생이 장애학생일 경우 법 제14조 제3항에 따른 전담기구 및 자치위원회에 특수교육 교원, 특수교육 전문직, 특수교육지원센터 전담인력, 특수교육 관련 교수 등 특수교육전문가를 참여시켜 의견을 청취할 수 있다.

② 법 제17조 제1항 제5호 또는 제17조 제3항에 의한 특별교육을 실시할 때 피해학생이 장애학생일 경우 장애인식개선 교육 내용을 포함하여야 한다.

〈부칙〉
제1조(시행일) 이 고시는 2016년 9월 1일부터 시행한다.
제2조(적용) 이 고시는 시행일 이후 심의하는 학교폭력 사안부터 적용한다.

(1) 제1호 : 피해학생에 대한 서면사과

가해학생이 피해학생에게 서면으로 그동안의 폭력행위에 대하여 사과를 함으로써 서로 화해하도록 하는 조치이다.

(2) 제2호 : 피해학생 및 신고·고발 학생에 대한 접촉, 협박 및 보복 행위의 금지

피해학생이나 신고·고발학생에 대한 가해학생의 접근을 막아 더 이상의 폭력이나 보복을 막기 위한 조치이다.

(3) 제3호 : 학교에서의 봉사

가해학생에게 반성의 기회를 주기 위한 조치이다. 단순한 훈육적 차원이 아니라, 봉사의 진정한 의미를 알고 학생 스스로 잘못을 깨달을 수 있는 봉사 방법을 선정하여 선도적·교육적 차원에서의 봉사활동을 실시한다. 가해학생에게 학교 내의 화단 정리, 교실의 교구 정리, 화장실 청소, 장애학생의 등교 도우미 등을 하도록 하게 한다. 학교에서의 봉사는 출석정지하고는 의미가 다른 조치이므로 되도록 학습권을 침해하지 않도록 한다. 지도교사를 생활지도부장 외에도 담임교사, 생활지도부 교사, 상담교사 등으로 다양하게 구성한다.

(4) 제4호 : 사회봉사

사회구성원으로서의 책임감을 느끼게 하기 위한 조치이다.

학교에서는 사회봉사를 실시하는 기관과 업무협조를 긴밀히 하고, 각종 확인 자료와 담당자 간의 통신을 통하여 사회봉사가 실질적으로 이루어질 수 있도록 한다.

(5) 제5호 : 학교 내외 전문가의 특별교육이수 또는 심리치료

교육감이 정한 기관에서 특별교육을 이수하거나 심리치료를 받아야 하며, 그 기간은 자치위원회에서 정하는 조치이다.

(6) 제6호 : 출석정지

가해학생을 학교에 출석하지 못하게 함으로써 반성의 기회를 주고 일시적으로 피해학생과 격리시킴으로써 피해학생을 보호하기 위한 조치이다. 가해학생에 대한 출석정지 기간은 출석일수에 산입하지 않는다.

(7) 제7호 : 학급교체

가해학생을 피해학생으로부터 격리하기 위하여 같은 학교 내의 다른 학급으로 옮기는 조치이다.

(8) 제8호 : 전학

가해학생을 피해학생으로부터 격리시키고 피해학생에 대해 더 이상의 폭력행위를 하지 못하도록 하기 위하여 다른 학교로 소속을 옮기도록 하는 조치이다. 자치위원회에서 가해학생에 대하여 전학조치를 의결하면 학교의 장은 14일 이내에 전학조치를 취해야 하며, 가해학생이 다른 학교로 전학을 간 이후에는 전학 전의 피해학생 소속 학교로 다시 전학올 수 없도록 하여야 한다.

교육감 또는 교육장은 전학 조치된 가해학생과 피해학생이 상급학교에 진학할 때에는 각각 다른 학교를 배정하여야 한다. 이 경우 피해학생이 입학할 학교를 우선적으로 배정한다.

(9) 제9호 : 퇴학처분

피해학생을 보호하고 가해학생을 선도 · 교육할 수 없다고 인정될 때 취하는 조치이다. 다만, 의무교육과정에 있는 가해학생에 대하여는 적용하지 아니한다.

퇴학 처분 시 학교의 장의 조치사항은 다음과 같다.

첫째, 학교의 장은 가해학생을 퇴학처분하기 전에 일정 기간 동안 가정학습을 하게 할 수 있으며(초 · 중등교육법 시행령 제31조 제6항), 퇴학처분을 할 때에는 당해 학생 및 보호자와 진로상담을 하여야 하고, 지역사회와 협력하여 다른 학교 또는 직업교육훈련기관 등을 알선하는 데 노력하여야 한다(초 · 중등교육법 시행령 제31조 제7항).

둘째, 교육감은 퇴학처분을 받은 학생에 대하여 법률 제17조 제12항에 따라 해당 학생의 선도의 정도, 교육 가능성 등을 종합적으로 고려하여 「초 · 중등교육법」 제60조의 3에 따른 대안학교로의 입학 등 해당 학생의 건전한 성장에 적합한 대책을 마련하여야 한다(초 · 중등교육법 시행령 제23조 제1항).

셋째, 가해학생에 대한 조치 및 재입학 등에 필요한 세부사항은 교육감이 정한다(초 · 중등교육법 시행령 제23조 제2항)

(10) 가해학생에 대한 선도가 긴급한 경우의 조치

학교의 장은 가해학생에 대한 선도가 긴급하다고 인정할 경우 우선 제1호로부터 제3호까지, 제5호와 제6호의 조치를 할 수 있으며, 제5호와 제6호는 병과 조치할 수 있다. 이 경우 자치위원회에 즉시 보고하여 추인을 받아야 한다.

3) 피해학생 보호조치

자치위원회는 피해학생의 보호를 위하여 필요하다고 인정하는 때에는 피해학생에 대하여 다음 각 호의 어느 하나에 해당하는 조치(수개의 조치를 병과하는 경우를 포함한다)를 할 것을 학교장에게 요청할 수 있다(법률 제16조 제1항).

(1) 제1호 : 심리상담 및 조언

학교폭력으로 받은 정신적·심리적 충격으로부터 회복할 수 있도록 하기 위하여 학교 내의 교사 혹은 학교 외의 전문상담기관의 전문가에게 심리상담 및 조언을 받도록 하는 조치이다. 학교 내 상담교사가 없을 때는 외부 상담기관과 연계한다.

(2) 제2호 : 일시보호

지속적인 폭력이나 보복을 당할 우려가 있는 경우 일시적으로 보호시설이나 집 또는 학교상담실 등에서 보호를 받을 수 있도록 하기 위한 조치이다.

(3) 제3호 : 치료 및 치료를 위한 요양

학교폭력으로 인하여 생긴 신체적·정신적 상처의 치유를 위하여 일정 기간 출석을 하지 아니하고 의료기관 등에서 치료를 받도록 하는 조치이다. 피해학생이 보호조치로 집이나 요양기관에서 신체적·심리적 치료를 받을 때는 치료기간이 명시된 진단서 또는 관련 증빙자료를 첨부하여 자치위원회에 제출하도록 보호자에게 안내한다.

피해학생이 전문단체나 전문가로부터 제1항 제1호부터 제3호까지의 규정에 따른 상담 등을 받는 데에 사용되는 비용은 가해학생의 보호자가 부담하여야 한다. 다만, 피해학생의 신속한 치료를 위하여 학교의 장 또는 피해학생의 보호자가 원하는 경우에는 「학교안전사고예방 및 보상에 관한 법률」 제15조에 따른 학교안전공제회 또는 시·도교육청이 부담하고 이에 대한 구상권을 행사할 수 있다.

(4) 제4호 : 학급교체

지속적인 학교폭력 상황 및 정신적 상처에서 벗어나도록 하기 위해서 피해학생을 동일 학교 내의 다른 학급으로 소속을 옮겨주는 조치이다. 피해학생 입장에서는 새로운 학급에 적응해야 하는 부담이 있으므로, 조치 결정에 있어 피해학생의 의견을 적극 반영하는 것이 좋다.

(5) 제5호 : 삭제

(6) 제6호 : 그 밖에 피해학생의 보호를 위하여 필요한 조치

피해학생 보호를 위하여 필요하다고 판단되는 다양한 조치 방법으로는 치료 등을 위한 의료기관에의 연계, 법률 구조기관 등에 필요한 협조와 지원요청, 신변보호 지원 등을 할 수 있다.

Chapter

12

법적 대응 및 조치

1. 분쟁 조정

학교폭력이 일어났을 때 사안이 해결되지 못하고 가・피해학생 간에 손해 보상 등 분쟁이 있을 경우 문제해결을 위한 분쟁 조정이 필요하다.

1) 분쟁 조정의 주체 및 대상

학교폭력과 관련하여 분쟁이 일어났을 경우 분쟁을 조정할 수 있는 주체는 학교폭력예방 및 대책에 관한 법률 제18조 제1항에 따라 학교폭력대책자치위원회 또는 교육감이 분쟁을 조정할 수 있도록 하고 있다.

분쟁 조정의 대상은 학교폭력과 관련하여 피해학생과 가해학생 간 또는 그 보호자 간의 손해배상에 관련된 합의 조정, 그 밖에 자치위원회가 필요하다고 인정하는 사항에 해당된다. 가해자 및 피해자 조치 결과에 대한 분쟁 조정은 해당하지 않는다.

2) 분쟁 조정 신청

분쟁 조정을 신청하는 경우는 피해・가해 측의 손해배상에 관련된 합의를 하고자 할 때 가능하다. 예를 들면, 피해학생 측에서 치료비와 요양비 등 금전적 손해에 대한 배상을 요구하는 경우, 가해학생 측에서 치료비, 위자료 등 금전적 손해배상을 통해 합의하고자 하는 경우이고, 이 밖에 학교폭력대책자치위원회의 조치만으로는 해결이 불가능한 갈등이 있는 경우에 학교폭력대책자치위원회가 분쟁 조정 신청을 할 수 있다.

분쟁 조정 신청 방법으로는 피해학생, 가해학생 또는 그 보호자 중 어느 한쪽은 자치위원회 또는 교육감에게 "분쟁 조정 신청인의 성명 및 주소, 보호자의 성명 및 주소, 분쟁 조정 신청의 사유"를 적은 문서로 신청이 가능하다.

3) 분쟁 조정 기한 및 진행 관할권

분쟁 조정은 신청 접수한 날로부터 5일 이내에 시작하여야 하며, 분쟁 당사자에게 분쟁 조정의 일시 및 장소를 통보하여야 한다. 통지를 받은 분쟁당사자 중 어느 한쪽이 불가피한 사유로 출석할 수 없는 경우에는 자치위원회 또는 교육감에게 분쟁조정의 연기를 요청할 수 있는데, 이 경우 자치위원회 또는 교육감은 분쟁조정의 기일을 다시 정하여야 한다. 분쟁 조정 기간은 1개월을 넘지 못한다.

자치위원회 또는 교육감은 자치위원회 위원 또는 지역위원회 위원 중에서 분쟁조정 담당자를 지정하거나, 외부 전문기관에 분쟁과 관련한 사항에 대한 자문 등을 할 수 있다.

시 · 도교육청 관할 구역 안의 소속 학교가 다른 학생 간에 분쟁이 있는 경우에는 교육감이 해당 학교의 자치위원회 위원장과의 협의를 거쳐 직접 분쟁을 조정하여야 하고, 관할 구역을 달리하는 시 · 도교육청 소속 학교의 학생 간에 분쟁이 있는 경우에는 피해학생을 감독하는 교육감이 가해학생을 감독하는 교육감 및 관련 해당 학교의 자치위원회 위원장과의 협의를 거쳐 직접 분쟁을 조정하여야 한다.

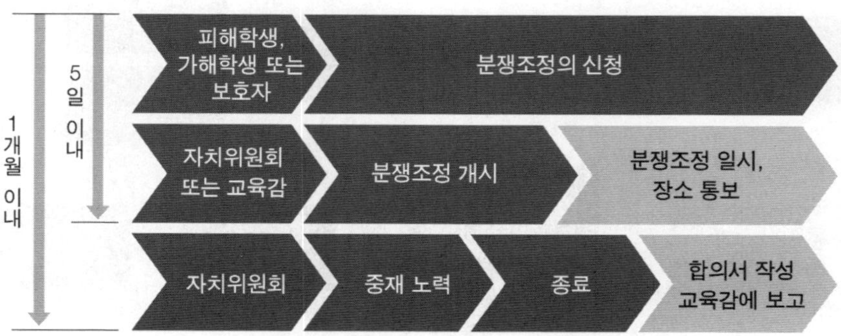

[그림 12-1] 분쟁 조정의 흐름도

자료: 교육과학기술부(2012). 학교폭력 사안처리 가이드북. p. 149.

4) 분쟁 조정 거부, 중지, 정지

다음의 경우에는 분쟁 조정을 거부 또는 중지할 수 있다.

첫째, 분쟁당사자 중 어느 한 쪽이 분쟁조정을 거부한 경우

둘째, 피해학생 등이 관련된 학교폭력에 대하여 가해학생을 고소·고발하거나 민사상 소송을 제기한 경우

셋째, 분쟁조정의 신청 내용이 거짓임이 명백하거나 정당한 이유가 없다고 인정되는 경우

분쟁조정의 개시가 거부되거나 분쟁조정이 중지된 경우에, 명확한 사유를 양측 분쟁당사자에게 서면으로 통보하여 기록으로 남기는 것이 사후 문제 제기의 소지가 적어 바람직하다고 할 수 있다.

5) 분쟁 조정 진행과정

분쟁 조정 전에 분쟁당사자들과의 면담을 통해 심리정서적 안정을 도모하면 보다 원활한 분쟁 조정이 가능하다.

분쟁 조정의 전체적인 진행과정은 [그림 12-2]와 같다.

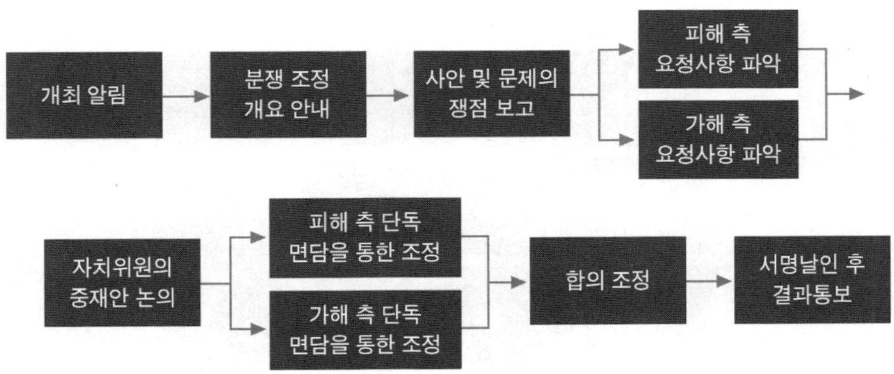

[그림 12-2] 분쟁 조정 진행과정

자료: 교육과학기술부(2012). 학교폭력 사안처리 가이드북. p. 151.

진행과정을 정리하면 다음과 같다.

첫째, 위원장이 분쟁 조정 회의의 개최를 알린다.

둘째, 책임교사가 분쟁 조정의 전체적인 개요를 안내한다.

셋째, 책임교사가 사안조사 결과 보고와 갈등이 되고 있는 쟁점사항을 보고한다.

넷째, 사안을 확인하고 피해 측의 입장에서 요청사항을 말하도록 하고, 위원회와 피해 측이 서로 질의응답을 한다. 다음으로 가해 측의 입장에서 요청사항을 말하도록 하고, 위원회와 가해 측이 서로 질의응답을 한다.

다섯째, 자치위원들 간의 협의를 통해 중재방안을 논의한다.

여섯째, 피해·가해 측을 담당할 자치위원을 각각 선정하여 별도의 독립된 공간에서 조정을 진행한다.

일곱째, 위의 분쟁 조정 절차를 통해 피해·가해 측이 합의를 도출했을 경우 합의서를 작성한다.

여덟째, 작성된 합의서에 자치위원회가 분쟁을 조정한 경우에는 분쟁 당사자와 조정에 참가한 위원이 서명 날인을 하고, 교육감이 분쟁을 조정한 경우에는 분쟁 당사자와 교육감이 서명 날인하여 결과를 통보한다.

6) 분쟁 조정 종료

다음의 경우에는 분쟁 조정을 종료해야 한다.

첫째, 분쟁당사자 간에 합의가 이루어지거나 자치위원회 또는 교육감이 제시한 조정안을 분쟁당사자가 수락하는 등 분쟁 조정이 성립한 경우

둘째, 분쟁조정 개시일부터 1개월이 지나도록 분쟁조정이 성립하지 아니한 경우

7) 분쟁 조정 합의 결과 처리 방법

자치위원회 또는 교육감은 분쟁조정이 합의된 경우에는 “분쟁당사자의 주소와

성명, 조정 대상 분쟁의 내용(분쟁의 경위, 분쟁당사자의 의견을 포함한 조정의 쟁점)이 포함된 합의서에 분쟁 조정 당사자 및 분쟁 조정에 참여한 위원이 서명날인한 후 분쟁당사자에게 통보하여야 한다. 중요한 점은 자치위원회의 위원장은 분쟁조정의 결과를 교육감에게 반드시 보고하여야 한다.

2. 재심

학교폭력으로 인한 갈등이나 분쟁이 원만하게 해결되지 않을 때 피 · 가해학생 및 보호자가 재심을 청구하는 경우가 있다. 재심 청구의 요건 및 방법에 대한 정보를 충분하게 제공함으로써 정보부족에 따른 혼선을 예방하고 원만한 학교폭력 문제해결을 찾는 것이 필요하다.

1) 관련 법률

재심청구, 심사절차, 결정통보 등은 초 · 중등교육법 제18조의 2 제2항부터 제4항까지의 규정을 준용한다.

〈표 12-1〉 재심 관련 법률

관련 법률	내용
초·중등교육법 제18조의 2(재심청구)	① 〈생략〉 ② 제18조의 3에 따른 시 · 도학생조치조정위원회는 제1항에 따른 재심청구를 받으면 30일 이내에 심사 · 결정하여 청구인에게 통보하여야 한다. ③ 제2항의 심사결정에 이의가 있는 청구인은 통보를 받은 날부터 60일 이내에 행정심판을 제기할 수 있다. ④ 제1항에 따른 재심청구, 제2항에 따른 심사 절차와 결정 통보 등에 필요한 사항은 대통령령으로 정한다.

2) 피해학생 측의 재심요청

피해학생 또는 가해학생에 대한 학교의 조치에 대하여 이의가 있는 피해학생 또는 그 보호자는 그 조치를 받은 날부터 15일 이내, 그 조치가 있음을 안 날부터 10일 이내에 시·도에 설치된 학교폭력대책지역위원회에 재심을 청구할 수 있다.

학교폭력대책지역위원회에서는 재심청구를 받은 경우 30일 이내에 이를 심사·결정하여 청구인에게 통보하여야 하고, 학교폭력대책지역위원회의 결정에 이의가 있는 경우, 그 통보를 받은 날부터 60일 이내에 행정심판을 제기할 수 있다.

피해학생 측의 재심요청방법은 피해학생 또는 그 보호자가 청구인의 이름, 주소 및 연락처, 가해학생, 청구 대상이 되는 조치를 받은 날 및 조치가 있음을 안 날, 청구의 취지 및 이유 등을 기재하여 학교폭력대책지역위원회에 서면으로 청구하면 된다. 주의할 점은 지역위원회의 회의는 비공개를 원칙으로 한다.

3) 가해학생 측의 재심요청

자치위원회가 내린 전학 또는 퇴학처분에 대하여 이의가 있는 가해학생 또는 그 보호자는 그 조치를 받은 날부터 15일 이내, 그 조치가 있음을 안 날로부터 10일 이내에 시·도교육청에 설치되어 있는 학생징계조정위원회에 재심을 청구할 수 있다.

학생징계조정위원회에서는 재심청구를 받으면 30일 이내에 시사·결정하여 청구인에게 그 결과를 통보하여야 한다.

4) 가해학생 조치 및 피해학생 보호

가해학생에 대한 조치는 지역위원회의 판단 결과가 나올 때까지 법률 제17조에 따른 가해학생 조치를 유보해야 한다. 다만, 가해학생에 대한 조치 실행을 유보하는 것과 이를 학생부에 기재하는 것은 별개의 문제이므로 가해학생에 대한 조치 결과는 학생부에 기재 후, 재심 결과에 따라 처리해야 한다.

피해학생에 대한 보호 조치는 결과가 나올 때까지 해당 가해학생을 대안교육 위탁기관에 위탁하는 등의 철저한 보호 조치를 해야 할 것이다.

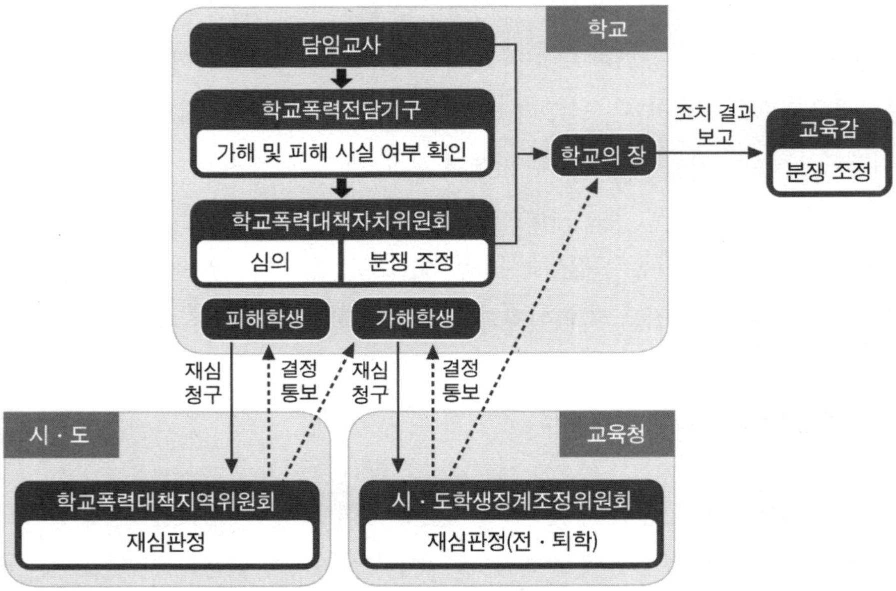

[그림 12-3] 재심 진행과정

자료: 교육과학기술부(2012). 학교폭력사안 처리 가이드북.

3. 행정심판

행정심판이란 행정청의 위법·부당한 처분 그 밖에 공권력의 행사·불행사 등으로 권리나 이익을 침해받은 국민이 행정기관에 제기하는 권리구제 절차를 말한다. 행정심판은 법원의 행정소송에 비하여 비용이 무료이고, 절차가 간편하며, 신속하게 처리된다.

1) 행정심판의 조건 및 기한

일반적으로 행정심판은 국민들이 행정청의 위법·부당한 처분이나 부작위로 인하여 피해를 입은 경우에는 행정심판을 제기할 수 있다. 이때 처분이란 행정청의 공법상 행위로서 법규에 의하여 국민에게 특정한 권리를 설정하여 주거나 의무의 부담을 명하는 것과 국민의 권리의무에 직접적으로 관계되는 행정행위를 말하고, 부작위란 행정청이 당사자의 신청에 대하여 상당한 기간 내에 일정한 처분을 하여야 할 법률상 의무가 있음에도 불구하고 이를 하지 아니 하는 것을 말한다.

지역위원회의 결정에 이의가 있는 학교폭력 피해학생은 통보를 받은 날부터 60일 이내에 행정심판을 제기할 수 있다(학교폭력예방 및 대책에 관한 법률 제17조의 2 제4항).

시·도학생조치조정위원회의 심사결정에 이의가 있는 학교폭력 가해학생은 통보를 받은 날부터 60일 이내에 행정심판을 제기할 수 있다(초·중등교육법 제18조의 2 제3항).

2) 행정심판기관

지역위원회 결정에 대한 이의는 중앙행정심판위원회로 제기한다. 시·도학생조치조정위원회의 결정에 대한 이의는 해당 교육청 행정심판위원회로 제기한다. 행정심판 청구, 안내, 상담, 정보 등 자세한 사항은 국민권익위원회 소속 중앙행정심판위원회(www.simpan.go.kr 대표전화 110)에서 확인할 수 있다.

3) 행정심판 절차

행정심판 절차는 심판청구서, 집행정지 신청서 등을 청구인 또는 대리인이 온라인으로 제출하거나 위원회에 직접 제출하면 된다.

온라인 행정심판은 처분청의 업무환경이 뒷받침되는 사건에 대하여 시행하고 있으며, 범위를 지속적으로 확대할 계획으로 있다. 온라인으로 행정심판을 청구하기 위해서는 허브포털 웹사이트에 회원으로 가입하여야 된다.

행정심판청구서는 중앙행정심판위원회(http://www.simpan.go.kr) 사이트의 행정심판 관련 서식란에서 다운받아 작성하거나 처분청이나 위원회의 민원실에서 교부받아 작성하면 된다. 작성된 행정심판청구서는 1부를 복사하여 처분청이나 위원회로 방문 또는 우편으로 제출하면 된다.

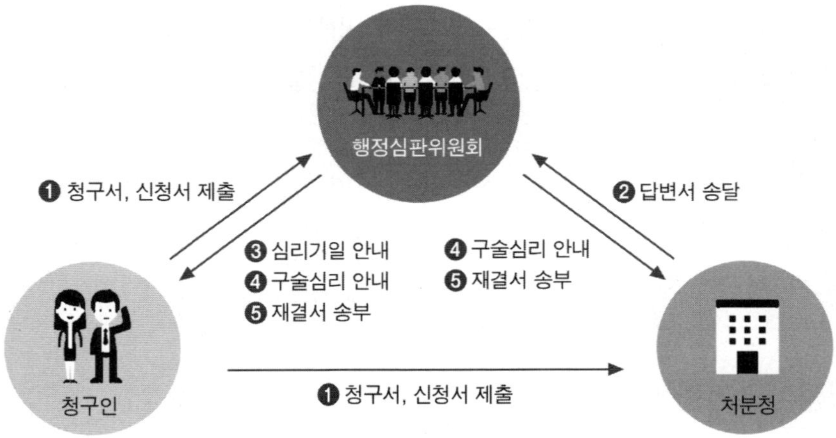

[그림 12-4] 행정심판 절차

자료: 중앙행정심판위원회(http://www.simpan.go.kr)

4) 재심 및 행정심판 방법

재심 및 행정심판 방법은 [그림 12-5]와 같이 가해학생의 재심은 시·도교육청에 설치된 학생징계조정위원회에서 이루어지고, 재심에 이의가 있을 경우 시·도교육청에 설치된 행정심판위원회에 행정심판을 요청하면 된다.

피해학생의 재심은 시·도청에 설치된 학교폭력대책지역위원회에 재심을 요청하고, 재심에 이의가 있을 경우 국가권익위원회에 설치된 중앙행정심판위원회에 행정심판을 요청하면 된다.

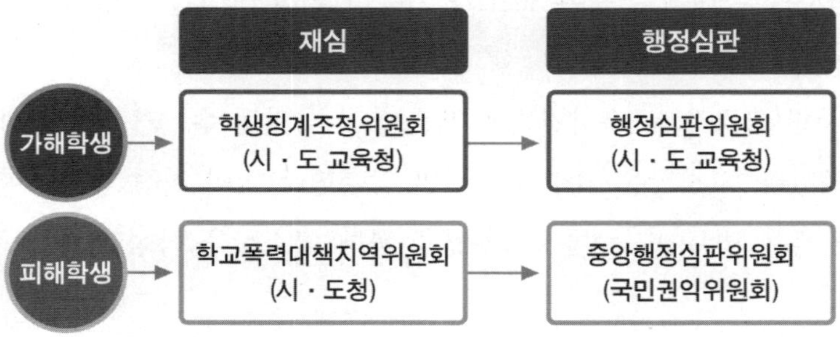

[그림 12-5] 재심 및 행정심판 방법

자료: 교육과학기술부(2012). 학교폭력사안 처리 가이드북. p. 159.

4. 사법 처리 대상

학교폭력이 일어났을 때 학교 차원에서 많은 노력을 함에도 불구하고 사안이 해결되지 못하고 가해학생이 형법, 민법, 소년법 등의 사법 처리가 적용될 수도 있다.

1) 고소사안

학교폭력과 관련하여 피해자나 그 법정 대리인이 수사기관에 범죄 사실을 신고하여 법적 처리를 구하게 되는 것이 고소이다. 고소를 할 수 있는 경우는 피해학생 및 보호자, 피해자 고소 없이 형사 사법 처리, 교사나 학교장 등이 고발할 수 있는 경우이다.

(1) 피해학생 및 보호자가 고소

학교폭력사안은 대체로 모두 고소가 가능하나, 따돌림은 폭행 및 협박이 반드시 수반되어야 한다.

고소는 서면(고소장)을 수사기관에 제출하거나, 직접 수사기관에 출석하여 구두로 할 수도 있다. 고소장은 일정한 형식만 갖추면 본인이 직접 작성하여 제출하거나, 변호사 혹은 법무사 등 법정대리인을 통해 고소장을 작성할 수도 있다.

(2) 피해자의 고소 없이도 형사 사법 처리

학교폭력으로 인해 피해학생이 사망, 사람의 신체를 상해하여 생명의 위험을 발생하게 하거나, 불구, 불치 또는 난치의 질병에 이르게 한 중상해의 경우에는 피해자의 고소 없이도 바로 형사 사법 처리가 된다.

(3) 교사, 학교장 등이 고발할 수 있는 사안

학교폭력 유형 중 고소권자가 고소를 하여야만 공소를 제기할 수 있는 범죄인 친고죄[1] 혹은 피해학생의 의사에 관계없이 공소를 제기할 수 있으나, 피해학생의

---

1) 강간죄, 준강간죄, 강제추행, 준강제추행, 모욕죄 등이 친고죄에 해당한다. 그러나 만 19세 미만(만 19세에 도달하는 해의 1월 1일을 맞이한 자는 제외)의 자에 대한 강간, 강제추행 등은 친고죄가 아니다. 누구

명시한 의사에 반하여 처벌할 수 없는 범죄인 반의사불벌죄,[2] 단순 따돌림의 경우를 제외하고 교사, 학교장 등은 학교폭력에 대해 고발이 가능하다.

고발은 가해자나 피해자가 아닌 제3자가 어떤 범죄 사실을 경찰서나 검찰청에 신고하여 수사나 기소를 요구하는 것을 말하며, 단순한 피해신고는 고발이 될 수 없다.

고발은 서면 또는 구두로서 검사 또는 사법경찰관에게 하며, 직접 경찰서에 출두가 어려운 경우에는 우편, 인터넷 등으로 제출할 수 있다. 고발장도 고소장의 형식을 갖추어 제출한다.

5. 소년사건 처리 절차

1) 소년사건 처리 절차

소년보호 사건처리과정은 [그림 12-6]과 같다. 촉법소년과 우범소년은 경찰에서 선도하거나 직접 관할법원 소년부에 송치를 한다.

검찰에서는 벌금 이하의 형에 해당하는 범죄 등의 법원 소년부에 송치하고, 형사법원에서는 벌금 이하의 형에 해당하는 범죄 등의 법원 소년부에 송치한다.

보호자 · 학교 또는 복리시설의 장은 범죄소년 · 촉법소년 · 우범소년을 발견하였을 경우에는 법원 소년부에 통고한다.

가해학생이 받는 처우는 크게 형사처분과 보호처분으로 구분된다.

든지 아동 · 청소년대상 성범죄의 발생 사실을 알게 된 때에는 수사기관에 신고할 수 있고, 초 · 중등학교의 장과 그 종사자는 즉시 수사기관에 신고하여야 한다.

2) 폭행, 협박, 명예훼손, 과실치상 등이 반의사불벌죄에 해당한다. 그러나 단체 또는 다중의 위력을 보이거나 위험한 물건을 이용한 폭행 및 협박, 중과실치사상은 반의사불벌죄가 아니다.

형사처분은 형사기소에 의해 형사법정에서 재판을 받는 경우 부과되는 처분으로 벌금, 징역, 금고, 구류, 과료 등이 있다.

보호처분은 법원 소년부 판사가 소년보호사건을 심리한 결과, 소년의 성행 및 환경개선을 위하여 국가가 적극적으로 보호할 필요가 있다고 인정될 때 내리는 처분으로 [그림 12-6]과 같이 1호부터 10호까지 있으며, 형사처분은 범죄경력조회를 하면 기록이 남는 것과는 달리 보호처분은 기록이 남지 않으므로 소년의 장래에 부정적인 영향을 미치지 않는다.

소년사법 처리 대상으로는 만 14세가 되지 아니한 자의 행위는 형사처분을 할 수 없고, 만 10세 이상인 자에게는 보호처분을 할 수 있다. 만 10세 미만인 자에게는 형사처분은 물론 보호처분도 할 수 없다.

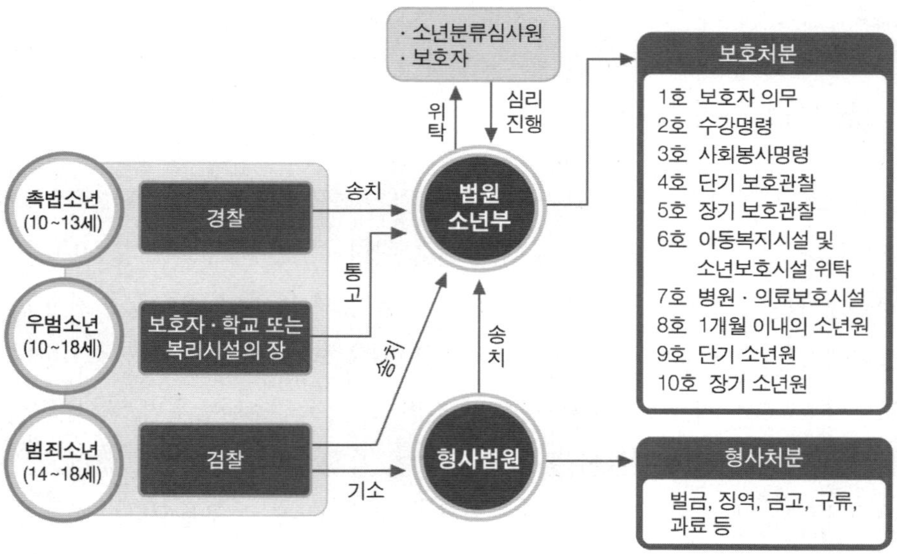

[그림 12-6] 소년보호사건 처리과정

2) 주체별 소년사건 처리 절차

경찰, 검찰, 법원의 소년사건 처리 절차는 〈표 12-2〉, 사건 처리 절차에서 사용되는 법률용어에 대한 정의는 〈표 12-3〉과 같다.

〈표 12-2〉 주체별 소년사건 처리과정

주체	처리 내용
경찰의 처리	• 촉법소년 · 우범소년의 경우에는 검사를 거치지 않고 직접 소년법원에 보내야 한다. • 범죄소년의 경우에는 원칙적으로 검찰청으로 사건을 송치하게 된다. • 경찰이 조사 또는 심리한 결과 사건이 경미한 경우에는 훈방조치를 할 수 있다.
검찰의 처리	• 경찰로부터 사안을 송치받은 검사는 학교폭력사안을 조사한다. • 친고죄 또는 반의사불벌죄에 해당하는 사안인 경우 피해학생이 고소를 취하하거나 처벌을 원하지 않으면 가해학생을 처벌할 수 없으므로 불기소처분으로 수사를 종료한다. 단, 상습적이거나 흉기 등 위험한 물건을 휴대하거나 2인 이상이 가해한 특수 폭행, 협박 및 19세 미만의 자(만 19세에 도달하는 해의 1월 1일을 맞이한 자는 제외)에 대한 강간, 강체 추행 등은 종료될 수 없다. • 사안조사 후 검사는 불기소, 기소유예, 조건부 기소유예, 형사기소 혹은 소년법원 송치처분을 결정한다.
법원의 처리	• 만 14세 이상의 가해학생에 대해 금고 이상의 형에 해당하는 범죄 사실이 발견된 경우 그 동기와 죄질이 형사처분을 할 필요가 있다고 인정되는 경우에는 법원에서 형사재판을 통해 처벌받게 된다. • 법원은 조사 또는 심리한 결과 보호처분에 해당할 사유가 있다고 판단되는 경우 소년법원으로 송치하여 소년보호사건으로 처리한다. • 학교폭력의 유형이 친고죄 또는 반의사불벌죄에 해당되는 경우에 제1심 판결 선고 전까지 피해학생이 고소를 취하하거나 처벌을 원하지 않으면 가해학생을 처벌할 수 없으므로 재판을 공소기각으로 종결한다. 단, 상습적이거나 흉기 등 위험한 물건을 휴대하거나 2인 이상이 가해한 특수 폭행, 협박 및 19세 미만의 자(만 19세에 도달하는 해의 1월 1일을 맞이한 자는 제외)에 대한 강간, 강체 추행은 제외된다.

〈표 12-3〉 법률 용어 정의

용어	정의
훈방 처분	범죄 사실이 경미하기 때문에 보호자에게 인계하는 것을 말한다. 사법기관에서 특별한 조치 없이 보호자에게 인계하는 것으로 사법 절차상의 처분으로 볼 수 없다.
불기소	범죄에 대한 혐의가 없거나, 범죄의 혐의가 인정되더라도 친고죄에 있어서 고소가 없거나 반의사불벌죄에 있어서 처벌을 희망하지 않는 의사표시가 있는 때 또는 공소시효가 지난 경우 등에는 기소를 하지 않고 불기소처분을 하게 된다.
기소 유예	범죄행위에 대해 혐의가 인정되고 소송조건도 충족되었으나 행위자의 연령, 성행, 지능과 환경, 범행의 동기, 수단과 결과, 범행 후의 정황 등을 참작하여 공소를 제기하지 않는 것을 말한다. 학교폭력의 경우 학교폭력에 대한 범죄성은 인정되지만 여러 가지 사정을 참작하여 기소를 유예한다는 의미이다. 기소유예는 학교폭력 자체에 대한 혐의가 부정되는 것은 아니다. 기소유예는 검사의 의사결정을 내용으로 하는 검사의 처분이다. 따라서 검사는 언제든지 기소유예를 취소하고 공소를 제기할 수 있다. 기소유예처분은 형사 절차상의 처분이다.
조건부 기소 유예	소년법 제49조의 3에 조건부 기소유예에 대해 규정하고 있다. 이에 따르면 검사는 소년에 대해 ① 범죄예방자원봉사원의 선도, ② 소년의 선도·교육과 관련된 단체·시설에서의 상담·교육·활동을 조건으로 기소를 유예할 수 있다. 조건부 기소유예는 단순히 기소를 유예하는 것이 아니라 조건을 부과하여 조건을 실행할 것을 명할 수 있다.

6. 민사적 해결

1) 민사 처리 절차

학교폭력이 발생한 경우 치료비 등 손해배상을 요구하기 위해 형사 절차와는 별도로 민사소송을 제기하면 민사 절차가 시작된다. 민사소송을 통해서 피해학생은 가해학생을 대상으로 병원비 등의 금전적 피해뿐 아니라 정신적 피해에 대한 손해배상도 요구할 수 있다.

따라서 모든 학교폭력사안에 대해서 민사 처리가 가능하고, 민사 처리는 민사 조정 절차와 민사소송 절차에 의해 행할 수 있다.

(1) 민사 조정 절차

민사 조정 절차는 소송 절차에 비해 신속하게 진행되고, 비용도 20%로 비교적 저렴하게 든다. 각 지방법원 종합민원실에 비치된 민사조정신청서 양식에 작성을 해서 신청을 하면 된다. 또한 손을 다치는 등 개인적인 사정으로 인해 직접 작성하지 못할 경우에는 구두로 법원 직원에게 신청할 수도 있다.

(2) 민사소송 절차

민사사송을 제기하려면 우선 소장을 작성하여 제출하여야 한다. 소장의 양식은 지방법원 종합민원실에 유형별로 견본을 작성하여 비치해 두고 있다. 민사 처리 절차에 대한 자세한 사항은 대법원 홈페이지 전자민원센터(http://help.scourt.go.kr/nm/main/index.html)에서 확인이 가능하다.

2) 손해배상의 범위

손해배상의 범위에는 재산 이외의 손해, 즉 정신적 손해에 대한 부분도 포함되며, 명예훼손에 대해서는 명예회복을 위한 처분도 가능하다. 다만, 정신적 손해의 경우 학교폭력과 정신적 손해의 인과관계가 인정되어야 한다.

3) 민사책임의 주체

민사책임의 주체는 크게 가해학생 및 보호자, 교사로 나눌 수 있다.

(1) 가해학생 및 보호자의 책임

민법 제750조의 의해 고의 또는 과실로 인한 위법행위로 타인에게 손해를 가한 자는 그 손해를 배상할 책임이 있다. 하지만 민법 제753조에 의해 미성년자가 타인에게 손해를 가한 경우에는 그 행위의 책임을 변식할 지능이 없는 때에는 배상책임이 없다.

또한 민법 제755조에 의해 무능력자에게 책임 없는 경우에는 이를 감독할 법정의무가 있는 자가 그 무능력자의 제3자에게 가한 손해라 배상할 책임이 있다. 즉, 보통 학교폭력의 경우 가해학생의 부모가 피해학생에게 손해를 배상할 책임이 있다.

(2) 교사의 책임

교사는 책임무능력자에 대한 대리감독자로서의 감독의무자에 갈음하여 손해를 배상할 책임이 있다.

4) 배상명령제도

교내 분쟁 조정과정에서 해결이 어려운 경우 마지막에는 소송으로 이어지게 되는데, 이때 소송 촉진 등에 관한 특례법에 의해 피해학생이 가형사재판과정에서 간단한 방법으로 민사적인 손해배상명령까지 받아낼 수 있는 제도이다.

(1) 배상명령신청을 할 수 있는 손해배상의 범위

당사자 간 손해배상액이 합의된 경우 이외에는 범죄 행위로 인하여 발생한 직접적인 물적 손해 및 치료비·위자료 손해만이 인정된다.

(2) 배상명령 절차 및 효과

사건을 심사하는 법원에 배상명령신청서를 제출하거나 피해학생이 증인으로 법정에 출석할 때 법정에서 말로서 배상명령신청을 할 수 있다.

- 배상명령이 쓰인 유죄판결문은 민사판결문과 같은 효력을 가지게 되어 강제집행도 할 수 있으나, 일단 배상명령이 있었다면 이를 다시 신청하거나 인정된 금액 범위 내에서 민사소송을 제기할 수는 없다. 배상명령에 불만이 있으면 유죄 판결에 대하여 상소[3]하거나 상소 제기 없이 배상 명령에 대하여만 즉시 항고[4]할 수 있다.

7. 통고제도

학교폭력이 일어났을 때 학교의 장이 가해학생을 수사기관을 거치지 않고 법원에 바로 접수하여 사건처리를 할 수 있는 통고제도가 마련되어 있다.

3) 하급 법원의 판결을 받아들이지 않고 상급 법원에 재심을 요구하는 일

4) 법원의 결정이나 명령에 대하여 당사자 또는 제삼자가 불복해서 상급 법원에 상소하는 일

1) 통고의 의의

통고란 범죄소년(죄를 범한 소년, 14세 이상 19세 미만), 촉법소년(형벌 법령에 저촉되는 행위를 한 소년, 10세 이상 14세 미만), 우범소년(각 사항[5])에 해당되는 사유가 있고, 형벌 법령에 저촉되는 행위를 할 우려가 있는 10세 이상인 소년)에 해당하는 소년을 발견한 보호자 또는 학교·사회복리시설·보호관찰소(보호관찰지소를 포함한다)의 장이 비행소년을 경찰서, 검찰청 등의 수사기관을 거치지 않고 직접 사건을 관한 소년부에 알리는 행위이다(소년법 제4조 제3항).

학교폭력 등으로 인해 비행소년이 경찰서, 검찰청에 신고 또는 고발될 경우 직접 수사를 받게 되는 심리적·신체적 부담 등을 가지게 되므로 법원에 통고하여 바로 소년보호사건으로 처리를 함으로써 소년이나 학교의 부담을 줄일 수 있다.

통고제도가 필요한 이유는 다음과 같다.

첫째, 통고제도는 소년문제의 초기 단계에서 간편하고 신속하게 보호자 및 학교의 감독과 교육, 법원의 적절한 개입을 통해 소년문제를 해결할 수 있는 제도이다.

둘째, 통고제도에 의할 경우 소년에게 수사기관의 수사를 받게 하는 부담을 주지 않고, 또한 범죄경력조회나 수사자료표에 기재되는 등의 불이익을 입지 않을 수 있어 향후 범죄자로 낙인 찍히는 것을 예방할 수 있다.

셋째, 통고를 할 경우 심리학, 사회복지학, 아동복지학 등을 전공한 전문소년조사관에 의해 온화하고 편안한 분위기 속에서 조사를 받을 수 있고, 전문가의 도움이 필요한 경우 법원에서 마련한 전문가 진단이나 심리상담조사제도, 화해권고위원제도 등의 전문가집단의 효과적인 도움을 제공받을 수 있다.

---

5) 각 사항은 다음과 같다. ① 집단적으로 몰려다니며 주위 사람들에게 불안감을 조성하는 성벽이 있는 것, ② 정당한 이유 없이 가출하는 것, ③ 술을 마시고 소란을 피우거나 유해환경에 접하는 성벽이 있는 것

2) 통고의 방식

소년법 제4조 제3항에 따라 서면 또는 구술로 통고할 수 있으며(소년심판규칙 제6조 제1항), 소년과 보호자의 성명, 생년월일, 직업, 주거, 등록기준지, 통고자의 성명, 통고하게 된 사유 및 소년의 처우에 관한 의견을 명시하여야 한다(소년심판규칙 제6조 제2항).

구술의 통고가 있을 때에는 소년부 법원서기관, 법원사무관, 법원 주사 또는 법원주사보는 이를 조서에 기재하고 서명날인하여야 한다(소년심판규칙 제6조 제3항).

3) 통고된 사건의 법원 처리과정

통고된 사건의 법원 처리과정은 크게 [그림 12-7]과 같이 사건수리 → 조사 → 심리개시결정 → 심리 → 보호처분결정으로 정리할 수 있다.

첫째, 학교장 등으로부터 통고를 받으면 소년보호사건으로 접수된다(사건수리).

둘째, 생활환경, 비행 내용 등 소년에 대한 보호의 필요성에 관한 자료를 수집하고 분석하는 것으로 조사는 전문조사관, 정신과의사 등 전문가가 담당한다(조사).

셋째, 소년부판사는 조사관의 조사보고 등을 검토하여 심리개시결정을 하고 그 사유의 요지 등을 소년과 보호자에게 통지한다(심리개시결정).

넷째, 소년은 법원에서 정한 심리기일에 보호자와 함께 출석하여 비공개로 재판을 받는다(심리).

다섯째, 소년부판사가 소년법 제32조가 정한 10가지 보호처분 중에서 소년에 맞는 처분을 선택하여 보호처분 결정을 한다(보호처분결정).

[그림 12-7] 통고된 사건의 법원 처리과정

자료: 교육부(2012). 학교폭력사안 처리 가이드북. p. 121.

Part

03

인성교육과 학생의 이해

Chapter

13

인성교육의 이해

1. 인성의 개념
2. 인성의 구성요소
3. 인성교육의 개념

1. 인성의 개념

국내 · 외 연구에서 언급되고 있는 인성의 다양한 정의는 〈표 13-1〉과 같이 정리할 수 있다.

〈표 13-1〉 인성의 개념

학자	인성의 개념
서울대학교 교육연구소 편(1994)	• 인간의 지속적 동기의 경향이나 행동 성향의 조직으로서, 이는 인지적 사고나 가치 그리고 신체적 특성을 포함하는 개념 • 감정적이거나 의지적 특성과 같은 정의적 측면을 가리키며, 개인의 독특하거나 두드러진 행위와 생각을 결정한다고 간주되는 심리학적 복합이나 무의식적이거나 내현된 행동 성향
박영태(2002)	한 개인이 자신을 둘러싸고 있는 대상과의 특정한 형태의 상호작용으로 표출되는 내면적 특성
심미향(2004)	유전 및 생물학적 경향성, 사회 경험, 그리고 변화하는 환경과 같은 다양한 내적 그리고 외적 영향력에 따라 변화하는 진화적 과정
강선보 외(2008)	인간이 도달해야 하는 이상적인 인간다운 성품, 인간 본연의 모습
정희태(2011)	인간의 마음과 사람됨이라는 두 요소
교육부(2014)	자신의 내면을 바르고 건전하게 가꾸고, 타인 · 공동체 · 자연과 더불어 살아가는 데 필요한 인간다운 성품과 역량
황응연(1992)	환경에 대응함으로써 나타나게 되는 행동 및 태도, 동기, 경향성, 인생관과 정서들의 총합을 뜻하며, 사람들에게 있어 시간과 상황에 걸쳐 지속되는 독특한 구조
문용린(1997)	개인의 심리적이거나 행위적인 성향
임승권(1994)	성격적 특성에 따라 고유하고 일관된 반응 양식을 보이는 것으로 대인관계에서 나타나는 개인의 인상
서울시교육연구원(1994)	여러 가지 환경에 대하여 제각기 나름대로 반응하는 일관적인 행동의 구조와 역동의 특성

학자	인성의 개념
울산광역시교육청(1998)	그 사람의 가치관, 도덕적 성숙, 정신적 수양 등을 포괄하는 개념으로서, 사람의 삶의 방향과 도덕적 행위의 질적 수준을 결정
한국교육연구원(1997)	개인의 정신능력, 흥미, 태도, 기질 등과 그 외의 사고와 감정, 행동에서의 개인차의 총합
조연순(2007)	자신의 내면적 요구와 사회 환경적 필요를 지혜롭게 잘 조화시킴으로써 세상에 유익함을 미치는 인간의 특성
조난심(2004)	태어나면서 지니고 있는 성격이나 특질의 개념의 아니라, 의도적 교육이나 학습에 의해 습득하거나 변화가 가능한 인간의 성품을 지칭
이근철(1996)	좁게는 도덕성, 사회성 및 정서(감정) 등을 의미하지만, 넓게 보면, 지·덕·체 또는 지·정·의를 모두 골고루 갖춘 전인성을 의미
이윤옥(1998)	다른 사람에게 주는 그 사람의 전체적인 인상으로 성품, 기질, 개성, 인격 등 가치개념의 의미를 내포
미교육부(2007)	존중, 공정성, 보살핌 등의 도덕적, 윤리적 가치와 책임감, 신뢰, 시민성 등을 망라하는 개념이며, 이러한 가치들을 행동하고 추론하며, 정서 속에서 증명하는 것
미교육부(2008)	개인 또는 집단의 정서적, 지적, 도덕적 자질은 물론 이러한 자질들이 친사회적 행동으로 발현되는 것
교육부(2002)	도덕성, 사회성, 정서를 포함한 바람직한 인간으로서의 성품을 기르는 교육
한국교육개발원(2004)	덕성을 바탕으로 교양과 능력을 겸비한 인간으로 기르는 교육
남궁달화(2003)	마음의 발달을 도모하고, 자아실현을 가능하게 하며, 더불어 살기 위해 알아야 할 것을 가르치는 것
김동위(1993)	현대적인 휴머니즘의 핵심적인 요인들을 기초로 하여 인격을 깨우쳐 주는 교육이거나 또는 현대사회의 비인간화 현상을 극복하고자 하는 교육의 목표, 내용, 방법 등의 총칭
조난심(1997)	인간다운 인간을 기르기 위하여 인간다운 품성을 함양시키는 교육
미교육부(2007)	사람들이 가족, 친구, 이웃, 지역사회, 국가의 일원으로 함께 살아가고 일하는 데 도움을 주는 바람직한 사고와 행동의 습관화를 위한 일련의 교육

학자	인성의 개념
미교육부(2008)	사람들로 하여금 가족, 친구, 이웃, 지역사회, 국가의 일원으로 함께 살고 일하도록 하는 데 도움을 주는 사고와 행동의 습관을 가르치는 것
Hoge(2002)	바람직한 인간의 자질과 특성 개발에 영향을 주는 의식적, 외현적 노력

지금까지 살펴본 바와 같이, 인성의 개념은 윤리학적 접근, 심리학적 접근, 교육학적 접근 등 3가지 관점에서 바라 볼 수 있다(유병열 외, 2012). 따라서 인성교육에 대한 (도덕)교육학적 접근은 심리학적 차원의 성격(personality)으로서 인성 개념과 윤리학적 차원의 인격(character)으로서 인성 개념과 긴밀한 상관관계를 유지하면서 도덕성(morality)으로서 인성 개념을 발전시킨다. 즉, 인성교육에 대한 (도덕)교육학적 접근에서 인성 개념은 건전한 사회성, 순화된 정서, 원만한 자아개념 등 다양한 요소들과 관련을 맺으면서 행위 주체의 도덕적 품성과 자질, 그리고 도덕적 역량 및 시민적 역량의 계발을 강조한다.

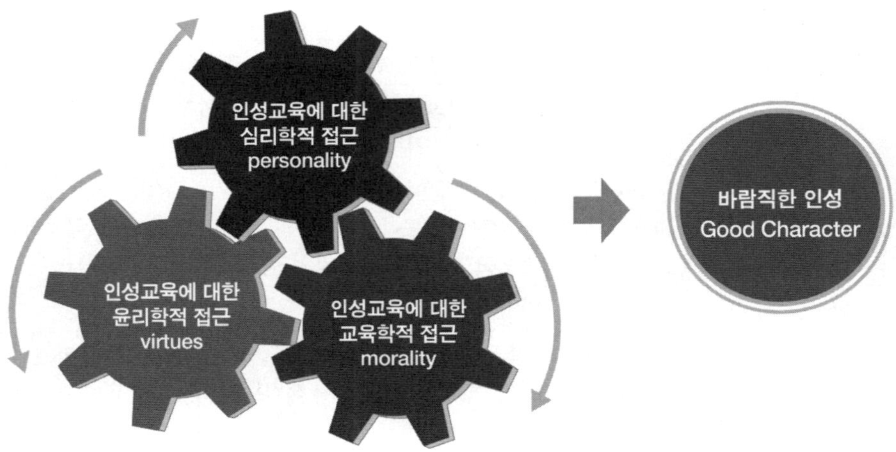

[그림 13-1] 인성의 개념

2. 인성의 구성요소

학자들이 제시한 인성 덕목은 〈표 13-2〉와 같이 요약 정리할 수 있다. 특히, 인성 핵심 역량과 지적, 도덕적, 시민적 덕성을 정리하면 〈표 13-3〉과 같다. 또한 학자들이 제시한 인성의 범주는 〈표 13-3〉과 같이 요약 정리할 수 있다.

〈표 13-2〉 학자들이 제시한 인성 덕목

학자	주요 덕목
Lickona(2004)	지혜, 정의, 불굴성(fortitude), 자기통제, 사랑, 긍정적 태도, 근면, 성실, 감사, 겸손
Seligman(2002)	지혜와 지식, 용기, 인간애(humanity), 정의, 절제, 초월성
Borba(2004)	공감, 분별력, 자기통제, 존중, 친절, 관용, 공정성
유병열(2008)	도덕적 지혜(도덕적 사고·판단력), 자주(자아존중감), 성실(정직, 근면), 절제, 효도, 예절, 준법, 배려, 책임, 협동, 정의, 애국애족, 인류애
한국국민윤리학회(1993)	경천사상, 조화정신, 생명존중사상, 평화애호정신, 선비정신, 장인정신, 공동체의식, 경로효친사상, 풍류정신
천세영 외(2012)	정직, 책임, 공감, 소통, 긍정, 자율
지은림 외(2012)	정직, 책임, 윤리, 배려(봉사), 공감, 긍정적 자기이해, 자기조절
현주 외(2014)	자기존중, 성실, 배려·소통, (사회적) 책임, 예의, 자기조절, 정직·용기, 지혜, 정의, 시민성
정창우 외(2014)	지혜, 절제, 용기, 성실, 효도, 예절, 존중, 배려, 책임, 협동, 준법, 정의

자료: 현주 외(2014). 초·중등 학생 인성수준 조사 및 검사도구의 현장 활용도 제고 방안 연구. 한국교육개발원 수탁 연구.

〈표 13-3〉 인성의 범주

학자	인성의 범주
Partick Kariuki 외(2006)	• 도덕적 행동(약물사용, 음주, 성적행동 등에 대한 학생의 행동과 관련된 문항) • 책임감(학문적 수행, 숙제와 과제를 제시간에 처리하기, 방과 후 활동이나 가정에서의 책임감 있는 행동 등) • 정직 • 윤리
Nucci L.(2008)	덕목, 도덕적 원리, 보살핌의 윤리, 사회적 관습, 개인적 목표와 자기충만
교육개혁위원회 (1995)	• 예절, 기초 질서(교통 질서), 공동체의식 교육[유치원~초 3] • 민주 시민 교육(인간 존중, 공공법 질서, 합리적 의사결정 등) [초4~중학교] • 세계 시민교육(타 문화의 올바른 이해, 평화교육, 외국여행 에티켓 등) [고등학교]
한국교육개발원 (1994)	• 기본 생활 습관(규칙적인 생활, 정리 정돈, 청결 위생, 물자 절약) • 자아 확립(정직, 근면, 성실, 자주) • 효도 · 경애(기본 예절, 효도, 경애) • 공동체의식(질서, 협동, 준법, 타인 존중, 책임, 봉사, 정의감)
이명준(2011)	신뢰성, 존경, 책임, 공정성, 배려, 시민의식, 심미성
김정우(2011)	신뢰성, 존경, 책임, 공정성, 배려, 시민의식
조난심(2004)	• 도덕과 교육과정의 개인적 인성요소(생명존중, 성실, 정직, 자주, 절제, 경애, 효도) • 도덕과 교육과정의 사회적 인성요소(예절, 협동, 준법, 책임, 타인배려, 정의, 공동체의식, 민족애, 인류애) • 21세기에 필요한 개인적 인성요소(자기 주도성, 관용, 사고의 유연성) • 21세기에 필요한 사회적 인성요소(타 문화 이해)
강선보(208)	• 관계성(상호 관계적 삶을 추구하는 공생인) • 도덕성(도덕적 통합성을 추구하는 인격인) • 전일성(인간의 모든 측면이 조화롭게 발달한 전인) • 영성(초월적인 것을 체험하는 영성인) • 생명성(인간의 모든 측면이 조화롭게 발달한 전인) • 창의성(삶과 상황을 재창조하는 창의인) • 민주시민성(공동체에 참여하는 민주시민)

학자	인성의 범주
이돈휘(2002)	경로효친, 정직, 절제, 근면과 성실, 생명존중, 타인배려, 평등과 인권존중, 공정성, 신의, 용기, 책임 · 협동, 민주성, 애국 · 애족, 인류애, 공동체의식, 환경보호, 성윤리, 정보윤리
안병희(2005)	• 신용, 존중, 책임감, 공정, 배려, 시민의식(유치원, 초등학교) • 신용, 타인존중, 책임감, 공정과 정의, 배려, 시민의식, 정직, 용기, 성실(중 · 고등학교)
문용린 외 (2011)	• 인간관계 중심 덕목(정직, 약속, 용서, 배려, 책임, 소유) • 인성의 판단능력(도덕적 예민성, 도덕적 판단력, 의사결정능력, 행동실천력)

3. 인성교육의 개념

인성의 개념은 오랜 세월 다양한 의미로 사용되어 왔고 그 범위 또한 광대하다. 하지만 인성의 의미를 어떻게 파악하더라도 우리 인간이 지향하고 성취해야 하는 인간다운 면모, 성질, 자질, 성품, 덕성이라는 의미가 부분적 또는 전체적으로 내포되어 있다. 또한 인성이란 부분적으로는 선천적으로 타고나는 기질임과 동시에 후천적인 노력에 의해서 만들어지거나 변화할 수 있다. 그리고 이러한 후천적 변화를 위한 노력을 교육이라 부르고 있다. 따라서 인성을 대상으로 그 변화를 위해 제공되는 일련의 교육이 바로 '인성교육'이다. 하지만 인성의 개념과 범위가 광범위한 것과 마찬가지로 인성교육에 대한 개념도 시대의 흐름이나 연구자의 관점 등에 따라 다양하다. 인성교육은 자신의 내면은 바르고 건전하게 가꾸고 타인, 공동체, 자연과 더불어 살아가는 데 필요한 인간단운 성품과 역량을 길러 주는 일이라 할 수 있다(정창우 외, 2013). 이러한 인성교육의 개념을 [그림 13-2]와 같이 도식화할 수 있다.

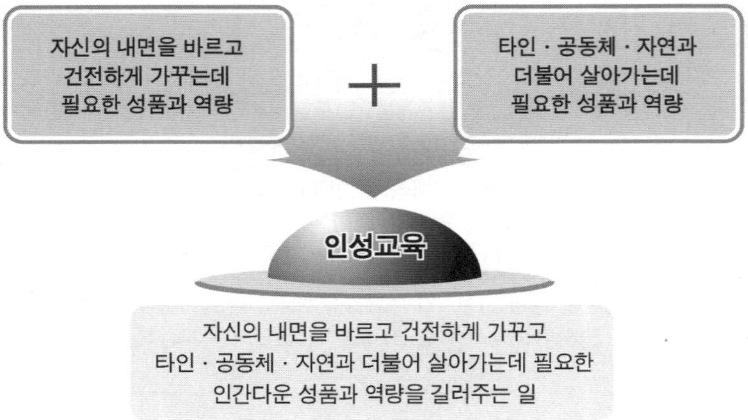

[그림 13-2] 인성교육의 개념

자료: 정창우 · 손경원 · 김남준 · 신호재 · 한혜민(2013). 학교급별 인성교육 실태 및 활성화방안. 2013년 정책연구개발사업 보고서.

Chapter

14

인성교육 핵심덕목과 역량

1. 인성교육에서 길러야 할 인성덕목

학교 인성교육을 위한 주요 인성덕목을 소개하면 〈표 14-1〉과 같이 정리할 수 있다(유병열 외, 2012). 지혜, 용기, 성실, 절제, 효도, 예절, 존중, 배려, 책임, 협동, 준법, 정의를 포함하여 12개의 주요 덕목들은 삶의 상황에서 윤리적 판단이나 의사결정을 안내하는 역할을 하고, 학생들이 함양해야 하는 덕성의 필수요소이자 덕성을 떠받치는 기둥 역할을 한다. 각 덕목의 의미와 특성 및 하위 덕목과의 관계를 제시하면 [그림 14-1]과 같다.

〈표 14-1〉 학교 인성교육을 위해 추구해야 할 주요 덕목

주요 덕목	의미 및 도덕적 기능	관련(하위) 덕목 · 인격특질	교육적 기대 효과	
			자기 · 타인	사회 · 자연
지혜 (wisdom)	• 훌륭한 판단으로서 모든 덕을 지도 • 다른 덕들을 어떻게 실행해야 하는가를 말해줌 • 서로 다른 덕들 간에 어떻게 균형을 취해야 하는지를 말해줌 • 올바른 사려분별을 하게 해주어 삶에서 중요한 것의 우선순위를 깨닫게 해줌	• 심사숙고 (deliberation) • 이해력 (understanding) • 판단력/분별력 (judgment)	전체 덕목 간에 조화와 균형을 찾아감으로써 '좋은 삶'과 '행복한 삶'의 실현을 위해 핵심적 역할	
용기 (courage)	• 자신이 옳다고 믿는 것을 옹호하고 실천하려는 의지와 능력 • 난관에 직면했을 때에도 자신이 설정한 목표를 성취하기 위해 강한 의지력을 발휘하는 정서적인 힘	• 용감함 (bravery) • 불굴성 (fortitude/perseverance)	• 도덕적 양심과 행동의 일치 • 타인에게 도움 제공 (헌신)	공동체의 존속 및 발전에 참여
성실 (integrity)	• 도덕원리(moral principles)를 준수하고 도덕적 양심에 충실하여 자기가 한 말을 실행하고 자기가 믿는 것을 지켜 나가는 것	• 정직 (honesty) • 신의 (faithfulness)	• 진실한 삶 • 성찰하는 삶 • 지행일치	• 애국 (충성) • 자연보전

주요 덕목	의미 및 도덕적 기능	관련(하위) 덕목 · 인격특질	교육적 기대 효과	
			자기 · 타인	사회 · 자연
	• 성실성을 가진다는 것은 '전체성(wholeness)', 즉 전체적으로 일관성을 지니는 것 • 자기 자신과 다른 사람에게 진실을 말하는 것	• 근면(diligence)		
절제(temperance)	• 우리 스스로를 다스릴 수 있는 능력. 과도(excess)에 맞설 수 있는 힘 • 유혹에 저항할 수 있는 힘이자 만족을 지연시킬 수 있는 능력 • 기분을 조절하고 육체적 욕구와 결정을 규율하며 정당한 쾌락도 적절하게 추구하게 해줌	• 자기통제/자제력(self-control)	• 개인적 욕구 및 분노 조절 • 타인과의 조화로운 삶	• 사회의 건전성 • 자연보전
효도(Filial Piety)	• 모든 행위의 근원이며 동시에 인을 행하는 근본 • 부모님을 정신적으로 편안하고 기쁘게 해드리는 것(養志)과 부모님을 육체적 · 물질적으로 봉양하는 것을 말함(養口體)	• 우애(友愛) • 경애(敬愛)	효도하고 우애 있는 삶	• 웃어른을 공경하는 풍토 조성
예절(Etiquette)	• 예의에 관한 모든 절차나 질서를 준수하려는 마음가짐과 태도 • 일정한 격식을 갖춘 행동으로 나타남	• 친절(kindness) • 겸손(humility)	공손, 친절한 삶	• 공중도덕 준수 • 글로벌 에티켓 준수
존중(respect)	• 사람이나 사물을 기본적으로 그들의 존재만으로 존중할 가치가 있다를 인식하고, 그 가치에 대하여 소중히 여기는 것 • 인간이 스스로를 존중하는 것으로부터 시작해서 나아가 모든 사람과 생명체, 사물은 그들만의 가치가 있으며 그 가치를 인정하고 소중히 하고자 하는 기본 윤리에 해당	• 자기 존중(self-respect) • 타인 존중(respect for others) • 생명 존중(respect for life)	자신과 타인을 존중하는 삶	• 타 문화 존중 • 생명 존중(인류애 · 자연애)

주요 덕목	의미 및 도덕적 기능	관련(하위) 덕목 · 인격특질	교육적 기대 효과: 자기 · 타인	교육적 기대 효과: 사회 · 자연
배려 (caring)	• 정의를 넘어서는 것으로서 공정함에 머무르기보다는 그 이상의 필요한 것을 주는 것 • 공감, 연민, 관대, 봉사, 용서 등으로 구성 • 필요를 헤아리고 요구에 반응하는 덕 • "네 이웃을 네 몸과 같이 사랑하라."를 진지하게 고려	• 공감/감정이입 (empathy) • 연민 (compassion) • 관용 (tolerance)	• 자기인식을 바탕으로 한 자기배려 • 타인배려 • 봉사하는 삶	동식물에 대한 배려
책임 (responsibility)	• 맡아서 해야 할 역할과 의무에 대한 의식과 헌신 • 자기 자신, 가족, 지역공동체, 국가, 지구공동체에 대한 역할과 의무를 인식하면서 사랑과 헌신으로 이러한 역할과 의무를 수행하려는 것 • 자신의 행위 혹은 행위결과에 대한 책임 & 자기 존재의 미래에 대한 미래지향적인 책임		• 개인의 행위책임 중시 • 자신의 미래에 대한 책임 중시 • 타인에 대한 책임 중시	• 집단행위에 대한 공동책임 중시 • 국가에 대한 책임 중시 • 동식물에 대한 책임 중시
협동 (Cooperation)	• 사회의 공동선을 창출하고 증진하기 위해 구성원들이 힘과 뜻을 모아 노력하는 것 • 공동의 목표를 성취하기 위해 구성원들의 힘과 능력을 집약시키는 것 • 공동체가 발전하고 번영하기 위한 필요조건	• 공동체의식/연대성 (community spirit & solidarity) • 조화정신 (harmony)	상호 신뢰 형성	사회의 공동선 증진을 위해 노력

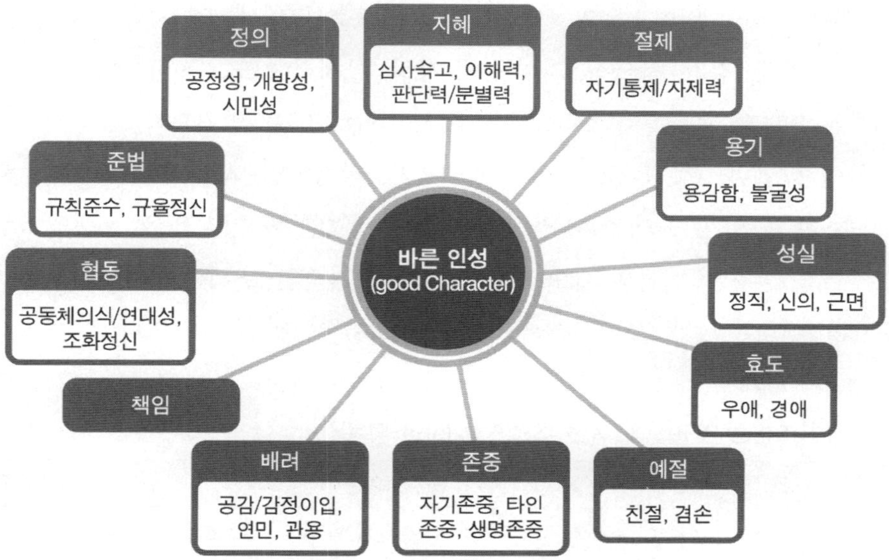

[그림 14-1] 인성교육을 위한 덕목 구성

교육부에서는 2013년 8월에 교육기본법, 국가 교육과정 등에 제시된 주요 인성을 바탕으로 미래 인재에게 요구되는 친사회적 인성을 7대 핵심 덕목으로 선정하고, 학생들이 이 덕목들을 학교급별로 학년 수준에 맞게 체계적으로 갖출 수 있도록 종합적인 인성교육을 추진하였다. 당시 교육부에서 제시한 기본 인성덕목은 정직, 책임, 존중, 배려, 공감, 소통, 협동의 7가지이며, 이들을 도식화하면 [그림 14-2]와 같다(교육부, 2013: 5).

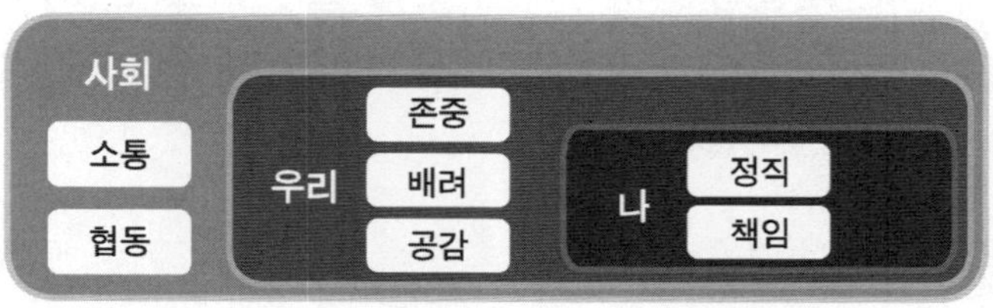

[그림 14-2] 교육부 인성교육 7대 핵심덕목

이 외에도 미국 인격교육의 이론적 토대를 구축하고 실천적 지침을 제공해 온 리코나는 지혜, 정의, 불굴성, 자기통제, 사랑, 긍정적 태도, 근면, 성실, 감사, 겸손이라는 10개의 덕목을 강조하고 있으며(Lickona, 2004), 인격교육 및 인격심리학 연구자인 버코위츠(M. Berkowitz)는 자기통제, 감정이입, 사회적응, 자존감, 사회적 기술, 순종, 양심, 도덕추론, 정직, 이타심을 강조한 바 있다(Berkowitz & Grych, 2000: 55-72). 또한 미국의 대표적인 인성교육 기관인 조셉슨 연구소(Josephson Institute)[1]에서는 '여섯 주요 덕목(6 pillar virtues)'을 제시한 바 있다.

〈표 14-2〉 조셉슨 연구소의 '여섯 주요(6 Pillars) 덕목'[2]

주요 덕목	하위 덕목	포함 요소
진실성 (trustworthiness)	① 정직하기, ② 속이거나 훔치지 말기, ③ 믿을만한-약속 지키기, ④ 옳은 일을 할 수 있는 용기 갖기, ⑤ 좋은 평판 다지기, ⑥ 충성-가족, 친구, 국가에 대하여	용기 충성
존중 (respect)	① 타인을 존중하기(황금률을 따라), ② 차이를 관용하고 수용하기, ③ 예의를 갖추고 나쁜 말을 쓰지 말기, ④ 다른 사람의 감정을 고려할 것, ⑤ 위협하거나 때리거나 상처 입히지 말기, ⑥ 화냄, 모욕, 반대에 평화롭게 대처할 것	관용 인내
책임 (responsibility)	① 할 일을 할 것, ② 미리 계획할 것, ③ 끈기 있게 해볼 것, ④ 항상 최선을 다할 것, ⑤ 자기 통제, ⑥ 자기 수양, ⑦ 결과를 생각하고 행동할 것, ⑧ 책임 있는 말과 행동, 태도를 가질 것, ⑨ 좋은 모범이 될 것	인내 절제 신중함
공정성 (justice)	① 규칙대로 놀기, ② 차례를 지키고 공유할 것, ③ 열린 마음과 경청하기, ④ 다른 사람을 이용하지 말 것, ⑤ 다른 사람을 마구 비난하지 말 것, ⑥ 모든 사람을 공정하게 대할 것	수용성 진실성

1) 조셉슨 연구소는 1980년대 초 미국 인성교육이 다시 활성화되는 초기에 설립된 서부 기반 인성교육 기관이고 학생을 위한 인성교육기관으로서는 미국에서 가장 선도적이다.

2) 한국교육과정평가원(2011). 교과교육과 창의적 체험활동을 통한 인성교육 활성화 방안, 26쪽에서 재인용.

주요 덕목	하위 덕목	포함 요소
배려 (caring)	① 친절할 것, ② 공감을 갖고 배려를 보여줄 것, ③ 감사를 표할 것, ④ 용서할 것, ⑤ 도움이 필요한 사람을 도울 것	
시민의식 (citizenship)	① 학교와 지역사회의 개선을 위해 동참할 것, ② 협력, ③ 지역사회의 일에 참여할 것, ④ 사회 소식에 관심을 가지고 투표할 것, ⑤ 좋은 이웃이 될 것, ⑥ 법과 규칙을 지킬 것, ⑦ 권위를 존중할 것, ⑧ 환경을 보호할 것, ⑨ 자원봉사를 할 것	자연사랑

한편, 인성교육의 덕목을 개인적 차원과 관계적 차원으로 구분해 보면 〈표 14-3〉과 같이 정리할 수 있다.

〈표 14-3〉 인성의 차원 및 덕목

차원	덕목	정의
개인적 차원	지혜	어떤 상황에서 취해야 할 것이 무엇이고, 버려야 할 것이 무엇인지를 분별하는 것
	용기	자신이 옳다고 믿는 것을 지지하고 옹호할 수 있는 능력과 의지
	성실	거짓됨이 없이 자기가 하는 일에 정성을 다하는 자세
	절제	스스로의 욕구, 감정 등을 잘 통제하고 다스리는 것
관계적 차원 (타인·공동체·자연과의 관계 차원)	효도	인(仁)을 행하는 근본이 되는 것으로서 부모의 은혜에 감사하고 이에 보답하고자 하는 것
	예절	사람이 만든 질서에 따라 나와 남을 구분하고 그 구분에 따라 알맞게 표현하는 것
	존중	정중하고 사려 깊은 방식으로 다른 사람들을 대함으로써 그들이 존엄성을 가진 가치 있는 존재라는 것을 보여주는 것
	배려	다른 사람의 행복이나 복지 등에 관심을 가지면서 그들의 필요나 요구에 민감하게 반응을 보이는 것
	책임	공동선의 실현을 위해 각 구성원들에게 부여된 역할과 의무를 충실히 이행하는 것

차원	덕목	정의
	협동	사회의 공동선(common good)을 창출하고 증진하기 위해 구성원들이 힘과 뜻을 모아 노력하는 것
	준법	기본생활규칙과 공중도덕, 법, 그리고 기타의 사회적 약속과 의무 등을 준수하고 실천하는 성향
	정의	각자에게 그의 정당한 몫을 주고자하는 항상적이고 영속적인 의지

2. 인성교육의 역량

인성교육에서 길러야 할 핵심역량은 공간적 범위의 확대에 따라 〈표 14-4〉와 같이 제시할 수 있다.

〈표 14-4〉 인성 핵심역량과 지적, 도덕적, 시민적 덕성

영역	인성 핵심역량	관련 덕성
도덕적 주체로서의 나	자기성찰 능력	지혜, 성실
	창의력	지혜, 자주
	문제 및 갈등해결능력	지혜, 협동
	자기관리 능력	절제, 성실
	긍정적 태도	존중, 자주
우리·타인과의 관계	공감과 수용 능력	배려, 정의
	대화와 소통 능력	협동, 종중
	대인관계 능력	존중, 배려
사회·국가·지구 공동체와의 관계	시민적 참여 능력	책임, 정의
	다문화 시민성	정의, 배려
자연·초월적 존재와의 관계	자연친화 능력	배려, 책임

자료: 유병열(2015). 인성교육의 덕교육적 접근과 실천 원리에 관한 연구. 한국초등교육, 26(1), 309.

특히, 천세영 외(2012)의 연구와 교육부(2012)의 〈학교폭력근절종합대책〉에서 발표된 3영역, 6역량, 6핵심 덕목의 모델을 바탕으로 하고 있다. 즉, 미래사회의 핵심역량으로서 요구되고 있는 사회성과 감성 능력을 기르는 데 초점을 맞추고 여기에 실제적 삶 속에서 겪게 되는 옳고 그름에 대한 윤리적 판단 능력과 책임 있는 의사결정을 기를 수 있는 핵심 윤리적 가치·덕목을 인성의 구성 요인으로 하였다. 이에 따라 인성을 도덕성, 사회성, 감성의 3영역으로 분류하고 3영역에 따른 6개의 역량인 핵심 가치 인식, 책임 있는 의사결정, 사회적 인식, 대인관계, 자기인식, 자기관리와 6개의 핵심 덕목인 정직, 책임, 공감, 소통, 긍정, 자율을 제시하였다〈표 14-5〉.

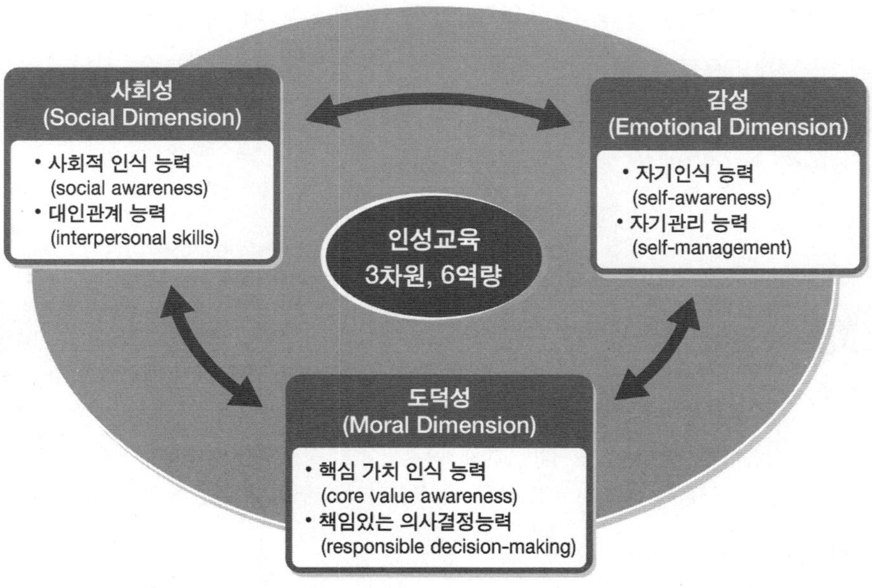

[그림 14-3] 인성의 3차원과 핵심역량

자료: 차성현(2012). 인성교육 개념의 재구조화. 제6회 청람교육포럼 겸 제53차 KEDI 교육정책포럼 발표자료.

〈표 14-5〉 인성의 3가지 차원과 핵심역량

차원	역량	핵심덕목	주요 내용
도덕성	• 핵심가치 인식 • 책임 있는 의사결정	정직 책임	다양한 윤리적 상황에서 중요한 핵심가치가 무엇인지를 인식하고 판단하는 능력과 책임 있는 의사결정을 하는 능력
사회성	• 사회적 인식 • 대인관계	공감 소통	다양한 상황과 장소에서 타인의 생각, 감정, 관점을 이해·파악하고, 타인과 긍정적인 관계를 형성·유지하며 소통하는 능력
감성	• 자기인식 • 자기관리	긍정 자율	자신의 강점, 약점, 흥미, 능력 등을 파악하며, 개인적 목표를 설정하고 목표달성을 위해 자신의 생각과 행동을 조절·실행하는 능력

또한 정창우(2015)는 인성 개념을 '개인적 차원'과 '관계 차원'에서의 인간다운 성품과 역량 개념으로 이해하고, 인성교육은 이러한 성품과 역량을 지니고 살아갈 수 있도록 도와주는 일로 규정하였다. 이를 바탕으로 선정한 핵심 인성역량은 다음과 같다.

〈표 14-6〉 인성교육을 위한 핵심 인성역량

차원	덕목	정의
개인적 차원	도덕적 문제해결능력	어떤 문제를 윤리적 관점에서 합당하게 해결하는 능력(도덕적 의사결정능력, 도덕적 상상력 및 추론 능력 포함)
	긍정적 태도	삶에 대해 낙관적이고 긍정적인 관점을 지니고, 난관에 직면했을 때 꿋꿋하게 되튀어 오르는 능력(회복탄력성 포함)
	도덕적 자기관리능력	자신에 대한 참된 이해를 바탕으로 바람직한 자아정체성을 형성하고, 자신의 행동과 정서를 도덕적으로 관리하고 개발하는 능력
	도덕적 자기성찰능력	자신이 행한 경험적 사실을 도덕적 관점에서 반추하면서 어떻게 살아갈 것인가에 대해 사색하는 능력

차원		덕목	정의
관계 차원	타인과의 관계 영역	도덕적 의사소통능력	다른 사람의 입장을 경청하고 그들과 합리적으로 소통하며 균형 잡힌 관점과 이해를 공유할 수 있는 능력
		도덕적 대인관계능력	다른 사람을 존중·배려하고, 갈등을 관리하며, 다른 사람과 도덕적으로 원만한 관계를 유지하고 협력하는 능력
	공동체와의 관계 영역	공동체의식	자신의 역할과 행동에 책임을 지며, 인권을 존중하고 법을 준수하는 바람직한 공동체의 실현에 참여하고 공헌하는 능력
		다문화·세계시민의식	세계화·다문화 사회에서 문화적 다양성을 존중하고 바람직한 국가정체성을 형성하며, 지구적 문제해결을 위해 참여하고 실천하는 능력
	자연과의 관계 영역	환경윤리의식	인간과 자연과의 관계를 올바로 이해하고, 생태의식과 환경에 대한 규범적인 노력을 토대로 인간과 자연의 건강한 미래를 설계하는 능력

자료: 정창우(2015). 인성교육의 이해와 실천. 교육과학사. p. 126.

우리나라에서는 역량을 창의력, 문제해결력, 의사소통능력, 정보처리능력, 대인관계능력, 자기관리능력, 시민의식, 다문화이해능력, 신체적 건강·체력, 진로 관련 능력의 10개로 구분하고 있는데, 핵심역량과 관련지어 최종적으로 확정된 기본인성덕목을 제시하면 〈표 14-7〉과 같다(박창언 외, 2013).

〈표 14-7〉 핵심역량과 기본인성덕목

차원	역량	기본인성 덕목	주요 내용	하위 요소 예시
개인	핵심가치 인식	① 정직	다양하고 복잡한 상황에서 핵심가치가 무엇인지를 인식하고 판단하는 능력, 이러한 판단에 따른 책임과 의무를 결정하고 실천하는 능력	공정한 판단, 절약하는 생활, 성실한 생활, 권리와 의무·책임, 올바른 마음, 양심, 용기, 의지, 정의감 등
	책임 있는 의사결정	② 책임		약속/규칙, 차례, 정숙, 안전, 책임감, 절제심, 준법정신, 인내, 성실, 의지 등

차원	역량	기본인성 덕목	주요 내용	하위 요소 예시
개인	자기인식	③ 긍정	자신의 과거, 현재, 미래의 모습에 대한 비판적 성찰을 통하여 자신의 특성을 파악하고 긍정적인 자아상을 도출하는 능력, 자신이 설정한 목표달성을 위하여 자신의 생각과 행동을 조절하고 실행하는 능력	열정, 자부심, 자기존중, 자기표현, 자발성, 자신감, 자아수용, 자위, 자율, 자조, 자존심, 자주 등
	자기관리	④ 자율		성실, 인내, 자기통제, 절약정신, 절제심, 정리정돈, 청결, 일관성, 근면, 단정, 의지, 시간계획, 과업계획 등
	문화적 소양	⑤ 예절	우리의 예법과 공동체에 대한 이해능력, 타 문화 집단에 대한 지식과 이해를 기반으로 다원적 가치를 존중하는 능력	감사, 인사, 공중도덕, 단정 /애교, 애향, 애국, 평화, 통일, 독도교육, 국토순례, 의식행사, 정체성 확립 활동. 공동체의식, 연대, 예의범절, 우애, 우정, 의리, 연민, 이타심, 자비심, 자선, 자애, 조화, 허용 등
		⑥ 존중		이질성·다양성 가치, 타 문화에 대한 지식과 이해, 상이성에 대한 존중, 다원화적 가치 지향성, 인류애, 인도, 관용, 박애, 허용 등
사회	사회적 인식	⑦ 공감	다양한 상황에서 타인의 관점과 감정을 이해·파악하고, 타인과 긍정적인 관계를 유지하고 소통하는 능력, 그리고 공동의 문제를 위하여 합력할 수 있는 능력	불우이웃돕기, 일손 돕기, 나눔, 봉사, 반성과 마무리, 용서, 공감, 공정, 봉사정신, 선의, 연민, 연대, 이타심, 인도, 자비심, 자선, 자애, 참여, 평등의식 등
	대인관계	⑧ 소통		적응, 사제동행, 서로 돕는 생활, 문화 간 어울림(다문화교육), 장애이해, 자기이해, 국제이해, 민주시민, 역할활동, 여가활용교육, 자살예방, 학교폭력예방, 유괴방지, 안전예방교육, 타인권리침해 예방교육, 편견극복, 정보통신윤리교육, 재난 및 재해예방, 난민구호, 인권보호, 성교육 등

차원	역량	기본인성 덕목	주요 내용	하위 요소 예시
	민주시민 의식	⑨ 시민 의식	애국심을 기반으로 하면서도, 폐쇄적인 국수주의를 극복하고 인류 공통의 문제해결에 협력할 수 있는 세계시민적 사고 능력	권위의 존중과 수용, 평등, 양심, 표현의 자유, 정의의 자유, 관용, 애국심, 용기, 충성, 애향심 등
		⑩ 공존		청결, 정리정돈, 자연보호, 위생, 저탄소 생활습관, 녹색성장, 분리수거, 문화재 보호활동, 난민구호, 인권보호, 환경보전의식, 박애, 인도, 인류애, 시민성, 공정, 관용 등

[그림 14-4]에서 위쪽은 개인적 차원과 사회적 차원을 나타내고, 왼쪽은 핵심역량을 나타내는 것이다. 그리고 아래쪽은 기본 인성덕목을 나타내고 있다(박창언 외, 2013). 이와 같은 3차원 모형은 기본 인성덕목과 개인적 차원 및 사회적 차원, 그리고 핵심역량과의 관계를 이해하는 데 도움이 된다.

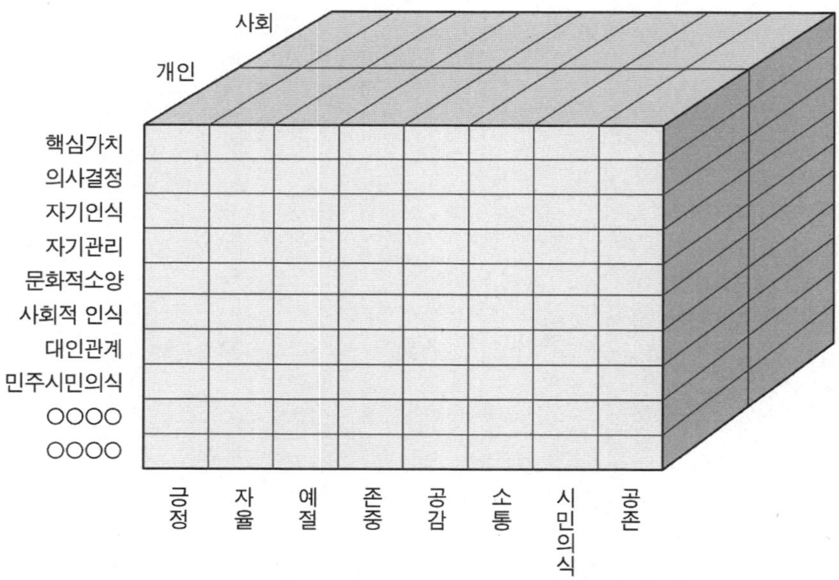

[그림 14-4] 기본 인성덕목과 그 차원 및 핵심역량의 관계

Chapter

15

인성교육의 방향

최근 교육현장에서 인성교육의 중요성이 강조되고 있다. 이에 교육부에서 2016년 발표한 인성교육 5개년 종합계획을 중심으로 우리나라의 인성교육의 방향을 살펴보고자 한다.

1. 인성교육의 목적

1) 인성교육의 개념

- [교육기본법] 제 2조(교육이념)
  홍익인간의 이념 아래 모든 국민으로 하여금 인격을 도야하고, 자주적 생활능력과 민주시민으로서 필요한 자질을 갖추게 함으로써 인간다운 삶을 영위하게 하고, 민주 국가의 발전과 인류 공영의 이상을 실현하는 데 이바지하게 함을 목적으로 한다.
  ※ 제9조(학교교육) ③ 학교교육은 학생의 창의력 계발 및 인성 함양을 포함한 전인적(全人的) 교육을 중시하여 이루어져야 한다.
- [2015 개정 교육과정] : 추구하는 인간상
  공동체의식을 가지고 세계와 소통하는 민주시민으로서 배려와 나눔을 실천하는 더불어 사는 사람 등이다.
- [인성교육진흥법] 제2조(정의)
  자신의 내면을 바르고 건전하게 가꾸고 타인・공동체・자연과 더불어 살아가는 데 필요한 인간다운 성품과 역량을 기르는 것을 목적으로 하는 교육이다.

2) 인성의 요소 : [인성교육진흥법] 제2조

- (핵심 가치 · 덕복) 예(禮), 효, 정직, 책임, 존중, 배려, 소통, 협동 등의 마음가짐이나 사람됨과 관련되는 핵심적인 가치 또는 덕목
- (인성 역량) 핵심 가치 · 덕목을 적극적이고 능동적으로 실천 또는 실행하는 데 필요한 지식과 공감 · 소통하는 의사소통능력이나 갈등해결능력 등이 통합된 능력

  ※ 2015 개정 교육과정 총론의 인성 관련 역량 : 자기관리역량, 심리적 · 감성역량, 의사소통역량, 공동체역량

3) 인성교육의 방향 : 성품 및 인성역량 중심 교육

- 인성 가치 · 덕목을 학생들에게 주입식으로 지도하기보다는 미래사회를 성공적으로 살아가기 위해 필요한 바람직한 성품 및 역량들을 중심으로 참여형 인성교육을 설계하고, "앎을 삶 속에서 실천"하도록 교육활동을 체계적으로 조직 · 운영

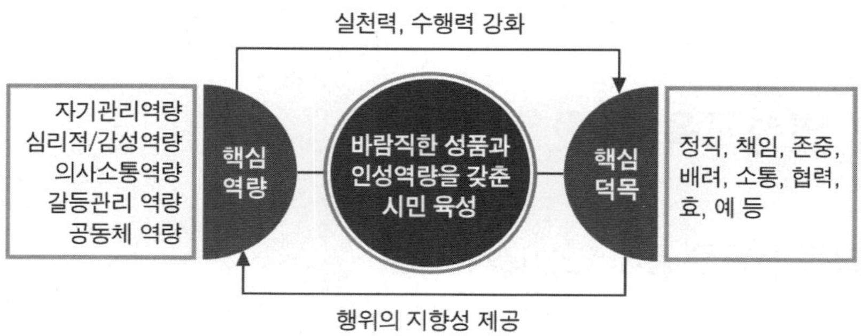

[그림 15-1] 성품 및 인성역량 순환

- 개인-대인관계-공동체 차원의 연결선상에서 자기관리역량, 심리적·감성역량, 의사소통역량, 갈등관리역량, 공동체역량을 균형 있게 학습하여 가정·학교·사회에서 행동으로 실천하도록 통합적 접근
- 학교 인성교육은 교과교육과정 및 범교과 학습 주제 등 교과 외 교육활동 전반을 통해 체계적·통합적으로 실행

4) 인성교육의 목표

〈표 15-1〉 학교급 인성교육 목표

학교급	인성교육 목표
유치원	자신을 존중하고 다른 사람과 더불어 생활하는 능력과 태도를 기른다.
초등학교	학생의 일상생활과 학습에 필요한 기본 습관 및 기초능력을 기르고 바른 인성을 함양하는 데에 중점을 둔다.
중학교	학생의 일상생활과 학습에 필요한 기본능력을 기르고 바른 인성 및 민주시민의 자질을 함양하는 데 중점을 둔다.
고등학교	학생의 적성과 소질에 맞게 진로를 개척하며 세계와 소통하는 민주시민으로서의 자질을 함양하는 데에 중점을 둔다.

2. 인성교육 추진 방향

1) 공교육 전반을 통해 인성교육 구현

- 개인적 차원 역량·사회적 차원 역량의 조화 및 균형을 통한 전인적 교육 실현
- 학교교육활동 전반에 인성역량 요소를 반영하여 실천적 인성 함양

※ 수행적 덕목 및 역량, 도덕적 덕목 및 역량, 시민적 덕목 및 역량

- 인성교육으로 인한 별도의 사교육 유발 요소 사전 차단

※ 공교육 중심의 학교 인성교육으로 인성 관련 민간 자격 양산에 대한 현장의 우려 불식

2) 교육현장의 부담 최소화

- 인성교육진흥법 시행에 따른 교육현장의 부담 최소화 및 학교 자율권 부여
- 현행 인성교육 관련 제도의 보완과 강화를 통한 안정적 인성교육 추진
- 인성을 대입전형에 계량화된 평가나 별도의 전형요소로 설정하는 방식은 명확히 제한

3) 가정 · 학교 · 사회 등 교육 주체 간 지원체제 구축

- 가정 · 학교 · 지역사회의 소통 및 연계체제 구축으로 공동체에서 더불어 사는 삶을 실천
- 학교와 학교 밖, 가정과 지역사회 등 다양한 구성원들의 이해와 요구에 맞는 계획 수립
- 가정 · 지역사회 · 국가의 참여와 협력을 촉진하기 위한 인성교육정책의 지원 · 조정기능 강화

3. 인성교육 세부 추진방안

1) 학교교육활동 전반을 인성 친화적으로 변화

(1) 학생의 인성을 가꾸는 학교생태계 조성

① 인성교육 기반 학교문화 조성

㉠ 교육 주체 간 의사소통문화 개선

- 학교교육계획 수립(인성교육 목표 설정) 시 학생 · 학부모 · 교원이 참여하는 수평적인 의사소통문화 조성
  - 학교교육 목표 및 학교 운영의 중심을 인성교육을 통한 창의인재 양성에 두고 이해와 공유를 통해 실행력 제고
  - 학생 · 학부모 · 교원 등 교육 주체 간 상호신뢰 및 존중, 자부심 제고
- 개방적 · 수평적 의사소통을 위한 교육 주체 간 협의회 활성화
  - 정기적인 "전문적 학습공동체 협의시간" 운영 확대
    (교사도 성장하는 주제 : 매주 수요일 교사 동아리 활동일, [1교사 1수업 중심 전문 학습 공동체]를 통한 지속 가능한 수업 역량 강화
  - 인성교육을 주제로 "학교교육 공동체 대토론회" 개최 권장
- 교육 주체 간 상호 소통과 협력 확산으로 신뢰 회복
  - 교감, 부장교사, 담당교사 등에 대한 위임 전결사항 확대
  - 학교 경영자에 대한 소통과 협력의 리더십 교육 강화
    ※ 신규, 중임 교장 임용 전후 학교문화 개선, 인성교육 관련 포함 연수 실시
  - 담임교사의 인성교육 방법 등 전문성 강화
    ※ 학생상담 연수, 학생 이해 및 소통 연수, 인성교육 실제 및 방법

연수
- 학교운영위원회 위원 연수기회 확대로 참여적 학교문화 확산

㉡ 교사 업무 부담 완화를 위한 학교구성원 간의 이해와 협력 강화

- 학교 업무분장을 조정하여 “인성교육부장” 지정 확대
  - 기존의 생활교육부장, 교육복지부장 등 관련 업무부장을 인성교육부로 통합 · 전환하는 방안 권장
  - 인성교육부 확대 : (2015) 36% → (2017) 50% → (2018) 70% → (2020) 80%
- 교사의 인성교육 필요성 및 중요성에 대한 인식 및 이해 제고
  - 도덕과, 전문상담교사 등 일부교사가 아닌 전체 교직원의 참여와 협력 강화를 위한 다양한 지원방안 마련

    ※ 인성교육 우수학교 및 우수교사 초청 연수, 우수 사례 · 프로그램 온라인 보급, 교사 간의 협의회 구성 · 운영, 자긍심 고취 및 사기 진작을 위한 포상 확대 등
- 전교직원의 학생 인성교육 동참 여건 마련
  - 행정직원, 방과 후 강사, 교육 지원인력 등도 학생인성 함양에 참여토록 연수기회 등 제공

② 관계 중심 생활교육 확산

㉠ 관계 중심 생활교육 정착을 위한 학교 내 상호작용 개선

> **▶ 관계 중심 생활교육의 개념**
> 학생과 학생 간의 바람직한 관계 형성을 통해 상호이해와 존중, 배려를 실천하고, 처벌과 강제보다는 화해와 소통을 통해 참된 상호작용을 실현하는 상생프로그램

- 갈등해결, 비폭력 프로그램, 또래조정, 학급회의 등 학생 간 이해, 존중

을 증진하는 활동에 참여할 기회 확대
- 관계 중심의 생활교육 매뉴얼 개발 · 보급
- 학교별 관계개선 프로젝트 추진 권장
- 단위학교 1교 1덕목(브랜드) 선정 · 실천(세족식, 편지 쓰기) 등 학교구성원 간의 관계 회복을 위한 실천 운영 전개
- 학생의 관계 형성 및 관계회복을 위한 지원 확대
  - 학교폭력예방을 위한 "어깨동무학교" 운영 확대
    ※ (2016) 약 3,000교 → (2020) 모든 학교 확대를 목표로 추진
  - 또래상담 및 또래조정을 통한 교육관계, 갈등 상황 상담 · 조정

ⓒ 긍정적 관계 형성을 위한 학생 언어문화 개선
- 인성교육의 출발로서 바른 언어 습관 문화 조성
  - 상호 간 존댓말 · 바른말 · 고운말 쓰기를 통한 존중과 배려문화 정착
  - 언론과 공동으로 언어문화 개선 공익광고 및 캠페인 추진
- "학생언어문화 선도학교" 지정 및 운영
  - 학교 차원의 다양한 언어문화 개선 운동 전개 및 우수사례 발굴
    ※ (2016) 100교 → (2017) 200교 → (2018) 300교 → (2019) 400교 → (2020) 500교
  - 학교별 언어문화개선 특별수업 실시 권장
  - 교사 · 학생 간 칭찬과 존경을 통해 상호 존중 풍토 조성
- 아나운서들과 청소년이 함께 제작하는 콘서트 운영
  - 청소년 언어문화 개선을 위한 특집 방송 프로그램 '우리말 한마당' 제작, 방영

ⓒ 학생 중심의 생활예절 교육 및 생활규칙 실천
- 유 · 초등 단계부터 전통예절 및 글로벌 예절교육 확대
  - 지역거점별 예절교육체험센터, 학생교육원 내 예절원 등의 예절교육

프로그램 활용도 제고

- 청소년대상의 예절교육을 디지털 세대에 맞게 재구성하고, 학교단위에 학교 행사 등과 연계하여 예절교육 실시

• 인터넷, 스마트폰 바른 사용법 교육 실시

- 건전한 스마트폰 사용, 인터넷 문화 조성을 위한 사회운동 및 청소년 주도의 선플 달기, 인터넷 언어 사용 모니터링 등 활동 전개

• 학생의 자발적 생활규칙 제정·운영 풍토 확산

- 학생이 중심이 되어 아침생활, 교실 내외 생활규칙, 교육벌 등 학생과 관련된 규칙 운영

㉣ 학생자치활동 등을 통한 민주시민교육 정착

• 학생이 직접 기획하고 실천하는 학생자치활동 운영 확산

- 학생회 임원의 학교운영위원회 참여 확대 및 학생회 예산 편성
- 학교장과 학생회 간의 간담회, 학생회 주관 세미나 개최
- 학생 인성교육계획 수립 시 학생 참여 확대

• 학교교육활동을 통한 민주시민의식 교육 강화

- 학교단위에서 법, 질서 준수 등 시민의식 제고와 사회 참여 자원
- 민주적인 학교경영을 통해 민주시민의식 함양

③ 자긍심 고취와 건전한 가치관 형성 교육 강화

㉠ 다양한 존중과 건전한 가치관 형성 교육 확대

• 외모, 신체 등 개인 간의 차이를 인정하고 존중할 수 있도록 다양성 존중과 가치관 교육 확대

- 도덕·사회·보건 등 관련 교과와 연계하여 2시간 이상 교육 실시 권장
- 동아리활동을 통해 외모 외에 자신과 타인의 장점을 발견하고 존중할 수 있는 기회 확대

- 자신의 끼를 발견하고 또래와 협력할 수 있는 연극(역할극), 뮤지컬, 영화 등을 학생이 기획하고 실연하는 기회 확대
  - 문화체육관광부와 협력하여 음악, 연기, 공연 기획, 영상 등의 전문가와 교과·담임교사가 협력하여 학생들의 활동 지원

ⓛ 미디어에 대한 비판적 이해 능력 함양교육 강화

- 창의적 체험활동 등에 미디어 리터러시(media literacy) 교육이 활성화 될 수 있도록 학교급별, 차시별 교육 프로그램 개발·보급
  - 미디어전문가, 언론인 등을 강사로 활용하여 교사연수를 실시하고, 학생대상으로 현장감 있는 미디어 리터러시 교육 실시
- 방송, 신문, 인터넷 등에 나오는 정보를 판단하고 평가해 그것을 이용하는 능력
- 일상을 반영한 교육자료 개발 등 한국형 미디어 리터러시수업모델을 개발하여 교과 연계 수업 및 범교과주제학습 활성화
  - 학생들이 자주 접하는 광고, 게임, 인터넷, 방송 프로그램 등을 활용한 수업 모델 개발·보급
- 학업, 외모 외에도 예술·체육, 기술 및 산업, 봉사 등 다양한 분야의 성공 사례를 집적하고 학생, 학부모, 교사 등 대국민 홍보 강화
  - 인터넷, 방송 등 언론매체가 외모지상주의 등으로부터 자정 노력 강화

(2) 인성교육 중심의 교육과정 운영 정착

① 인성교육 중심으로 학교교육과정 재구성

㉠ 국가수준 교육과정에 기초한 학교급별 인성교육계획 수립

- 시·도교육청은 교육과정 편성·운영지침에 인성교육 반영
  - 학교급별 교육 목표, 교과별 교육 목표 및 성취기준을 토대로 시도

별 인성교육 운영에 관한 사항, 자체 인성교육 과제를 발굴·설정

- 학교교육계획 수립 시 인성교육계획 반영
  - 국가 및 시도 수준 교육과정의 인성 관련 요소를 반영하여 학교별 인성교육 목표 및 실천요소를 설정하고 학교별로 특색 있게 운영

단위학교의 인성교육과정 운영				
학교생활 전반에서 인성교육	교과교육에서 인성교육	창의적 체험활동에서 인성교육	예술 체육 등 인성 테마 교육	학교 자율의 인성교육 운영
학교급별 인성교육 목표 및 실천적 성취요소				

[그림 15-2] 단위학교 인성교육 운영 모형

㉡ 체험·실천 중심의 학교교육과정 운영 활성화

- 계획 → 수업 → 성찰 등이 일관성 있는 "실천적 학교교육과정" 운영 정착
  - 인성을 주제로 하여 계획, 수업, 성찰 등을 일관성 있게 실시

초		중		고
생활교육 중심		토론학습 중심		인문소양 중심
• (목표) 기본생활습관과 관련한 가치 내면화		• (목표) 긍정적인 태도와 더불어 사는 삶 실천		• (목표) 공동체 발전에 기여하는 능력
• (생활) 기본생활습관 • (수업) 재구조화형 ⇨ 교과수업 + 인성역량수업을 블록타임으로 구성 : 교과통합형	⇨	• (생활) 소통, 배려 등 관계 역량 중심 • (수업) 연결형 ⇨ 연결고리가 될 인성 역량, 목록을 교과 및 창체 시간에 적용	⇨	• (생활) 교사–학생, 학생–학생 학습공동체 운영 • (수업) 융합형 ⇨ 인문·철학적 사고·심미적 탐구 능력과 인성 역량을 조화롭게 함양

실천중심의 행동적 접근
(기본생활 → 소통배려 중심)

토론중심의 정의적 접근
(교과 중심 → 교과 통합)

초등학교 중학교 고등학교

[그림 15-3] 학교급별 인성교육 중심 교육과정 운영 모델

- 학교별 특색 있는 인성 중심 교육과정 편성 · 운영 지원
  - 단위학교 여건, 학급 상황 및 특성을 고려하여 교육과정을 재구성
  - 발달단계에 따른 학교급별 인성교육 목표 및 실천방안을 구체화
  - 인성교육 중심 교육과정 운영 모델 확산을 위한 시범교육청, 시범학교 운영 · 지정
- 학교교육과정에 인성교육 프로그램 운영시간 편성을 구체적으로 제시하여 인성교육의 실효성 제고

▶ **학교교육계획에 따른 창의적 체험활동시간 활용 인성교육 프로그램 운영 방안**

- (집중 반영) 학년(군)별로 1학기(예시 : O시간) 어울림 인성교육 프로그램 등 운영
- (분산 반영) 학기별 일정 시간 인성주제로 지도

- 인근 학교와 "학교교육과정 네트워크" 구축 운영
  - 권역별 정기적 워크숍, 토론회를 운영하여 인성 중심 학교교육과정 모델 및 사례 공유
- 실천력 높은 인성교육을 위한 학교교육과정 운영 지원
  - 학교교육계획에 따른 특색 있는 인성교육 프로그램 운영 지원
  - 학교교육과정계획 수립 시 "교육공동체협의회"를 구성하여 교육과정 전반에 대한 체계적인 이해도 제고

    ※ 교원, 학부모, 학생이 함께 참여하여 인성교육 중심 학교교육과정 운영계획 수립
  - 학교별 인성교육 실천 캠페인, 인성 중시 교과활동 전개, 인성 관련 콘텐츠 제공을 위한 앱개발 등 학교단위 인성교육 실천 지원

② 교과교육을 통한 인성교육 중심 수업 정착

㉠ 인성교육 중심 수업의 정착 · 확산

- 교과교육을 통한 다양한 인성교육 중심 수업 구현
  - 각 교과의 특성과 목표에 부합하는 방식으로 인성교육을 추진하여 인성교육의 효과가 제고될 수 있도록 운영
- 협력학습 · 프로젝트학습 등 참여 · 활동 중심 교수학습을 교실 현장에 정착
- 프로젝트 수업, 배움의 공동체 수업, 거꾸로 교실 수업, 역할극 수업방식 등
  - 교사 간 팀티칭 및 협동연구를 통해 공동의 수업의 문제를 해결하고 실천
- 교사와 학생, 학생 간의 정서적 소통을 촉진하는 수업 확산
  - "클릭수업, 방송관람 수업, 문제지 풀이 수업"을 지양
  - 학생과 교사, 학생 간의 긍정적 상호작용이 있는 수업으로 전환
- 인성 중심 수업 촉진을 위한 지원 확대
  - 인성 중심 수업 우수사례 공모전 개최 등을 통한 우수사례 발굴 · 확산

㉡ 인성교육과 관련이 높은 교과목을 통한 인성교육 활성화

- 도덕과, 사회과 등의 수업을 민주시민의 역량을 길러줄 수 있도록 재구성
  - 교과 내용 및 수업 방법을 체험 · 실천 중심으로 재구조화하여 인성 역량 구체화
  - 인성과 관련성이 높은 교과목부터 우선적으로 수업을 재구조화하고 점차적으로 그 외 교과로 확대
  - 학부모 또는 지역사회 인적 · 물적 자원을 활용하여 지역사회와 연계할 수 있는 인성교육수업의 장 마련
- 도덕과 평가 매뉴얼 제작 · 보급

- 도덕과 교과교육에 인성교육의 핵심가치 · 역량을 구체화하고 인성 교육 요소 관련 평가 매뉴얼 제작 · 보급

㉢ 누리과정을 통한 유치원 인성교육 내실화

- 누리과정 전반에 기본생활습관과 더불어 사는 역량 강조
  - 질서, 배려, 협력 등 기본생활습관과 바른 인성, 자율성 함양, 사람과 자연 존중 및 우리 문화 이해 포함
- 자유선택활동 강화 및 바깥놀이 시간 확보
  - (자유선택활동 1시간 이상 배정) 유아의 사회적 상호작용 역량을 기를 수 있고 또래와 지내는 시간 확보

    ※ 유치원 평가 시 자유선택활동 시간(1시간 이상) 배정 확인
  - (1일 1시간 이상의 바깥놀이 시간 확보) 유아가 심신의 스트레스를 자연스럽게 발산하도록 매일 규칙적으로 대근육활동 참여
- 50대 교육과정 우수 유치원 선정
  - 인성교육 활성화를 위해 인성교육 우수사례 개발 · 보급
- 유치원 교사 연구회 지원 및 연수과정 개설
  - 인성교육 교수 · 학습 방법 개선을 위한 누리과정 수업연구회 지원
  - 유아교육 관리자 대상 인성교육 연수과정 개설

③ 인성 증진을 위한 수행평가 내실화

㉠ 학생평가에서 "과정 중심 평가" 확대

- 과정평가 내용에 정의적 영역 확대
  - 수행평가에 프로젝트 평가, 자기성찰평가, 동료평가 확대
  - 핵심가치 · 덕목이나 인성역량을 반영한 수행과정과 태도에 대한 평가 충실
- 학교급별 "정의적 영역평가" 관련 교내외 교원 연수 실시

– 연수 내용에 평가 방법뿐만 아니라 "평가 내용의 개선"을 포함하여 실질적인 평가 개선 유도

㉡ 학생평가 부담 완화

- 평가부담 완화를 위해 "학생생활기록부 인성 관련 기록관리" 개선
  – 학교생활기록부에 학생 성장과정 중심으로 정성적 평가를 충실히 기록함으로써 인성요소를 체계적 · 다면적으로 반영
  – 학생의 인성교육활동 결과를 "덕목" 중심 분류 기술에서 "학교별 인성교육계획"에 근거하여 자율적 기술

▶ 인성교육 관련 기재 요령 개선

- (현행) 학생의 인성 관련 내용은 핵심 인성요소를 (　　) 안에 입력하고, 객관적인 근거 및 누가 기록 자료를 토대로 구체적으로 입력
- (개선) 학생의 인성 관련 내용은 학교별로 정한 핵심 가치 · 덕목 · 역량 등의 변화 모습을 누가 기록 자료를 토대로 구체적으로 기술

(3) 학교 인성교육 지원체계 활성화

㉠ 인성 관련 체험 및 교육공간 확대

- 창의인성교육센터, 학생문화센터, 예절체험센터 등 시 · 도 단위에서 인성교육 환경 구축
  – 창의인성교육센터 등 전문체험센터 운영을 확대하여 학교 인성 교육 보완
- 인성교육실 등 학교 여건에 맞는 인성교육 환경 구축
  – 인성교육을 위한 인성교육체험실(예절실, 연극실) · 인성교육실(프로젝트학습실, 교과교실제 연계 가능)을 현장 수요를 토대로 구축하여 실천함으로써 체험 기회 확대

2) 학생의 인성을 깨우치는 교육 활성화

(1) 학생 맞춤형 인성교육 프로그램 개발 · 활용

① 학생 발달단계에 따른 인성교육 프로그램 개발 · 보급

㉠ 학교급별, 역량별 인성교육 지도 자료 개발 · 보급 확대

- 학교급별로 핵심가치 · 덕목을 반영한 인성교육 지도 자료 개발 · 보급 및 활용도 제고
  - 인물 및 사례 중심의 스토리텔링 자료 등 인성교육 지도 자료 개발
- 실천 · 사례 중심의 인성역량별 지도 자료 개발 추진
  - 교과 연계 수업, 창의적 체험활동시간 등에 활용

㉡ 학생 맞춤형 인성교육 프로그램 활용도 제고

- 어울림 프로그램을 보완 · 개발하여 모든 학생에게 확대 적용
  - 학교폭력예방을 위한 어울림 프로그램 중 인성교육 관련 프로그램을 인성역량 · 덕목 중심으로 재구성
- 구체적 활용계획에 따른 현장 맞춤형 프로그램 개발방식 도입
  - 개발단계에서부터 활용대상 교육지원청, 학교를 정하고, 프로그램의 계획–활용–평가의 전 과정을 체계적으로 관리
- 기 개발한 우수 인성교육 프로그램의 학교 현장 적용 활성화

② 인성교육 프로그램 인증제 도입 · 정착

㉠ 공교육 중심 인증체계 구축

- 인성교육 프로그램 운영자 요건 완화 및 공익성 제고
  - 학교(대학 포함), 출연기관, 공공기관, 비영리법인, 개인 등이 개발하여 공익적 목적으로 개발 · 운영 중인 프로그램을 인증

(2) 인성 중심의 창의적 체험활동 내실화

㉠ 창의적 체험활동을 통한 인성교육 활성화

- 인성을 주제로 창의적 체험활동의 영역·활동 연계 운영
  - 창의적 체험활동의 각 영역별 프로그램을 보완하여 인성교육 중심의 특색 프로그램 정착
- 창의적 체험활동과 연계한 인성교육 실천주간 자율 운영

㉡ 봉사활동을 통한 실천적 인성 함양

- 학생 주도의 봉사활동 중심 프로젝트 확산
  - 학생들이 지역사회에 대한 조사를 통해서 주제를 정하고, 학생 스스로 적합한 봉사활동 실시
- 학교교육과정 내에서 봉사활동 내실화 및 운영 확대

(3) 예술, 체육, 인문 등 인성 테마별 교육활성화

① 체육교육 활성화를 통한 건강한 인성함양

㉠ 교육과정과 연계한 체육교육 내실화

㉡ 스포츠활동 활성화를 통한 1학생 1스포츠 문화 조성

㉢ 학교체육 활성화를 위한 지역사회 연계 지원

- 교육(지원)청, 지방자치단체, 유관기관, 지역대학, 체육단체, 학교가 참여하는 체육교육협의체를 확대 구축하여 학생체육활동 지원을 위한 지역연계 체육교육활성화 사업 추진

② 예술교육을 통한 조화로운 감성 및 정서 함양

㉠ 교육과정과 연계한 학교예술교육 내실화

- 일반교과와 다양한 예술 분야의 융합수업 콘텐츠 자료 개발·보급, 예

술교육 거점학교 운영 등 학교예술교육 내실화

- 예술강사지원사업을 통한 예술전문가 협력수업 지원

ⓒ 학생들의 다양한 예술 체험 기회 확대

- 학생오케스트라, 연극, 뮤지컬 등 다양한 예술교육사업을 통한 학생들의 예술체험 기회가 인성함양에 기여하도록 지원 확대
- 1학교 1예술동아리, 1학생 1기 키우기 활동 등 전개
- 각급 학교에 악기교육 지원

ⓒ 지역사회 연계를 통한 학교예술교육 활성화

- 다양한 학교예술교육 프로그램 지원을 위해 지역 문화예술 유관기관이 참여하는 지역 연계 학교예술교육 활성화

③ 인문소양교육 및 독서교육 활성화

㉠ 삶의 질을 높이는 인문소양교육 활성화

- 인문정신을 반영한 수업 활성화 지원
- 학교 인문소양교육에 대한 지원 확대
- 체험과 소통의 인문학 콘서트 개최

㉡ 독서교육 활성화를 통한 소통·공감능력 함양

- 학교급별 다양한 독서활동을 통한 인성교육 강화
  - 읽고·생각하고·만드는 독서활동 전개를 통한 삶으로 이어지는 독서교육 실시
- 1학교 1독서 동아리 활동 활성화
  - 학교도서관 중심의 사제동행, 독서진로, 또래 중심 등 독서동아리 활동 및 독서체험 확대
- 학교도서관 활용 교과연계 수업 강화
  - 전 교과영역에서 학교도서관 활용 교과연계 수업 강화

- 독서교육 활성화 지원체제 구축으로 독서교육 환경 조성
  - 독서교육종합지원시스템 운영 및 공공도서관의 학교도서관 지원 기능 강화

④ 교육과정과 연계한 자연환경 체험교육 활성화

㉠ 자연환경 체험 기회 확대

- 지역 자연환경 자원을 소재로 한 환경체험 기회 확대
  - 생태탐방·탐구, 자연관찰, 환경 프로젝트 등 지역 환경 자원을 소재로 학교, 사회단체에서 운영하는 다양한 환경 체험 프로그램 지원
- 초·중·고 학생의 숲체험 기회 제공을 위한 학교숲 및 유아숲 체험원 조성 확대

㉡ 교육과정과 연계한 자연환경 체험 프로그램 확산

- 교과 및 창의적 체험활동과 연계한 다양한 자연환경 체험 프로그램 확산
  - 환경체험·탐방, 환경진로 등 환경 분야의 특성을 살리고, 중학교 자유학기제 등 학교교육에서 활용할 수 있는 프로그램 개발, 운영
- 맞춤형 산림교육을 위한 다양한 프로그램 개발 및 보급
  - 자유학기제와 연계한 산림교육 프로그램 운영으로 숲교육 수혜인원 증대
  - 청소년단체활동, 주말산림학교, 방과 후 숲교실 확대 운영
  - 학교폭력 가해자 등 위기학생 대상 산림교육 프로그램 운영
- 수학여행, 체험학습 등 학생 체험활동에 자연 체험 프로그램 적용
  - 자연과 환경의 중요성을 직접 체험할 수 있는 기회로 활용

Chapter

16

생활지도 및 상담

1. 생활지도

1) 생활지도의 개념

생활지도는 학생 자신과 그를 둘러싼 현실 환경을 이해하여 건전한 적응이 가능하도록 돕는 활동으로서(이영덕 · 정원식, 1994), 일시적인 해결이나 구체적인 행동의 변화보다 인간의 전반적인 성장 및 발달을 촉진하여 학생의 자아실현을 돕는 행위를 의미한다(한용진 외, 2007).

특히, Shertzer 등(1966)에 의하면 생활지도는 개인들이 자기 자신과 자신의 세계를 이해할 수 있도록 도와주는 과정을 말하고, Jones(1970)은 개인들이 지적인 선택과 적응을 할 수 있도록 도와주는 것으로 정의하였다. 또한 박성수(1993)는 생활지도를 개개인의 인지적 · 정의적 · 신체적 특성과 잠재 가능성을 바르게 이해하고 발달시켜 개인의 교육적 · 직업적 · 사회적 · 심리적 발달을 가능성의 최고 수준까지 도달할 수 있도록 원조하는 봉사활동으로 정의하였다.

따라서 생활지도는 한 개인이 가지고 있는 능력과 소질을 스스로 발견하게 하여 최대한으로 발달 · 발휘하고 육성시키도록 돕는 과정, 즉 자기지도를 이루게 하는 과정이라 할 수 있다(한은숙 · 김종두, 2008). 이러한 생활지도는 학교교육에서 교과활동 이외의 모든 교육으로서, 학생의 학업, 진로, 문제행동 등 전문적인 도움을 주는 활동과 예절교육, 청결위생, 생활습관 등 전반적인 지도를 하는 비전문적 활동까지 포함한다(한상길 외, 2007).

그러나 최근 생활지도는 단순히 문제학생의 지도나 훈육에 제한하는 것이 아니라, 문제학생이 발생하지 않도록 적극적인 예방활동까지 포함하고 있다.

지금까지 살펴본 것처럼, 생활지도는 교육의 목적을 달성하기 위한 방법으로 학생들이 일상생활에서 해결해야 할 교육적 · 직업적 · 사회적 · 신체적 · 도덕적 문제를 자기 힘으로 해결할 수 있도록 돕는 활동으로서 학생들이 가지고 있는 흥미 · 적성 · 능력 · 인격 등 인성적 특성과 잠재력을 발견하고 이해하게 하여 이를 최대한으로 발전시켜 나가며 현명한 선택과 적응을 위해 조직적인 봉사가 이루어지고 자기지도 및 자아실현을 돕기 위한 활동이다(이형행, 2007).

한편, 생활지도의 목적은 첫째, 자신을 올바르게 이해하도록 돕고, 둘째, 자신의 잠재력을 발견하고 계발하도록 도우며, 셋째, 당면한 문제를 정확히 파악하여 스스로 해결할 수 있도록 돕고, 넷째, 신체적 · 인지적 · 정의적 · 사회적 측면이 골고루 성장 · 발달하도록 도우며, 다섯째, 모든 환경에 건전하고 성숙하게 적응하도록 돕고, 끝으로 민주시민의 자질을 갖추도록 돕는다(강갑원 외, 2006).

2) 생활지도의 원리

생활지도의 기본적인 방향은 모든 학생을 대상으로 해야 하고 개인의 존엄성과 전인적 성장 및 발달에 중점을 두며 학생의 처벌이나 치료보다 선도나 비행의 예방에 초점을 두고 의사의 자기결정 및 문제의 자기해결을 도와주어야 하며 생활지도는 과학적으로 추진하고 관련 인사 또는 관계 기관과의 협동적인 노력이 필요하다(김운삼, 2003). 이러한 생활지도의 원리는 존엄성 인정과 수용의 원리, 자율성 존중의 원리, 적응의 원리, 인간관계의 원리, 자아실현의 원리 등 기본 원리와 계속과정의 원리, 균등의 원리, 전인의 원리, 과학적 기초의 원리, 적극성의 원리, 협동성의 원리 등 실천 원리로 이원화하여 〈표 16-1〉과 같이 구분할 수 있다.

〈표 16-1〉 생활지도의 원리

구분		개념
기본 원리	존엄성 인정과 수용의 원리	학생의 존엄성을 인정하고 어떤 경우이든 학생을 긍정적으로 수용
	자율성 존중의 원리	자신의 문제를 해결하는 데 있어서 스스로 판단하고 결정
	적응의 원리	개인의 능력과 특성을 살려 적극적으로 자신을 이끌어 가도록 하여 전반적인 생활에 적응
	인간관계의 원리	교사와 학생 간에 참다운 인간관계 유지
	자아실현의 원리	개인의 자아실현 달성
실천 원리	계속 과정의 원리	한 번으로 끝나는 것이 아니라, 계속적인 추수활동 포함
	전인의 원리	개인의 특수한 영역이나 기능의 일부만 다루는 것이 아니라, 모든 측면을 통합적으로 지도
	균등의 원리	문제 학생만 대상으로 하는 것이 아니라, 모든 학생을 대상
	과학적 기초의 원리	구체적이고 객관적이며 과학적 이론을 토대로 실천
	적극성의 원리	문제 행동의 치료에만 국한하는 것이 아니라, 예방에 더 초점
	협동성의 원리	담임교사나 생활지도 교사만이 아니라, 전 교직원, 부모, 지역사회 인사, 전문가 등의 상호 협력

자료: 강갑원 · 박영진 · 안병환 · 이경희(2006). 교육학개론. 교육과학사, 재구성.

3) 생활지도의 영역

생활지도의 영역은 교육지도, 진로지도, 인성지도, 사회성지도, 건강지도, 여가지도, 다문화이해지도 등 〈표 16-2〉와 같이 분류할 수 있다(김병희 외, 2008).

〈표 16-2〉 생활지도의 영역

구분	개념	세부 활동
교육지도	학교교육에 필수적인 교과과정에 대한 안내와 효과적인 학습방법 및 올바른 학습습관 지도, 학습부진 지도, 학습동기 유발을 포함한 학업에 관한 모든 지도	신입생 오리엔테이션, 학업부진아, 학습 방법 지도, 독서, 기타 학업문제 지도
진로지도	학생의 욕구, 적성, 능력, 흥미 등을 파악하고 그에 따른 상급학교 진학이나 자신에게 적합한 직업을 선택하도록 돕는 활동	상급학교 진학 관련 정보, 다양한 직업세계에 대한 정보 제공, 진학 및 취업상담, 직업적성 진단, 추수지도
인성지도	학생 개인의 심리적·정서적 문제를 다루어 개인의 원활한 학교생활 적응을 돕는 활동	정서와 성격문제, 욕구불만의 진단과 해석, 습관 교정, 심리적 장애 진단과 치료
사회성지도	민주시민으로서 갖추어야 할 자질과 의무, 권한과 책임을 이해하고 민주적인 태도, 기능, 습관, 협동정신 함양	교우관계 지도, 이성관계 지도, 가족관계 지도, 대인관계 문제 지도, 사회에 대한 봉사정신 지도
건강지도	학생 개인의 건강에 관한 중요성을 인식하고 자신의 건강을 위한 적절한 대책을 세울 수 있도록 지도	건강한 신체 유지를 위한 보건 및 건강교육, 각종 질병예방 방법, 사고예방을 위한 안전지도 및 교육
여가지도	학생의 욕구, 흥미, 능력, 소질에 따라 다양한 과외활동을 할 수 있도록 지도 및 조언	스포츠 활동, 취미 활동, 독서, 음악 및 미술 감상, 사회봉사 활동, 놀이

4) 생활지도의 활동

생활지도의 활동은 조사활동, 정보활동, 상담활동, 정치활동, 추수활동 등 〈표 16-3〉과 같이 요약할 수 있다(김병희 외, 2008; 이형행, 2007; 김운삼, 2003; 조영일, 2003).

〈표 16-3〉 생활지도의 활동

구분	개념
조사 활동	• 계획이나 실천을 위해 보다 과학적이고 정확한 학생들의 실태를 파악하거나 학생들의 자기 이해를 돕기 위한 활동 • 각종 표준화 검사, 학업성취도 검사, 환경조사, 질병조사, 생활사조사, 가족관계조사, 교우관계조사, 관찰에 의한 행동의 누가기록 • 학생의 현재, 미래활동에 대한 정확한 판단을 목적으로 학생에 대한 정보를 수집하는 과정 • 학생의 개별성을 찾아내는 자료 제공 • 학생이해활동, 학생평가활동
정보 활동	• 학생들이 필요로 하는 각종 정보 및 자료를 제공하여 학생들의 개인적 성장과 사회적 적응을 돕기 위한 활동 • 교육정보, 직업정보, 개인적 및 사회적 정보 • 정보는 학교 자체에서 조사하거나 인쇄물을 통해 수집, 정리, 보관하여 개인상담이나 집단상담 시 제공 • 정보 수집 방법: 인터넷 정보, TV, 신문, 잡지, 각 분야 전문가, 각종 간행물 및 논문, 전문서적 등 • 정보 제공 방법: 강의, 개인 및 집단상담, 온라인상담, 안내 책자, 게시판, 편지, 교내 방송, 오리엔테이션, 현장 견학, 전문가 초빙 등
상담 활동	• 상담자와 내담자 간의 관계에서 면접상담의 기술을 통해 학생들의 자율능력과 문제해결력을 기르는 동시에 학생들의 적절한 감정 처리를 위해 조력함으로써 정신건강을 향상시키고 적응을 돕는 활동 • 협력적인 관계 형성 → 문제 탐색 → 문제 해석 → 방향 설정 • 상담활동의 목적: 학생들의 행동변화 촉진, 학교 적응능력 향상, 합리적인 의사결정능력 배양, 대인관계기술 증진, 학생 개인의 잠재능력 개발 • 개인상담, 집단상담, 전화상담, 쪽지상담, 온라인상담, 또래상담 등
정치 활동	• 자신의 적성 및 진로의 특성을 정확하게 이해하여 진로를 현명하게 선택하도록 도와주는 활동 • 진학지도, 취업지도, 상위학교나 계열, 학과 선택
추수 활동	• 지도를 받은 학생들의 추후 적응상태를 확인하여 항상 보살피고 부적응에 대한 조력과 보다 나은 적응을 돕는 활동 • 사후 점검활동 • 상담자나 교사가 학생에게 제공한 도움의 성과를 알아보기 위한 우발적인

구분	개념
	추수활동 • 사례연구의 대상이 되었거나 집중적인 교정 지도를 받은 학생에 대한 추수활동 • 졸업생, 중퇴자, 졸업예정자, 진학예정자에 대한 추수활동

자료: 조영일(2003). 새로운 접근의 교육학개론. 교육과학사, 재구성.

2. 상담

1) 상담의 개념

상담의 사전적 의미는 의논, 충고, 조언, 협의, 정보 제공으로 정의할 수 있는데, 이장호(1988)는 도움을 필요로 하는 내담자가 전문적으로 훈련을 받은 상담자와의 대면관계에서 생활과제의 해결과 사고, 행동 및 감정 측면의 인간적 성장을 위해 노력하는 학습과정으로 상담을 정의하였다.

또한 이영덕과 정원식(1994)은 도움을 필요로 하는 사람과 도움을 줄 수 있는 사람 사이의 개별적인 관계를 통해 새로운 학습이 이루어지는 과정으로 정의하였고, 황응연과 윤희준(1983)은 도움을 필요로 하는 사람을 다른 사람이 도와주는 상호작용의 인간관계로 정의하였으며, 이재창(1995)은 상담이란 전문적인 훈련을 받은 상담자가 도움을 필요로 하는 내담자에게 자신과 주위 환경에 대한 이해를 촉진시킴으로써 적응과 발달을 할 수 있도록 행동의 변화를 가져오게 하는 상호작용의 학습과정으로 보았다.

특히, 상담의 궁극적인 목표는 인간으로 하여금 자신의 잠재력을 최대한으로 발휘하도록 돕고 일상생활에서 보다 건강하고 행복한 삶을 누릴 수 있도록 도와주는 것이다(한상길 외, 2007). 이러한 상담의 구체적인 목표는 첫째, 행동의 변화를 가져오게 하고, 둘째, 정신건강을 증진시키며, 셋째, 문제해결 및 증세를 제거하고, 넷째, 내담자의 잠재력 촉진과 효율성을 증진시키며 끝으로 의사결정능력을 증진시키는 것이다(김운삼, 2003).

한편, 상담의 기본 조건으로 진실성, 존경, 공감적 이해 등 〈표 16-4〉와 같이 정리할 수 있다(Patterson, 1971).

〈표 16-4〉 상담의 기본 조건

구분	개념
공감적 이해	• 감정이입 • 상담자 자신이 내담자의 입장이 되어 내담자의 문제를 느끼고 이해하는 것
진실성	• 일치성, 진지성, 순수성 • 대인관계에서 자신의 실제적인 경험을 정확하게 깨닫고 거리낌 없이 깊이 있게 자기 자신을 드러내는 것
존경	상담자가 내담자를 귀중한 인간, 어떤 다른 사람과도 비교할 수 없는 그 사람만의 독특한 가치를 지닌 인간으로 받아들이는 관계

또한 상담의 기본 원리는 개별화의 원리, 감정 표현의 원리, 통제된 정서 관여의 원리, 수용의 원리, 비심판적 태도의 원리, 자기결정의 원리, 비밀보장의 원리 등 〈표 16-5〉와 같이 요약할 수 있다.

〈표 16-5〉 상담의 기본 원리

구분	개념
개별화의 원리	상담자는 내담자의 말을 경청하고 세밀하게 관찰하며 내담자와 견해가 다를 경우 적절하게 선택하도록 해야 하는 원리
감정표현의 원리	내담자의 감정을 솔직하게 표현하도록 상담자가 모든 노력을 기울여야 한다는 원리
통제된 정서 관여의	내담자가 표현한 감정에 민감하고 의도적으로 적절하게 반응해

구분	개념
원리	야 하는 원리
수용의 원리	내담자에게 따뜻하고 명랑하고 친절하게 대해 주며 내담자를 수용해 준다는 원리
비심판적 태도의 원리	내담자의 행위에 대해 상담자가 판단이나 비판을 하지 않는다는 원리
자기 결정의 원리	상담자가 결정하는 것이 아니라, 내담자가 선택하고 결정해야 한다는 원리
비밀 보장의 원리	상담과정에 있었던 모든 사항에 대해 제3자가 알지 못하도록 하는 원리

자료: 강갑원 · 박영진 · 안병환 · 이경희(2006). 교육학개론. 교육과학사, 재구성.

2) 상담의 과정

상담의 과정은 준비단계, 상담 초기 단계, 상담 중심 단계, 종결과 평가단계 등으로 〈표 16-6〉과 같이 구분할 수 있다.

〈표 16-6〉 상담의 과정

구분	개념
준비단계	• 면접에 들어가기 전 또는 면접과 거의 동시에 내담자에 관한 각종 자료를 가능한 한 체계적, 종합적으로 수집하는 과정 • 내담자의 인적 사항, 신체발달 기록, 학업성적 기록, 각종 심리검사 결과, 사례사, 과거의 상담 기록 등을 준비하는 단계
상담 초기 단계	• 내담자에게 자신의 결정 문제, 찾아온 이유 및 배경 등을 진술하는 단계 • 내담자에게 자기의 문제를 회피하거나 운명론적이거나 피해자란 지각에서 벗어나 전문적인 상담의 필요성을 절실하게 느끼도록 하는 단계 • 관심집중 기술: 내담자 향해 앉기, 개방적인 몸자세 취하기, 가끔 상대방을 향해 몸을 기울여 앉기, 시선을 통한 접촉을 적절히 하기, 긴장 풀기 • 경청 기술: 내담자의 비음성적 표현 경청하기, 경청 확인하기, 내담자의 음성언어 경청하기

구분	개념
상담 중심 단계	상담 문제를 보다 구체적으로 정의하고 명료하게 한 후 문제행동과 목표행동에 대한 내담자의 자각과 문제해결과정에서의 실제적인 노력을 촉진하는 과정
종결 및 평가단계	• 종결은 내담자와 상담자의 합의에 의해 결정 • 종결 전 그동안 성취한 것을 상담 목표에 비추어 평가하고 성취하지 못한 경우 왜 그렇게 되었는지 토의

자료: 조영일(2003). 새로운 접근의 교육학개론. 교육과학사, 재구성.

3) 상담의 이론

상담이론은 지시적 상담, 개인구념 이론, 합리적 · 정서적 행동상담 등의 인지적 영역의 상담이론과 정신분석적 상담, 실존주의 상담, 인간 중심적 상담 등의 정의적 영역의 상담이론, 행동수정, 상호제지이론 등의 행동적 영역 상담이론으로 구분할 수 있다.

(1) 정신분석적 상담

정신분석적 상담은 프로이트(Freud)의 정신분석학의 원리와 방법을 응용한 것으로서, 정신분석적 기법, 즉 자유연상, 꿈과 환상의 분석, 저항과 전이의 해석과 훈습 등을 이용하여 내담자를 면접하는 것이다(이병승 외, 2006). 이러한 정신분석적 상담의 목표는 무의식적 갈등을 의식화시켜 개인의 성격 구조를 재구성하는 데 있다(조영일, 2003).

특히, 정식분석적 상담은 무의식적 심리과정과 동기에 대한 이해를 촉진하고 역사적인 근거를 탐색함으로써 현재의 문제행동을 해결하는 것을 치료의 초점으로 삼고 있다(김운삼, 2003).

한편, 불안은 기본적인 갈등을 억압한 결과로서 나타나는데, 개인의 자아가 합리적이고 직접적인 방법으로 불안을 조절할 수 없을 경우 〈표 16-7〉과 같은 방어기제를 의존하여 조절한다(김계현 외, 2000).

〈표 16-7〉 방어기제의 유형

구분	개념
투사	자신의 바람직하지 못한 특성들을 다른 사람에게 전가함으로써 불편한 마음과 자기 책임으로부터 벗어나려 함
합리화	용납할 수 없는 자신의 행동과 감정을 정당화하기 위해 사회적으로 받아들일 수 있는 이유를 붙여 자기보호와 체면을 유지하고 사회적 비판을 피하려고 함
부인	고통스럽거나 위협적인 상황을 받아들이기 두려울 때 그 상황의 존재를 부정함
승화	억압된 충동이나 감정을 사회적으로 잘 수용될 수 있는 형태의 욕구로 변형시켜 표현하는 것
반동 형성	자신이 가지고 있는 것과는 반대되는 생각이나 감정을 과장되게 표현함으로써 본래 자신이 가지고 있는 생각이나 감정을 은폐시키려 함
퇴행	현실적으로 만족할 수 없는 위협이나 불만, 불안 등을 어린 시절의 원시적이고 유치한 행동 수준으로 후퇴하여 해소시킴
억압	사회적으로 수용될 수 없거나 매우 고통스러운 감정이나 생각, 욕구 등을 의식 수준 아래로 밀어내는 것
백일몽	불쾌한 문제나 현실에 처해 있을 경우 이를 배제시키려는 시도로 보다 유쾌한 일을 마음속으로 상상함으로써 현실적으로 불가능한 것을 가능한 것으로 생각함
동일시	자신보다 우월하다고 생각되는 타인의 가치나 성격 특성을 자기의 것으로 내면화함으로써 자신의 무능력이나 나약함을 회피하는 것
고립	어떤 일에 관련되는 것을 거절하고 회피함으로써 그로 인해 생길지도 모르는 정서적 긴장과 갈등의 상황에서 벗어나려는 행동 양식
보상	자신의 부족한 점을 감추기 위해 약점을 지각하지 않거나 어떤 다른 특성을 발전시키는 것

또한 정신분석학적 상담의 주요 기술로는 자유연상법, 해석, 꿈의 분석, 전이 등 〈표 16-8〉과 같이 정리할 수 있다.

〈표 16-8〉 정신분석학적 상담의 기술

구분	개념
자유연상	• 내담자에게 머릿속에 떠오르는 것을 자유롭게 말하도록 하는 방법 • 억압된 과거의 경험을 회상하거나 정서적 문제의 원인이 되는 단서를 찾아내는 데 도움이 되는 방법
해석	무의식적 경험이 의식 수준으로 떠오는 것을 방해하는 내담자의 심리적 저항이 있을 경우에 그 저항을 이해하도록 도와줌으로써 자유연상을 촉진할 수 있는 방법
꿈의 분석	• 내담자의 잠재몽이나 현재몽에 나타난 무의식적인 동기를 이해하는 중요한 수단 • 현실적으로 이루어질 수 없는 무의식적인 욕망이나 소원 등이 꿈 속에서 실현되게 하는 방법
전이	내담자가 어렸을 때 중요한 타인들과의 관계에서 경험했던 억압된 감정을 정신분석학자에게 재현하는 심리적 현상

자료: 이형행(2007). 교육학개론(전정 2판). 양서원, 재구성.

(2) 인간 중심 상담

인간 중심 상담은 로저스(Rogers)에 의해 창시된 것으로 내담자 중심 상담, 비지시적 상담이라고도 한다. 내담자로 하여금 충분히 기능하는 인간으로 성장하도록 하는 것, 즉 내담자의 자아개념과 유기체적 경험 간의 불일치를 제거하고 내담자가 느끼는 자아에 대한 위협을 제거하도록 하는 것을 의미한다(한상길 외, 2007).

특히, 인간 중심 상담에서 상담자는 내담자가 스스로 치료할 수 있는 능력을 가지고 있다고 믿기 때문에, 바람직한 행동을 가르치는 교사나 숨겨진 의도를 분석하는 분석가이기보다 내담자의 잠재력이 충분히 발휘될 수 있도록 분위기를 제공하는 조력자가 되어야 한다(김운삼, 2003). 이러한 인간 중심 상담의 목표는 한 개인의 자아실현 경향성의 발현과 완전히 기능하는 인간의 육성에 있기 때문에, 상담자와 내담자의 관계 형성과 조력이 무엇보다 중요하다(김병희 외, 2008).

따라서 인간 중심 상담이 잘 이루어지기 위해서는 상담자의 따뜻한 마음과 태도, 진솔함, 자유롭게 이야기할 수 있는 부드러운 상담 분위기와 비밀 보장, 우호적인 관계 형성이 매우 중요하고 무조건적인 긍정적인 수용, 진실성, 공감적 이해 등의 태도를 상담자는 지니고 있어야 한다(한상길 외, 2007).

(3) 특성-요인상담

특성-요인상담은 윌리암슨(Williamson)에 의해 진로상담을 기초로 출발한 이론으로서 상담자의 주도하에 내담자의 문제에 대한 자료를 수집, 분석, 종합, 진단, 예측, 상담과정을 거쳐서 정보를 제공하고 조언, 충고, 프로그램을 계획하는 등 상담자의 적극적이고 주도적인 역할을 강조한다(한상길 외, 2007). 이러한 특성-요인상담은 지시적 상담, 이성적 · 지시적 상담, 상담자 중심 상담, 의사결정 상담 등으로 불리고 있다(김성회, 1997).

특히, 특성-요인상담의 궁극적인 목표는 개인의 자기 가능성을 최대한 실현할 수 있도록 개인의 전체적인 발달을 촉진하도록 돕는 데 있다(강갑원 외, 2006).

한편, 특성-요인상담의 과정은 〈표 16-9〉와 같은 단계를 거친다.

〈표 16-9〉 특성-요인상담의 단계

구분	개념
수집·분석 단계	객관적, 주관적 방법을 동원해 내담자(적성, 지능, 흥미, 학업성취도 등)에 관한 자료 수집 및 분석
종합단계	심리검사 결과, 사례연구 결과 등 종합
진단단계	내담자의 특성과 진로문제를 기술하고 이에 대응하는 교육 및 직업능력을 비교하여 문제 진단
예측단계	진로와 관련된 문제를 해결할 수 있는 대안과 가능성 탐색
상담단계	내담자가 무엇을 어떻게 해야 하는가에 대한 정보 제공 및 협의

자료: 한상길 · 김응래 · 박선환 · 박숙희 · 정미경 · 조금주(2007). 교육학개론. 공동체, 재구성.

또한 특성-요인상담의 주요 기술을 살펴보면 첫째, 대답을 예/아니오 또는 구체적인 정보를 한정하면서 매우 구체적인 질문을 하고, 둘째, 설명하고 논의하고 문제나 치료에 관련이 있는 정보를 제공하며, 셋째, 화제를 제시하지만 대화의 전개는 내담자에게 맡기며, 넷째, 내담자의 행동을 주시하고, 다섯째, 내담자가 방금 이야기한 주제의 내용을 인정하며 여섯째, 증거를 정리하고 내담자에게 제시한 행동을 하도록 설득하며 끝으로 문제나 교정이 필요한 조건을 지적해야 한다(조영일, 2003).

(4) 합리적-정서적 상담

합리적-정서적 상담은 엘리스(Ellis)에 의해 창시된 것으로 인간의 감정과 문제가 대부분 비합리적인 사고로부터 생겨나기 때문에, 내담자의 비현실적이고 비이성적인 관점을 바꾸어 자신과 환경 또는 대인관계를 합리적으로 접근하고 수용하도록 논리적인 판단과 자기 주장을 강조하였다(김운삼, 2003). 이러한 합리적-정서적 상담의 목표는 내담자가 자기파괴적인 신념들을 줄이고 보다 합리적이고 현실적인 관대한 신념과 인생관을 갖도록 함으로써 보다 융통성 있고 생산적인 삶을 살도록 조력하는 것이다(한상길 외, 2007).

특히, 합리적-정서적 상담의 단계는 ABCDE 모형으로서 〈표 16-10〉과 같은 과정을 거친다.

〈표 16-10〉 합리적-정서적 상담의 단계

구분	개념
A	내담자가 생각하는 문제 장면이나 선행 사건
B	선행 사건에 대한 내담자의 신념
C	선행 사건 A에 대한 비합리적 신념 때문에 생긴 정서, 행동적인 결과
D	비합리적 신념 B에 대한 상담자의 적극적인 논박
E	비합리적인 신념을 논박한 후의 효과

자료: 김병희 · 김형구 · 배재학 · 이기용 · 이영애 · 정길영 · 최병옥(2008). 교육학개론. 공동체, 재구성.

한편, 합리적-정서적 상담에서 상담자는 내담자가 가지고 있는 불합리한 사고와 신념을 반박하고 부정하는 설득과 주장, 권고, 격려 등을 하기 위해 논박, 과제 제시, 독서법, 자기 진술, 수용 등의 기술을 사용한다(한상길 외, 2007).

(5) 행동수정상담

행동수정상담은 행동주의 학습이론에 기초한 것으로 사회기술훈련 등 내담자에게 필요한 사회행동을 학습시키는 행동치료와 왜곡된 신념과 사고방식을 수정하는 인지적 재구성, 문제 해결적 사고방식의 훈련을 목표로 하는 '인지적 훈련' 등이 배합된 접근 방법이다(김운삼, 2003). 따라서 행동수정상담의 목표는 잘못 학습된 바람직하지 않은 문제행동은 소거하고 보다 효율적이고 바람직한 행동을 새로 학습하도록 조성해 나가는 것이다(한상길 외, 2007).

특히, 행동수정상담은 객관적으로 관찰할 수 있고 측정 가능한 행동을 상담 대상으로 삼기 때문에 상담의 효과와 진전상태 등을 객관적으로 평가할 수 있다(조영일, 2003).

한편, 행동수정상담의 주요 기술은 강화, 체계적 감감법, 혐오치료, 대리경제체제, 행동 조성, 시범 보이기, 역할연기, 사고중지, 자기지도, 인지적 행동수정 등 〈표 16-11〉과 같이 정리할 수 있다(김계현 외, 2000).

〈표 16-11〉 행동수정상담의 주요 기술

구분	개념
강화	목표행동을 할 때마다 보상을 주어 바람직한 행동의 빈도를 높이는 방법
체계적 감감법	주로 공포증을 치료할 때 많이 쓰이는 방법으로 불안을 일으키는 자극에 대해 불안 위계를 작성한 다음, 하위 불안 위계부터 시작, 가장 위협적인 불안 수준까지 단계적으로 노출, 불안대상에 직면하도록 하면서 각 단계에서 불안 장면을 상상하고 이완절차를 거쳐 불안을 극복해 나가는 방법
혐오치료	불쾌하거나 혐오스러운 자극을 제공하여 부적응행동을 치료하는 방법

구분	개념
대리경제체제	직접적으로 강화물을 쓰지 않고 후에 내담자가 원하는 것과 교환할 수 있는 토큰을 보상으로 제공하는 방법
행동조성	원하는 바람직한 행동을 쉬운 것부터 여러 단계로 나누어 강화시킴으로써 점진적으로 목표행동에 도달하도록 하는 방법
자기지도법	내담자 스스로 문제점을 파악하고 교정해 나가는 방법으로 자기관찰, 자기계약, 자기교수훈련 등을 이용

또한 행동수정상담의 과정은 상담관계의 형성, 문제행동 규명, 현재 상태 파악, 상담목표 설정, 상담기술 적용, 상담 결과 평가, 상담 종결 등 7단계를 거친다(한상길 외, 2007).

(6) 현실치료상담

현실치료상담은 글라서(Glasser)에 의해 창시된 단기상담으로서 과거나 무의식적 동기보다 현재의 행동과 사고에 초점을 두고 행동을 선택하는 책임감을 강조하며 현재보다 심리적 욕구를 바르게 만족시켜 줄 수 있는 효과적인 행동을 학습하도록 해서 성공적인 자기상, 즉 성공적 정체감을 갖도록 하는 데 목적이 있다(김병희 외, 2008). 즉, 현실치료상담의 궁극적인 목적은 내담자가 자신의 욕구와 바람을 충족시켜 자신이 원하는 삶을 살도록 하는 데 있다(강갑원 외, 2006).

특히, 현실치료상담의 과정은 WDEP체계로서 〈표 16-12〉와 같은 단계를 거친다(Wubbolding, 2000).

〈표 16-12〉 현실치료상담의 단계

구분	개념
Want (바람)	상담자는 숙련된 질문을 통해 내담자로 하여금 자신의 욕구충족을 위한 바람이 무엇인지 그리고 그 바람들의 우선 순위를 결정하는 단계

구분	개념
Doing (-하기)	내담자로 하여금 바람을 충족하기 위해 어떤 행동을 하고 있는지 인식하는 단계
Evaluation (평가)	내담자가 현재 하고 있는 행동이 현실적으로 자신의 바람을 충족하기 위한 적절한 행동인지 평가하는 단계
Plan (평가)	내담자로 하여금 자신의 바람과 욕구를 보다 효과적으로 충족할 수 있는 계획을 세우고 실천하도록 돕는 단계

한편, 현실치료상담의 주요 기술은 내담자와 개인적인 친밀한 유대관계 맺기, 내담자의 감정보다 현재 행동에 과거보다 현재에 초점 두기, 내담자로 하여금 자신의 행동을 평가하고 판단하도록 돕기, 책임 있게 행동하는 계획 세우기, 내담자가 책임 있는 행동 단계를 결성하고 서약하도록 돕기, 내담자가 계획을 수행 또는 완수하지 못한 경우 변명을 허용하지 않기, 처벌을 사용하지 않기, 절대 포기하지 않기 등이 있다(김병희 외, 2008).

(7) 교류 분석적 상담

교류 분석적 상담은 번(Berne)에 의해 창시된 것으로 자신의 삶에 책임을 지고 스스로 자신을 지도할 수 있는 자율적인 인간이 되는 것이 궁극적인 목적이다(강갑원 외, 2006). 이러한 교류 분석적 상담의 일반적인 목표는 첫째, 집단원들로 하여금 자아상태의 오염을 제거하도록 돕는 것, 둘째, 생활 면의 요구에 따라 모든 자아생태를 고르게 활용할 수 있는 능력을 개발하도록 돕는 것, 셋째, 개인의 부적절한 생활각본을 버리고 생산적인 생활각본을 지니도록 보는 것, 끝으로 상담자와 집단원들에게 적절한 구체적인 목표를 계약 형태로 문서화하는 것이다(김운삼, 2003).

(8) 형태주의적 상담

형태주의적 상담은 펄스(Perls)에 의해 창시된 것으로 부적응자들을 보다 성숙한 인간으로 성장시키고 그들의 감정, 지각, 행동, 사고, 신체 모두가 하나의 전체로 통합된 기능을 발휘할 수 있도록 도와 주는 것이다(김병희 외, 2008). 이러한 형태주의적 상담은 정신분석학적 상담에 반대하여 집단구성원들 간의 상호작용에 초점을 두기보다 상담자가 중심이 되어 한 번에 한 집단원의 문제를 집중적으로 다루어 '집단 속의 개인상담'이라고 부른다(김운삼, 2003).

특히, 형태주의적 상담의 목표는 내담자로 하여금 체험을 통해 현재 자신이 경험하고 행동하고 있는 것이 무엇인지 자각해서 지금 순간에 에너지를 쏟고 자신의 행동을 선택하고 책임질 수 있도록 돕는 것에 있다(김병희 외, 2008). 즉, 형태주의적 상담은 상담자가 집단원의 현재 경험에 중점을 두고, 그것에 대한 집단원의 자각이 이루어지도록 돕는다(김운삼, 2003).

한편, 형태주의적 상담의 주요 기술을 살펴보면 〈표 16-13〉과 같이 요약할 수 있다.

〈표 16-13〉 형태주의적 상담의 주요 기술

구분	개념
신체 자각	내담자의 신체표현을 관찰하고 거기에 초점을 둠으로써 내담자로 하여금 현재 상황에서 느끼는 신체감각을 자각하게 해 주는 기법
환경 자각	내담자로 하여금 주위 환경에 대해 자각하도록 해줌으로써 환경과의 접촉을 증진시켜 주는 기법
언어 자각	내담자의 언어 사용 습관을 잘 관찰하여 잘못된 언어습관을 고쳐주는 기법
빈 의자 기법	내담자로 하여금 지니고 있는 감정들을 빈 의자 또는 빈 자리에 투사하게 함으로써 감정을 스스로 확실히 체험하고 자각할 수 있도록 하는 기법

구분	개념
대화게임 기법	내담자의 마음속에 있는 서로 상반되는 극단적인 사고나 감정을 대화로 엮어보게 함으로써 내담자가 자신의 일치되지 못한 면이나 양극성을 수용하고 통합하게 하는 기법
과장하기 기법	내담자의 어떤 행동이나 언어를 과장하여 표현하도록 요구함으로써 내담자로 하여금 자신의 무의식적 욕구나 감정 또는 행동을 명료하게 자각하도록 돕는 기법

자료: 김병희 · 김형구 · 배재학 · 이기용 · 이영애 · 정길영 · 최병옥(2008). 교육학개론. 공동체, 재구성.

(9) 집단상담

집단상담은 한 사람의 상담자가 여러 내담자를 대상으로 공통의 문제에 대해 상담을 하는 형태로서 내담자 간 상호 의견을 교환함으로써 도움을 서로 주고받는다(강갑원 외, 2006).

특히, 집단상담의 장점으로 첫째, 여러 사람을 상대하므로 상담자의 영향력이 여러 사람에게 동시에 미치고, 둘째, 개인상담에서 느끼는 위압감이나 긴장감을 주지 않으며, 셋째, 집단이라는 상황과 동료의식을 효과적으로 이용하고, 넷째, 상담자는 학생들의 경험을 촉진하며 수용하는 사람의 역할을 수행하고, 끝으로 개인 상담을 촉진하는 계기가 되며 기타 학생들의 필요를 충족시키는 새로운 기회를 쉽게 만들 수 있다는 것이다(한은숙 · 김종두, 2008).

따라서 집단상담은 일반적으로 자신을 이해하고, 표현하며 의사소통하는 능력, 대인 관계 능력 등을 신장시키는 데 목표가 있다(강갑원 외, 2006).

Chapter

17

학생 정서행동발달

1. 학생 정서행동발달 지원사업

정신건강의 문제는 의료 및 보건 영역뿐 아니라 학교에서의 아동의 행동에 영향을 미친다. 학업문제, 또래집단에서의 따돌림, 적응장애, 문제행동, 학생들 간의 폭력, 자살 등과 같은 문제들로 인해 교사들의 어려움이 가중되고 있다. 교육과정평가원(2011) 연구 결과에 따르면, 학습부진 원인 중 정서행동장애가 20%로 증가 추세이며, 학습지도 곤란도 조사 결과 주의력결핍·과잉행동(52.8%), 학습장애(25.6%), 공격성 및 분노(16.7%), 우울증 등(4.9%)으로 부정적인 정서행동문제가 기초학력부진과 관련성이 있는 것으로 확인되었다. 또한 2014 청소년건강행태온라인조사 결과 청소년의 10명 중 4명은 스트레스와 우울감을 경험하고 있으며, 13~18세의 스트레스 인지율은 전체의 37.0%, 남학생 30.8%, 여학생 43.7%, 우울감 경험률은 26.7%, 남학생 22.2%, 여학생 31.6%, 자살 생각률은 전체 13.1%, 남학생 11.0%, 여학생 15.1%, 자살 계획률은 전체 4.4%, 자살 시도율은 전체 2.9%로 나타났다.

아동·청소년 시기는 급격한 뇌 발달이 일어나는 시기이며 성인의 전 단계로 미래에 대한 준비가 필요한 시기이다. 이 중요한 시기에 발생하는 정신질환은 아동·청소년의 삶에 후유증을 남길 수 있어 조기 진단 및 치료가 중요하다. 아동·청소년에 대한 조기 개입을 위해서는 정신건강에 대한 사회적 편견 없이 선별하는 것이 중요하며 학교는 낙인과 차별이 없는 학생 정신건강 조기 선별의 장이 될 수 있다. 또한 학생들의 정신건강이 개선된다면 학생의 성적 향상이나 학교 부적응문제의 향상을 보일 수 있다는 장점이 있다.

학교에서 체계적인 정신건강사업이 효과적으로 추진되기 위해서는 교사와 가정, 그리고 지역사회 모두가 협조체제를 이루는 것이 무엇보다도 중요하며, 사업의 시작인 학생 정서행동특성검사를 위해서는 학생을 가장 잘 알고 있는 선생님의 역할이 가장 중요하다고 할 수 있다.

구분	담당	추진 내용
연계체계 구축	교육청	• 학생정신건강서비스 지원 협의체 구축 – 학교담당자(담임/보건/상담/생활지도/기초학력담당교사 등), 학부모, Wee센터, 정신건강증진센터 등과 협조체제
사전준비	학교	• 사전교육 및 가정통신
선별검사	학교	• 초등학생 학부모: CPSQ • 중 · 고등학생: AMPQ–II • 검사 결과 분석 후 정상군과 관심군으로 학생 선별 – 관심군: 학생 정서 · 행동 특성검사 결과 기준 점수 이상으로, 전문기관의 심층평가 등 2차 조치가 필요한 학생
심층평가	전문기관	• 연계기관: Wee센터, 정신건강증진센터 등
지속관리	학교 및 가정, 전문기관	• 관심군: 학교 내 상담관리 및 전문기관 치유 지원 등 지속관리 – 일반관리: 학교 내 상담관리, 위험수준별 전문기관 순차 의뢰 – 우선관리: 전문기관 우선의뢰 및 조치현황 모니터링 등 지속관리(자살징후 등 시급한 문제는 즉각적인 전문기관 조치)

<table>
<tr><th colspan="2">초등학생</th><th colspan="2">중·고등학생</th></tr>
<tr><th colspan="2">CPSQ(Child Problem–Behavior Screening Questionnaire)</th><th colspan="2">AMPQ–II(Adolescent Mental–Health Problem–Behavior Questionnaire)</th></tr>
<tr><td>유형</td><td>내용</td><td>유형</td><td>내용</td></tr>
<tr><td>내재화문제</td><td>불안, 우울, 스트레스, 교우관계</td><td rowspan="2">내재화문제</td><td rowspan="2">정신증, 우울증, 기분장애, 불안, 신체화, 의존성, 식이장애, 학습이해</td></tr>
<tr><td>외현화문제</td><td>주의력결핍과잉행동장애(ADHD), 반항적 행동장애, 품행장애</td></tr>
<tr><td>인지적 문제</td><td>학습</td><td rowspan="3">외현화문제</td><td rowspan="3">주의력결핍과잉행동장애(ADHD), 강박증, 비행, 품행장애, 성, 대인관계, 폭력피해</td></tr>
<tr><td>오·남용</td><td>약물, 인터넷</td></tr>
<tr><td>정신신체화 문제</td><td>경련, 틱, 식이장애</td></tr>
<tr><td colspan="2">허윤석 등(2003), 보건복지부</td><td colspan="2">이영식 등(2009), 교육과학기술부</td></tr>
</table>

2. 학생 정서행동발달 특성 검사

□ (초등학교)학생정서·행동특성검사 학부모 접속방법

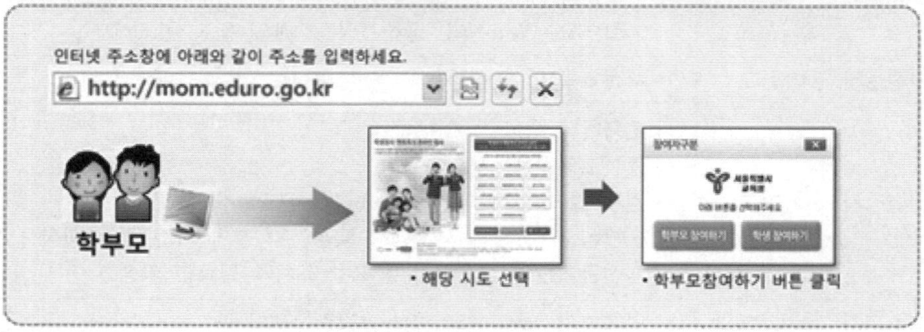

[학생정서·행동특성검사 온라인 참여 절차]

(초등학교)학생정서 · 행동특성검사 학부모참여 방법

1 접속 방법

인터넷 주소창에 아래와 같이 주소를 입력하세요.

http://mom.eduro.go.kr

학부모

• 해당 시도 선택

• 학부모참여하기 버튼 클릭

※ 검사 대상 : 초등학교 1학년, 4학년 (학부모 중 1명만 참여합니다)

검사참여 진행

2 자녀확인 및 발송용 주소작성

• 학부모 정보 및 자녀 학적을 조회한다.
• 자녀 학적 확인이 되지 않을 경우 학교에 확인
• 자녀 학적이 중복일 경우 자녀의 본인인증번호를 추가 입력
• 자녀의 본인인증번호를 알지 못할 경우(분실) 학교에 문의

사전안내문 보기

3 검사참여

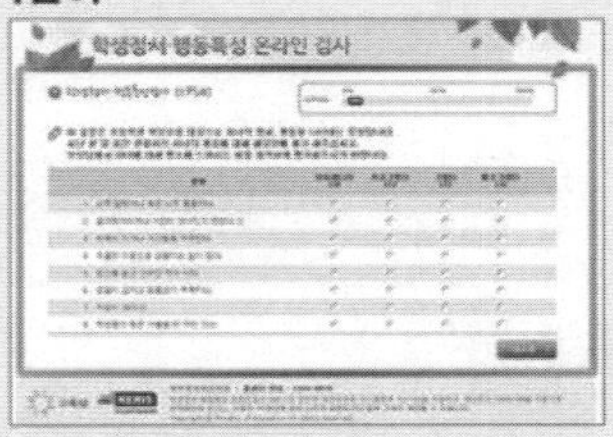

• 검사지에 체크 후 다음문항 버튼을 클릭하여 계속 검사를 진행한다.(모두 응답)

4 검사완료 후 제출

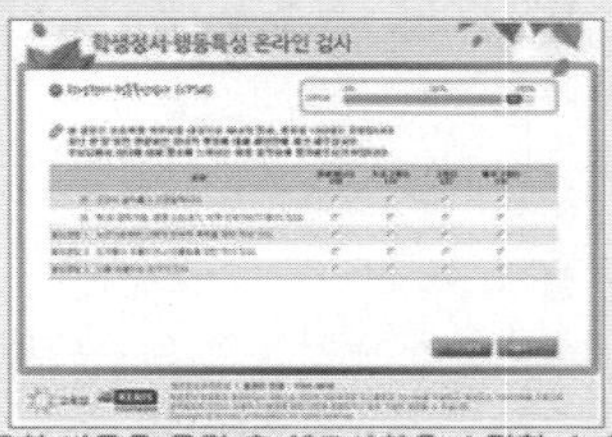

• 이전문항 버튼을 클릭 후 체크사항을 수정할 수 있다
• 제출하기 버튼을 클릭하여 검사지를 제출한다.
(제출 이후에는 수정 불가)

5 끝내기

• 안내문을 읽고 끝내기 버튼을 클릭하여 검사를 종료한다.

검사 진행 순서 및 유의사항

검사 전

1. 학생정서행동특성검사는 검사 당시 환경에 따라 결과가 달라질 수 있으므로 오류를 최소화하기 위해서는 차분하고 안정된 검사 분위기를 만들고 소음 등의 피해가 가지 않도록 해야 한다.
   ① 학생들을 컴퓨터실의 정해진 좌석에 앉도록 안내한다.
   ② 학생용 안내문을 인원수에 맞게 1명당 1장씩 컴퓨터 옆에 비치한다.
   ③ 학생들에게 정서행동특성검사의 목적과 필요성을 충분히 설명해 준다.
   ④ 진단하는 검사가 아니고 정서행동발달과정을 살펴본다는 점을 주지시켜 준다.
   ⑤ 정・오답이 있는 검사가 아니므로 솔직하고 성실하게 응답하도록 안내한다.
2. 검사 결과는 개인정보와 관련된 사항이기 때문에 검사 결과를 공유하지 않도록 지도한다.
   ① 타인의 검사 결과에 대해 소문내는 경우, 놀리는 경우, 가해학생은 장난이라고 하나 피해학생은 불쾌감을 느낄 때 등, 최근 강화된 공공기관의 개인정보보호에 관한 법률, 동법 시행령 및 시행규칙에 의거 법에 저촉됨을 설명해 준다.
   ② 검사에 응답할 때, AMPQ-II는 지난 한 달 동안 해당되는 사항임을 상기시켜준다.

검사진행

주의사항

① 시간제한은 없으나, 한 시간(45분~50분) 내에 마치도록 안내한다.
② 해결되지 않는 문제는 넘기고 다음 문제를 보도록 안내한다.
③ 최종 제출 이후에는 수정이 불가하다는 점을 안내하고 신중히 답변하도록 지도한다.

검사 후

① 본인의 검사 결과를 타인과 공유하거나 타인의 검사 결과에 대해 장난스러운 행동을 삼가도록 다시 한 번 강조한다.
② 진단검사가 아니며 성장기 일반적인 정서행동발달 경향을 알아보는 단순조사로 확인된 심리적 스트레스에 대해 학교와 가정, 전문기관이 협력하여 도움을 제공하는 관리체계 등 관련정보에 대해 안내한다.
③ 결과는 학교에서 일괄적으로 전체학생을 대상으로 우편 발송한다는 점을 안내한다.

3. 아동 정서행동특성검사지(CPSQ)

이 설문은 초등학생 학부모를 대상으로 자녀의 정서, 행동을 알아보는 문항입니다. 지난 한 달 동안 관찰하신 자녀의 행동에 대해 해당란에 ∨표 해주십시오.

학년, 반, 번호 : / / , 성명 : 성별 : 남 / 여

	문항	전혀 없음 (0)	약간 있음 (1)	상당히 있음 (2)	아주 심함 (3)
1	너무 말랐거나 혹은 너무 뚱뚱하다.				
2	꼼지락거리거나 가만히 앉아있지 못한다.				
3	도벽이 있거나 거짓말을 자주 한다.				
4	우울한 기분으로 생활하는 일이 많다.				
5	정신을 잃고 쓰러진 적이 있다.				
6	성질이 급하고 참을성이 부족하다.				
7	지능이 낮다.				
8	무단결석 혹은 가출을 한 적이 있다.				
9	매사에 의욕이 없어 보인다.				
10	다른 아이들과 주먹질을 하며 싸운다.				
11	술 혹은 담배로 인해 문제를 일으킨 적이 있다.				
12	어른(부모 혹은 교사)에게 반항적이거나 도전적이다.				
13	대소변 가리기에 문제가 있다.				
14	불만이 많고 쉽게 화를 낸다.				
15	양보심이 부족하다.				
16	불안하거나 긴장된 표정을 보인다.				
17	여기저기 자주 아프다(예: 두통, 복통 등).				
18	또래에 비해 읽기, 쓰기, 셈하기를 잘 못한다.				
19	언어발달이 늦어 대화에 지장이 있다.				
20	자신감이 부족하다.				
21	잘 먹지 않는다.				
22	컴퓨터(혹은 인터넷)를 너무 사용하여 생활에 문제가 있다.				
23	집중력이 짧고 주의가 산만하다.				
24	다른 아이들과 잘 어울리지 못한다.				
25	신경이 날카롭고 신경질적이다.				
26	틱(눈 깜박거림, 킁킁 소리 내기, 어깨 으쓱거리기 등)이 있다.				

폭력피해					
폭력피해	1. 누군가로부터 신체적·언어적 폭력을 당한 적이 있다.				
	2. 친구들이 괴롭히거나 따돌림을 당한 적이 있다.				
	3. 나를 괴롭히는 친구가 있다.				

작성자 : 학생의 ______________

아동 정서행동특성검사(CPSQ) 판정기준

하위척도	점수범위	문항	절단점
내재화 문제 척도	0-15	4, 9, 16, 20, 24	4점 이상
외현화 문제 척도 1) ADHD 2) ODD 3) CD	0-30 0-9 0-12 0-9	2, 3, 6, 8, 10, 12, 14, 15, 23, 25 2, 6, 23 12, 14, 15, 25 3, 8, 10	9점 이상
폭력 피해	0-9	별도문항	3점 이상

판정기준	결과 판정	절단점
총점	일반관리	13~14점
	우선관리	**15점 이상**

총점	폭력 피해	3점 이상

- CPSQ 검사는 점수가 높을수록 정서나 행동상의 어려움이 많을 가능성을 의미하며 총점에 따라 관심군과 정상군으로 판정된다. 관심군은 총점이 13점 이상이며 평균에서 1.5SD(표준편차)를 벗어나는 경우에 해당한다. 관심군 중에서 CPSQ 총점이 15점 이상인 경우에는 우선관리군에 해당하며 평균에서 2SD(표준편차)를 벗어나는 경우에 해당한다. 즉, 2013년도 정서행동특성검사의 결과를 바탕으로 할 때, 100명의 학생 중 약 6~7명의 학생이 관심군으로 선별될 수 있으며 이는 정서나 행동상의 어려움을 호소할 가능성이 있다는 의미이다. 만일 관심군으로 분류가 된다면, 학습이나 인지능력의 문제, 산만하고 부적응적인 행동, 불안이나 우울, 신체증상과 같은 문제들에 대해서 세심한 관심과 심층평가가 필요하다. 특히, 우선관리군에 속할 경우에는 정서·행동의 문제를 가질 가능성이 보다 높기 때문에 우선적인 개입이 필요할 수 있다.

- 폭력피해(경험) 관련 문항에 응답한 학생자료는 생활지도 담당교사에게 인계하고 개인면담 등을 통해 폭력 정도를 확인(진위 규명 등)한 후 추가조치가 필요한 경우 '학교폭력 전담기구'에 의뢰하여 학교폭력근절대책 추진계획에 따라 조치할 수 있도록 한다.

폭력피해(경험) 문항 응답학생 조치 절차

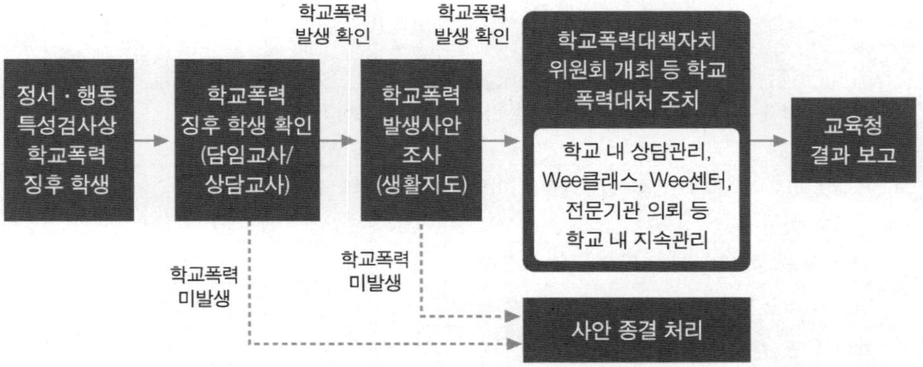

자료: 학교폭력대책과-2688('13.7.29)호

4. 청소년 정서행동특성검사지(AMPQ-II)

이 설문은 청소년들을 대상으로 하는 설문입니다. 각 문항들을 읽고 지난 한 달간 자기 자신에게 해당된다고 생각하는 문항번호에 O표해 주십시오. 이 검사에는 옳고 그른 답이 없으므로 자신의 의견 그대로를 대답하시면 됩니다. 이 검사는 비밀유지가 되므로 솔직하고 성실한 답변 바랍니다.

학년, 반, 번호 :　　/　　/　　,　　성명 :　　　　　　　　성별 : 남 / 여

	문항	전혀 아니다	조금 그렇다	그렇다	매우 그렇다
1	집중을 해야 할 때(수업시간, 공부, 책 읽기) 집중을 못하고 딴 짓을 한다.	0	1	2	3
2	인터넷이나 게임으로 인해 일상생활에 어려움이(부모와의 갈등, 학교생활에 지장 등) 있다.	0	1	2	3
3	원치 않는 생각이나 장면이 자꾸 떠오른다.	0	1	2	3
4	잠들기 어렵거나 깊이 자지 못하고 자주 깬다.	0	1	2	3
5	화가 나면 참기 어렵다.	0	1	2	3
6	단식, 운동, 약물을 사용하여 단기간에 무리하게 체중을 줄이려 한 적이 있다.	0	1	2	3
7	지속적으로 자살을 생각하거나 구체적인 계획을 세운 적이 있다.	0	1	2	3
8	누군가로부터 신체적 · 언어적 폭력을 당한 적이 있다.	0	1	2	3
9	만사가 귀찮고 재미가 없다.	0	1	2	3
10	부모님이나 선생님의 지시에 거부감이 생겨 잘 따르지 않는 편이다.	0	1	2	3
11	친구들이 괴롭히거나 따돌림을 당한 적이 있다.	0	1	2	3
12	수업시간에 배우는 내용을 이해하기 어렵다.	0	1	2	3
13	사람들이 나를 감시하거나 해칠 것 같다.	0	1	2	3
14	성에 대하여 지나치게 많이 생각한다.	0	1	2	3
15	뚜렷한 이유 없이 자주 여기저기 아프고 불편하다(예: 두통, 복통, 구토, 메스꺼움, 어지러움 등).	0	1	2	3
16	학생에게 금지된 약물을 사용한다(예: 담배, 술, 본드, 엑스터시 등).	0	1	2	3

	문항	전혀 아니다	조금 그렇다	그렇다	매우 그렇다
17	내 생각을 다른 사람들이 다 알고 있는 것 같다.	0	1	2	3
18	나를 괴롭히는 친구가 있다.	0	1	2	3
19	경련을 일으키거나 정신을 잃고 쓰러진 적이 있다.	0	1	2	3
20	나는 남보다 열등감이 많다.	0	1	2	3
21	우리집은 가족 간의 갈등이 있다.	0	1	2	3
22	심각한 규칙 위반을 하게 된다(예: 무단결석, 가출, 유흥업소 출입 등).	0	1	2	3
23	이유 없이 기분이 며칠간 들뜬 적이 있거나 기분이 자주 변하는 편이다.	0	1	2	3
24	성적인 충동을 자제하기 어렵다(예: 자위행위, 야동, 야설 등).	0	1	2	3
25	기다리지 못하고 생각보다 행동이 앞선다.	0	1	2	3
26	다른 사람의 물건을 부수거나 빼앗거나 훔치게 된다.	0	1	2	3
27	다른 사람들이 나에 대해 수군거리는 것 같다.	0	1	2	3
28	가만히 앉아있지 못하고 손이나 발을 계속 꼼지락거린다.	0	1	2	3
29	원치 않는 행동을 자꾸 반복하게 된다(예: 손 씻기, 확인하는 행동, 숫자 세기 등).	0	1	2	3
30	사람이나 동물을 괴롭히거나 폭력을 휘두른다.	0	1	2	3
31	이유 없이 일주일 이상 우울하거나 짜증이 난다.	0	1	2	3
32	친구 사귀기가 어렵거나 친한 친구가 없다.	0	1	2	3
33	다른 사람이 듣지 못하는 말소리 같은 것이 들린다.	0	1	2	3
34	사람들 앞에서 말하기가 두렵다.	0	1	2	3
35	누군가로 인해 성적 수치심을 느낀 적이 있다.	0	1	2	3
36	거짓말을 자주 한다.	0	1	2	3
37	토할 정도로 단시간에 폭식한 적이 있다.	0	1	2	3
38	쓸데없는 걱정을 한다.	0	1	2	3

AMPQ-II의 요인별 내용

1) 걱정 및 생각

이 항목에는 다음과 같은 과도한 생각과 걱정, 불안 증상이 포함된다.

과도하고 불필요한 걱정, 다른 사람이 자신에 대해 수군거린다는 생각, 불필요하게 반복되는 강박적인 생각과 행동, 지나친 열등감, 자신만이 알고 있는 생각을 다른 사람도 알고 있다는 생각, 타인을 만나거나 사람이 많은 장소에 가는 것에 대한 과도한 두려움, 타인이 자신을 해칠 것 같은 생각과 두려움, 남들은 듣지 못하는 것을 혼자 듣는 경험

2) 기분 및 자살

이 항목에는 다음과 같은 기분 및 자살 관련 생각이 포함된다.

우울 및 무력감, 즐거움 및 의욕의 감소, 두통, 복통 및 피로감을 포함한 다양한 신체증상, 짜증, 신경질, 지나친 기분 변화와 변덕, 과도한 감정 반응 및 기분조절 문제, 식욕의 감소, 폭식, 자살생각

3) 학습과 인터넷

이 항목에는 학습, 과도한 인터넷 사용 및 집착에 대한 다음과 같은 내용이 포함된다.

주의집중력의 문제, 학습 습득 및 이해의 어려움, 과도한 인터넷 사용 및 집착, 반복적인 거짓말과 충동적인 경향

4) 친구문제

이 항목에는 학생의 사회성을 반영하는 또래관계와 연관된 내용이 포함된다.

친구관계에의 따돌림의 경험, 신체적 · 언어적 집단폭력과 괴롭힘의 경험

청소년 정서행동특성검사(AMPQ-II) 판정기준

1) 정서 · 행동요인별(학생설문) 항목

유형		문항									
요인	1. 걱정 및 생각	NO.3	NO.13	NO.17	NO.20	NO.27	NO.29	NO.32	NO.33	NO.34	NO.38
	2. 기분 및 자살	NO.5	NO.6	NO.7	NO.9	NO.10	NO.15	NO.23	NO.31	NO.37	
	3. 학습과 인터넷	NO.1	NO.2	NO.12	NO.25	NO.36					
	4. 친구문제	NO.8	NO.11	NO.18							
위험문항		NO.7									

2) AMPQ-II의 요인별 절단점

구 분		요인 1 걱정 및 생각	요인 2 기분 및 자살	요인 3 학습과 인터넷	요인 4 친구문제
중학생	남	10점 이상	10점 이상	8점 이상	4점 이상
	여	11점 이상	12점 이상	7점 이상	3점 이상
고등학생	남	11점 이상	10점 이상	8점 이상	3점 이상
	여	12점 이상	13점 이상	7점 이상	3점 이상

판정기준	결과 판정			절단점
총점	일반관리	중학교	남	28~32점
			여	31~35점
		고등학교	남	30~35점
			여	31~36점
	우선관리	**중학교**	**남**	**33점 이상**
			여	**36점 이상**
		고등학교	**남**	**36점 이상**
			여	**37점 이상**
NO. 7	**우선관리 (자살생각)**	**중고/남·여 전체**		**2점 이상**
요인 4	폭력피해	중학교 남학생		4점 이상
		중학교 여/고등학교 남·여 전체		3점 이상

- AMPQ-II 검사는 점수가 높을수록 정서나 행동상의 어려움이 많을 가능성을 의미하며 총점에 따라 관심군과 정상군으로 판정된다. 관심군의 기준은 성별과 연령에 따라 달라지며 평균에서 1.5SD(표준편차)를 벗어나는 경우에 해당한다. 관심군 중에서 남자 중학생의 경우 총점이 33점 이상인 경우에는 우선관리군에 속하며 평균에서 2SD(표준편차)를 벗어나는 경우에 해당한다. 즉, 2013년도 정서행동특성검사의 결과 분석을 바탕으로 할 때, 100명의 학생 중 약 8명의 학생이 관심군으로 선별될 수 있으며 이는 정서나 행동상의 어려움을 호소할 가능성이 있다는 의미이다. 만일 관심군으로 분류가 된다면, 과도한 걱정이나 생각, 우울한 생각이나 자살에 대한 생각, 학습이나 인터넷 사용의 문제, 친구관계 등과 같은 문제들에 대해서 세심한 관심과 심층평가가 필요하다는 의미이다. 특히, 우선관리군에 속할 경우에는 정서행동의 문제를 가질 가능성이 보다 높기 때문에 우선적인 개입이 필요할 수 있다.
- AMPQ-II 걱정 및 생각, 기분 및 자살, 학습 및 인터넷, 친구관계의 하부요인들로 구성되어 있으며, 만일 요인별 절단점을 넘는 항목이 있으면 그 요인의 경향성이 높다는 의미이기에 이에 대한 세심한 관심과 평가가 필요할 수 있다.
- AMPQ-II 7번 문항에 응답한 학생은 반드시 개인면담을 통하여 문제경향을 확인하고 이상이 있다고 판단되는 경우에는 관련 전문가 의뢰 및 학부모에게 통보하여 학생에 대한 심층사정평가 및 필요한 지원을 할 수 있도록 조치하고 해당 사항에 대해 기록·관리 [면담 방법은 매뉴얼의(자살 관련 면담기록지) 참고]를 해야 한다.
- 폭력피해(경험) 관련 문항에 응답한 학생 자료는 생활지도 담당교사에게 인계하고 개인면담 등을 통해 폭력 정도를 확인(진위 규명 등)하며 추가 조치가 필요한 경우 '학교폭력 전담기구'에 의뢰하여 학교 폭력근절대책 추진계획에 따라 조치할 수 있도록 한다.

폭력피해(경험) 문항 응답학생 조치 절차

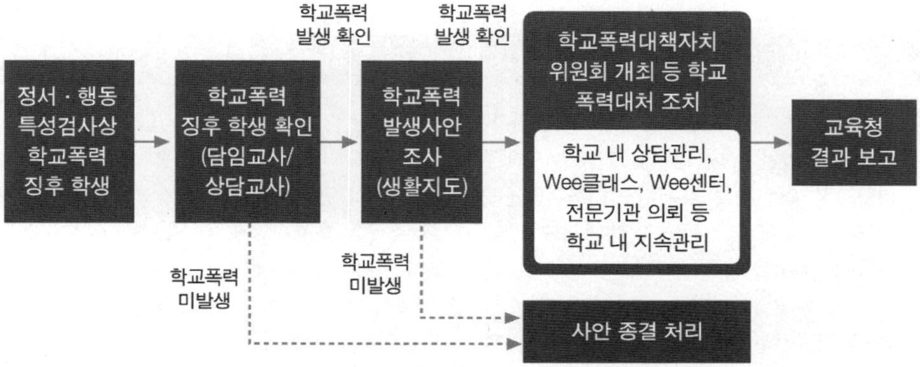

자료: 학교폭력대책과-2688(2013. 7. 29)호

5. 학부모 면담 방법

학생 정서행동특성검사 결과를 듣고 화를 내는 경우

"결과를 듣고 많이 놀라신 것 이해합니다. 이 검사는 진단을 위한 검사가 아니고 아이가 어려움이 있는지 더 관심을 가지고 도와주자는 의미에서 하는 것입니다. 이 검사에서 관심군으로 나왔다고 해서 어떤 불이익을 받거나 문제가 생기지 않습니다. 아이를 더 잘 이해하고 도와주기 위해 가정에서도 관심을 가져주듯이 학교에서도 더 노력하도록 하겠습니다. 아이들이 잘 자라려면 신체건강뿐만 아니라 스트레스 관리나 마음건강이 중요합니다. 요즘은 아이들도 여러 가지로 스트레스가 더 많아지고 있습니다. 혹시 OO(이)가 고민이 있는데, 어른들이 모르고 지나치지 않도록 이런 검사를 하는 것입니다. 아이의 생활에 더 관심을 기울여 주시고 혹여 상담을 더 원하시면 Wee센터나 정신건강증진센터에서 도움을 받을 수 있습니다."

- 검사에 대해 지나치게 걱정하거나 검사 결과가 "진단"이라고 오해하는 경우 당황하여 화로 표현을 하기도 한다. 당황스럽더라도 부모님의 걱정을 이해하고 공감한다.
- 이 검사가 진단검사가 아니고 아이의 문제를 낙인찍기 위한 것이 아니라 도움을 주기 위한 것이라는 것을 재차 설명한다.
- 아이들이 건강하게 자라기 위해서는 신체건강뿐만 아니라 마음건강도 중요하며 스트레스나 고민이 정서·행동의 변화로 표현될 수 있다는 것을 다시 한 번 이야기한다.
- 혹시 어른들이 모르는 어려움이 있는지 더 관심을 가지자는 뜻임을 설명해 준다.
- 또한 이 결과로 인해 어떠한 불이익도 받지 않는다는 것을 강조한다.

학생 정서행동특성검사 결과를 듣고 속상해서 울거나 불안해하는 경우

"이 검사에서 아이가 꼭 문제가 있다는 뜻은 아니니 너무 속상해 하지 마세요. 혹시 OO(이)가 고민이 있는데도 어른들이 모를 수도 있으니 학교에서도 더 관심을 가지고 아이를 도와주겠습니다. 외부기관에서 더 추가적인 상담을 무료로 받을 수 있으니 안내해 드리겠습니다."

- 결과에 대해 학부모가 아이에 대한 걱정으로 자책하는 경우도 있다.
- 이 결과가 어떤 확정된 것이 아님을 설명하고 위로해 준다.
- 혹여 아이에게 도움이 필요한 경우 빨리 도와줘서 건강하게 자라도록 돕는 것임을 이야기한다.
- 아이의 마음건강과 정서행동발달에 대한 중요성이 커지고 이를 도와주기 위한 다양한 시스템이 있음을 설명한다(학교 상담실, 보건실, Wee센터, 정신건강증진센터 등).

전문기관 심층평가 등 진행에 대해 거부하는 경우

"이 검사 결과가 꼭 문제가 있다는 의미는 아닙니다. 혹시 어른들이 모르는 OO(이)의 스트레스나 어려움이 있을 수도 있으니 더 관심을 가지자는 것입니다. 지금 당장은 하지 않더라도 혹시 지켜보시고 아이에 대해 걱정이 되시면 이후에라도 추가적인 의논을 하실 수 있습니다. Wee센터나 정신건강증진센터에서 편안하게 무료로 스트레스 상담을 받을 수 있으며 이는 기록에 남지 않습니다. 이 외에도 가정에서 아이의 스트레스에 더 관심을 기울여 주십시오."

- 정서행동발달특성검사에 대해 우선 설명한다.
- 추후 진행에 참여 여부는 자율적으로 결정할 수 있다는 것을 알려준다.
- 심층평가가 필요한 경우는 아이가 보이는 스트레스, 고민에 대해 관심을 기울일 필요가 있다는 것을 설명한다.
- 이후라도 아이의 정서·행동에 대한 추가적인 상담을 원할 경우 언제라도 가능하며 Wee센터나 정신건강증진센터에서 무료로 상담할 수 있음을 알려주고 정보를 제공한다.
- 바로 의학적 치료로 연계가 되어야 하거나 자살의 위험성이 높은 경우에는 추가적인 평가를 반드시 받을 것을 다시 권유한다.

검사 결과가 잘못되었다고 항의하는 경우

"이 검사는 진단을 위한 검사가 아니므로 아이의 상태에 대해 확정적으로 단정하는 것은 아닙니다. 우선 부모님이 생각하시기에 아이가 큰 어려움이 없다고 하니 다행입니다. 간혹 아이들은 자신의 고민이나 스트레스를 표현하지 않는 경우도 많이 있으니 평소에도 아이의 마음에 더 많은 관심을 기울여 주십시오. 이후에 혹시나 의논할 사항이 생기면 Wee센터나 정신건강증진센터에서 도움을 받으실 수 있습니다."

- 학부모가 생각하는 아이의 상태와 정서행동특성검사에서 나타난 결과 간에 차이가 있을 수 있음을 이야기한다.
- 정서행동발달특성검사는 정확한 진단을 하기 위한 것이 아니라 선별하기 위한 검사임을 설명한다.
- 한 번의 평가로 아이 상태를 결정하는 것이 아님을 설명하고 안심시켜 준다.
- 간혹 아이가 스트레스나 고민을 어른들에게 표현하지 않는 경우도 있으므로 추가적인 상담이나 평가가 아이의 어려움을 예방하기 위해 도움이 될 수 있음을 설명해 준다.
- 아이의 마음건강에 대해 관심을 기울이고 추가적인 상담이나 의논을 원할 경우 Wee센터나 정신건강증진센터에서 도움을 받을 수 있음을 알려준다.

참고문헌

강갑원 · 박영진 · 안병환 · 이경희(2006). **교육학개론**. 교육과학사.

강란혜 외(2004). **아동학대 : 전문상담**. 시그마프레스.

강이순 · 김명식(2005). 여자 고등학생의 시험불안에 영향을 주는 인지특성에 관한 연구. **청소년 상담연구, 13**(2), 75-84.

강진령 · 유형근(2000). **집단괴롭힘**. 학지사.

건강증진사업단(2007). **청소년 부교재 및 정신건강 선별검사도구 개발 연구**. 건강증진사업단.

경기도교육청(2012). 학교폭력예방 및 대처 종합매뉴얼. 경기도교육청장학자료 제9호.

경남도민일보(2013). 여중생 투신… '보이지 않는' 집단 따돌림 여전(2013. 4. 22 기사).

경인일보(2013). 집단 따돌림, 더 이상은 안 된다(2013. 4. 16 기사).

경찰청(2013). 학교폭력전담경찰관 워크숍 자료집.

고복자(1998). 학교현장에서의 정신건강 상담 프로그램. **한국학교보건학회지, 11**(2), 155-158.

고수일 · 장경원(2010). **액션러닝 교수과정 워크숍 자료집**. 한국액션러닝협회.

곽동원(2005). 성폭력범죄 피해자 보호에 관한 연구. 목원대학교 대학원 석사학위논문.

교육과학기술부(2012). **교사용 자살 위기대응 매뉴얼.** 교육과학기술부.

교육과학기술부(2012). 중 · 고등학생을 위한 성폭력 예방 및 대처방안.

교육과학기술부(2012). 학교폭력사안처리 Q & A.

교육과학기술부(2012). 학교폭력사안처리 가이드북.

교육과학기술부(2012). **학생 정서행동발달 선별검사 및 관리 매뉴얼**. 교육과학기술부.

교육부(2002). **중등학교 교육과정 해설**. 교육부. p.18

교육부(2013). 2013년 2차 학교폭력 실태조사 후속업무처리 지침.

교육부(2013). 학교폭력예방 교원연수자료집.

교육부(2014). 학교폭력 사안처리 가이드북.

교육부(2014). 현장 중심 학교폭력대책.

교육부(2016). 인성교육 5개년 종합계획.

교육부(2016). 학교폭력 가해학생 조치별 적용 세부기준 고시.

교육부(2016). 학교폭력 감소 추세 지속-2016년 1차 학교폭력 실태조사 결과 -보도자료.

국민일보(2012). 금품 빼앗고 부모 카드 절도 강요… '봇물 터진' 학교폭력(2012. 1. 6 기사).

국민일보(2015). 친부에 계부까지 어린 딸에게 성폭력 일삼아(2015. 5. 14 기사).

권영미(1999). 부모의 이혼이 자녀의 자아존중감과 사회성에 미치는 영향. 중앙대학교 대학원 석사학위논문.

금명자 · 오혜영 · 조은경 · 백현주 · 신주연(2005). 학교폭력예방 및 대처를 위한 연계체제 구축 방안. **청소년상담연구**. 한국청소년상담원.

김경은 · 윤혜미(2012). 청소년의 사이버폭력에 관련된 생태체계변인의 영향. 청소년복지연구.

김경집(2005). 이혼가정 아동을 위한 학교 집단상담 프로그램 개발 연구. 연세대학교 대학원 석사학위논문.

김경집(2005). 초기청소년의 또래폭력에 영향을 미치는 요인: 학교환경과 학구를 중심으로. **한국청소년연구, 16**(1), 421-448.

김계현 외(2000). **학교상담과 생활지도**. 학지사.

김계현 · 김동일(편).(2005). **학교상담과 생활지도**. 학지사.

김광일 · 김재환 · 원호택(1984). **간이정신진단검사 실시요강**. 중앙적성 연구.

김대현 · 왕경순 · 이경화 · 이은화(2001). **프로젝트 학습의 운영**. 학지사.

김동위(1993). **청소년의 인간화 교육**. 교육과학사.

김동일(2005). **학업상담을 위한 학습전략 프로그램**. 학지사.

김미정 · 유평준 · 봉현철(2002). **액션러닝 가이드북**. 다산서고.

김병희 · 김형구 · 배재학 · 이기용 · 이영애 · 정길영 · 최병옥(2008). **교육학개론**. 공동체.

김봉광(2007). Action Learning 운영단계별 러닝코치의 역할에 관한 연구. 전북대학교 대학원 박사학위논문.

김붕년(2006). **아동-청소년 성학대의 정신과적 후유증에 관한 조사연구**(성문화분과위원회연구과제 보고서). 국가청소년위원회.

김상철(1996). 소집단 협력학습이 학업성취 및 학습태도에 미치는 효과: 공업계 고등학교 수학교과 중심으로, 경남대학교 교육대학원 석사학위논문.

김성회(1997). 특성 · 요인적 상담. 이형득(편저). **상담이론**. 교육과학사.

김수진 외(2008). **청소년정신건강검진사업 평가체계 구축 및 맞춤형 사례관리프로그램 개발**

등 청소년정신건강증진 확산모형 개발. 전남대학교 건강증진사업지원단.

김영신 외(2003). 한국어판 부모, 교사 ADHD평가척도(K-ARS)의 규준연구. **신경정신의학, 42**(3), 352-359.

김영원(2002). 실천학습(Action Learning) 프로그램이 공통 기본역량 향상에 미치는 효과. 연세대학교 교육대학원 석사학위논문.

김영원(2003). 실천학습 프로그램이 공통 기본역량 향상에 미치는 효과-H사를 중심으로. 연세대학교 대학원 석사학위논문.

김영택 외(2007). **제2차(2006년) 청소년 건강행태 온라인조사 통계**. 보건복지부 · 질병관리본부 · 교육인적자원부.

김용석 · 모선영 · 최현정 · 이자영(2008). **아동·청소년의 정서행동문제 현황과 지원방안에 관한 연구**. 어린이재단.

김용수(2013). 학교폭력 사건에서 학교장 통고 제도 활용의 문제점과 개선방안. 변호사 제45집.

김운삼(2003). **교육학개론**. 창지사.

김재원 · 박기홍 · 최민정(2004). 지역사회에서의 주의력결핍-과잉행동장애 선별기준에 대한 연구. **신경정신의학, 43**(2), 200-208.

김정숙 · 임영미(2002). 고등학생의 스트레스, 대처, 우울과의 관계. **정신간호학회지, 11**(1), 19-32.

김정원 외(2002). 학교 교육개혁 지원을 위한 학교컨설팅 사업(Ⅲ). 한국교육개발원연구보고 RR 2002-06.

김정원 · 이인효 · 정수현(2001). 학교 교육 개혁 지원을 위한 학교컨설팅 사업(Ⅱ). 한국교육개발원 RR 2001-07.

김정휘(2001). **위기에 처한 청소년 지도의 이론과 실제**. 민지사.

김종현(2004). 청소년의 건강위험행동 실태조사. 한양대학교 대학원 석사학위논문.

김주연(2009). 액션러닝 코치 양성 사례연구 : 아주그룹 사례를 중심으로. 건국대학교 경영대학원 석사학위논문.

김형숙 · 봉현철 · 김봉광(2007). 액션러닝 프로그램의 핵심성공요인에 관한 연구-공무원학습자를 중심으로. **한국 인력개발연구, 9**(2), 한국 인력개발학회.

김혜원(2003). 청소년들의 성폭력 경험에 따른 후유증. 중 · 고등학교 내 성폭력 예방을 위한 심포지움 자료집). 한국 여성 민우회 가족과 성상담소.

남궁달화(2003). 교과를 통한 인성교육. **한국실과교육학회 하계학술대회논문집**. pp.1-28.

노덕균(2002). 수준별 교육과정 운영에서 토너먼티게임식 팀학습(TGT)이 학업성취와 친사회적 행동에 미치는 효과. 한국교원대학교 대학원 석사학위논문.

노컷뉴스(2012). 따돌림 생중계 당하는 왕따, '사이버폭력'에 두 번 운다(2012. 1. 12 기사).

뉴스1(2015). 술취한 10대 여학생 성폭행한 20대男 '집유'(2015. 5. 26 기사).

뉴시스(2012). 여학생들의 집단 성폭력 충격(2012. 7. 10 기사).

뉴시스(2013). 지속적 언어폭력에 의한 피해, 가해 부모 배상해야(2013. 9. 30 기사).

대구광역시교육청(2012). 학교폭력근절매뉴얼.

대전일보(2012). 선물강요 없으면 폭행… 초중교 언니의날 성행(2012. 6. 5 기사).

대한불안장애학회 재난정신의학위원회(2004). **재난과 정신건강**. 지식공작소.

대한소아청소년 정신의학회 학교건강위원회(2007). **학교 위기개입 일반 지침서**. 대한소아청소년 정신의학회 학교건강위원회.

대한신경정신의학회(2005). **신경정신의학**. 중앙문화사.

데일리한국(2015). 온라인으로 확대된 은밀한 폭력 '사이버 왕따'(2015. 12. 19 기사).

동아일보(2014). 잔인해진 여학생들의 언어폭력(2014. 3. 27).

두정훈・손정락(2003). Think Aloud 훈련이 ADHD 성향이 있는 아동의 주의력 결핍, 충동성 및 사회적 유능성에 미치는 효과. **한국심리학회지 : 임상, 22**(1), 1-15.

류지헌・권숙진(2005). 개념도를 활용한 협력적 문제해결 과제에서의 지식공유과정. **교육공학연구, 21**(2), 29-60.

문대영(2012). 초등 발명영재의 협력적 지식창출 기재. **한국실과교육학회지, 25**(1), 45-63.

문용린(2006). **학교폭력예방과 상담**. 학지사.

문용린(2006). **학교폭력의 정의 및 현상**. 학지사.

문용린(2011). 배려와 나눔을 실천하는 창의인재육성을 위한 창의・인성교육 활성 방안 연구. 과학창의재단.

문용린 외(2008). **학교폭력예방과 상담**. 학지사.

문재현 외(2012). **학교폭력 어떻게 만들어지는가**. 살림터.

미교육부(2008). Partnerships in characrer education state pliot projects, 1995-2001. lesson learned.

민성길 외(1997). 학교정신보건사업 모델개발: 1. 학교를 중심으로 한 초등학생들의 정서 및 행동문제에 관한 연구. **신경정신의학, 36**(5), 812-825.

박민서(2015). 초등학교 교사들이 생각하는 창의・인성교육에 대한 암묵적 이론 탐색 연구. 성균관대학교 석사학위논문.

박성규(1999). **왕따리포트**. (주)우리교육 (주)가우다.

박성수(1993). **생활지도**. 정민사.

박수경(2009). 과학수업에서 문제중심학습의 적용 및 효과 분석. **과학교육연구지, 33**(2), 353-364.

박수홍 · 안영식 · 정주영(2010). **조직 및 지역의 창조적 변화를 이끄는 체계적 액션러닝**. 학지사.

박순우 외(2007). **2005년 청소년 건강행태조사 심층분석 연구**. 질병관리본부.

박옥임 외(2004). **성폭력 전문상담**. 시그마프레스.

박은희 외(2003). 한국어판 Conners 부모 및 교사용 평가 척도의 신뢰도와 타당도에 대한 예비적 연구. **소아청소년정신의학, 14**(2), 183-194.

박일수(2013). 학교폭력예방에 관한 초등학교의 사례 분석. **초등교육연구, 26**(3), 93-117.

박주신(2000). 한국 성폭력의 실상과 그 예방 및 대처를 위한 상담 지도적 접근. **학생생활연구, 20**, 15-110.

박창언 외(2013). **인성교육중심수업강화를 위한 교수·학습 자료 개발-초·중·고 기본인성덕목-**. 교육부.

박현정 · 김형남 · 김인복 · 전승아(2000). 청소년에서 한국판 Beck 우울척도의 신뢰도. **가정의학회지, 21**(2), 244-253.

박혜숙(2006). 이혼가정 아동의 학교생활적응에 관한 사례 연구. 광주교육대학교 교육대학원 석사학위논문.

박효정 외(2007). 학교폭력예방 프로그램 개발 연구. 한국교육개발원연구보고 RR 2007-9-2.

박효정(2006). 학교폭력 대처를 위한 지원체제 구축 및 운영 방안 연구. 한국교육개발원.

반건호 · 신민섭 · 조수철 · 홍강의(2001). 청소년 ADHD 평가도구 개발을 위한 예비연구 : CASS(S)의 신뢰도 및 타당도 연구. **소아청소년정신의학, 12**(2), 218-224.

방송통신심의위원회(2008). 사이버권리침해 대응안내서.

보건복지부 아동 안전 권리팀(2007). **아동학대 사례개입을 위한 법률매뉴얼**. 보건복지부.

봉현철(2006). **봉현철 교수의 성공적 학습을 위한 Action Learning Workbook**. 다산서고.

봉현철(2006). **성공적 학습을 위한 Action learning 워크북**. 다산서고.

봉현철(2007). 한국 기업 액션러닝 프로그램의 핵심 성공요인 탐색: 요인의 내용과 요인간의 관계에 관한 고찰. **경상논총, 25**(3), 1-34.

봉현철 · 김종인 · 김종근(2001). Action Learning 방식에 의한 교육프로그램의 교육효과 평가방법에 관한 연구. **한국인식조직학회 춘계학술대회 발표논문집**.

사이토 요시노리(2003). **맥킨지식 사고와 기술**. 기획출판 거름.

삼성생명 사회정신건강연구소(2001). **친구사귀기 캠프 프로그램** II. 삼성생명 사회정신건강연구소.

삼성생명공익재단(2006). **작은 힘으로 시작해 봐!**, 교육과학사.

서동우(2000). 정신보건. 2010년 국민건강증진 목표설정과 전략개발 자료집, 82-87. 한국보건사회연구원.

서영태(2009). 조직개발 형 액션러닝 프로그램의 핵심성공요인. 서울과학종합대학원대학교 박사학위논문.

서영태 · 봉현철(2008). 액션러닝 프로그램 유형분류 및 유형별 특징에 관한 연구. 한독경상학회, 26(2), 83-115.

서영태 · 봉현철(2008a). 액션러닝 프로그램의 유형분류와 유형별 특징에 관한 연구. **경상논총, 26**(2), 83-115.

서영태 · 봉현철(2008b). 조직개발형 액션러닝 프로그램의 핵심성공요인 탐색: 현대오일뱅크와 대림산업의 사례연구. **경상논총, 26**(4), 77-107.

서울대학교 의과대학 · 보건복지부(2002), **의료기관을 방문한 학교폭력피해자의 정신병리 조사**. 보건복지부.

서울시 교육청(2005). **중고등학교용 보건교육 지도서**. 서울시 교육청.

서울시 교육청 · 자녀 안심 운동 서울협의회(2005). **학교폭력 발생부터 처리까지**. 서울시 교육청.

서울시 소아청소년 광역정신보건센터(2007). **아동 · 청소년 정신건강 선별조사를 위한 가이드북**. 서울시 소아청소년 광역정신보건센터.

서울시 소아청소년 광역정신보건센터(2008). 서울시 학교정신보건사업 2007년도 사업보고서. 서울시 소아청소년 광역정신보건센터.

서울시 학교보건진흥원(2008). 2008 학생 정신건강 실태조사 운영계획. 서울시 학교보건진흥원 보건지원과.

서울시 학교보건진흥원 · 서울대병원 소아정신과 · 서울시 소아청소년 광역정신보건센터(2005). 2005년도 역학사업보고서 : 서울시 소아청소년 정신장애 유병율 조사. 서울시 학교보건진흥원.

서울신문(2012). 매일 '자살연습' 강요당한 중학생 결국 자살(2012. 7. 5 기사).

서지영(2002). 부모이혼이 자녀의 적응에 미치는 영향에 관한 연구. 연세대학교 대학원 석사학위논문.

성수현(2007). **초등학생 일기쓰기 지도를 위한 액션러닝 부모교육 프로그램 개발연구**. 부산대학교.

세계일보(2014). 소통수단서 날 선 흉기로··· 도넘은 청소년 언어폭력(2014. 7. 10 기사).

소년한국일보(2014). 온라인에서··· 학교에서··· 언어폭력에 물드는 어린이들(2014. 5. 21 기사).

송동호 · 육기환 · 이호분 · 노경선(1997). 학교폭력 피해 청소년의 정신의학적 후유증에 관한 사례 연구. **소아청소년정신의학, 8**(2), 232-241.

송숙형(2010). **학생정신건강 담당교사 워크숍 자료집**.

송창석(2005). **새로운 민주시민교육 방법 –Meta plan을 이용한 토론 · 토의 · 회의진행방법**. 백산서당.

신성웅(2000). 학교폭력 피해자의 정신병 실태조사. **소아청소년정신의학, 11**(1), 124-143.

안동현(2001). 아동 및 청소년 정신보건사업과 체계 개발. **사회정신의학, 6**, 12-24.

안동현(2006). **청소년 부교재 및 정신건강 선별검사 도구 개발 연구**. 한양대학교 건강증진연구사업보고서.

안동현(2007). 청소년 정신건강증진. 건강증진학회 추계학술대회 발표, 2007년 9월 서울.

안동현 외(2007). **청소년 부교재 및 정신건강 선별검사 도구 개발 연구**. 보건복지부.

안동현 · 김세실(1997). **말 안 듣는 아이**. 하나의학사.

안동현 · 김세실 · 한은선(2004). **주의력결핍 장애아동의 사회기술훈련**. 학지사.

안동현 · 김윤영 · 장혜진 · 강화연(2003). 2003년도 전국정신보건센터 아동 · 청소년정신보건사업 연구조사. 서울 : 한양대학교 정신건강연구소.

안동현 · 김현정 · 김윤영(2008). 학생정신건강검진 시범운영사업결과 및 추진방안연구. 한국교육개발원.

안현의(2002). 청소년 상담학 연구의 과제와 전망. 청소년 상담문제 연구보고서. 한국청소년상담원.

에이블뉴스(2013). 마포 장애학생 학교폭력 실태조사 결과 발표(2013. 8. 28 기사).

여성부(2002). **폭력 예방프로그램 및 업무매뉴얼 개발 연구**. 여성부.

연합뉴스(2010). 묻지마 폭력.성희롱에 초등학생 시달린다(2010. 3. 25 기사).

연합뉴스(2012). 경북경찰, 금품갈취 학교폭력 중2 구속(2012. 7. 13 기사).

연합뉴스(2012). 청소년 10여 명이 또래 2명 폭행 · 금품갈취(2012. 1. 8 기사).

연합뉴스(2015). '해괴한 성폭력까지'··· 중 3, 1년간 학교폭력 당해(2015. 1. 29 기사).

연합뉴스(2016). 주먹질 학교폭력은 옛말··· SNS 욕설 · 협박 신종 폭력 '기승'(2016. 8. 15

기사).

오경자 · 이혜련 · 홍강의 · 하은혜(1997). **K-CBCL 아동·청소년 행동 평가척도**. 중앙적성출판사.

오동건(2008). 컴퓨터 지원 협력학습을 위한 조정지원도구의 개발 및 효과성 분석. **기업교육연구, 10**(1), 65-95.

오은영(2001). 학교부적응 학생에 대한 정신의학적 개입 및 대책. **대한소아청소년정신의학회 추계학술대회 자료집**, 24-33. 2001년 11월 10일 서울.

유병열 외(2012). 인성교육의 체계화 연구. 2012 교육정책 연구과제 보고서. 서교연 2012-43. 서울특별시교육연구정보원.

윤순녕 외(2005). 초 · 중 · 고등학교 학생, 학부모, 일반교사의 보건교육 영역별 요구도와 보건교육. 한국학교보건학회지, 18(1), 1-14.

윤철경 외(2005). 위기청소년 지원시설과 지원정책 현황 및 사회안전망 구축을 위한 정책방안 연구. 청소년위원회.

윤철경 외(2006). 위기청소년 지역사회 안전망 실태와 발전방안. 한국청소년개발원.

윤회정(2007). 문제중심학습(PBL) 전략의 개발과 적용 및 그 효과. 이화여자대학교 대학원 박사학위논문.

의협신문(2015). 한의사, 치료 빌미 여중생 성추행... '2심도 실형'(2015. 5. 21 기사).

이명준 외(2011). 교과교육과 창의적 체험활동을 통한 인성교육 활성화 방안. 연구보고 RRC 2011-7-1. 한국교육과정평가원.

이미경(2001). 성폭력의 실태와 대책. **생명문화총서 4집**.

이민규 외(1994). 한국판 식사태도검사 표준화 연구 Ⅰ. **대한신경정신의학회 추계학술대회 자료집**.

이민규 외(1995). 한국판 Beck 우울척도의 표준화 연구Ⅰ : 신뢰도 및 요인분석. **정신병리학, 4**(1), 77-95.

이민규 · 이영호 · 박세현 · 이영봉 · 정영조(1995). 한국판 식사태도검사(EAT-26) 표준화 연구 II: 타당도 연구. **대한신경정신의학회 추계학술대회 자료집**.

이병승 · 우영효 · 배제현(2006). **쉽게 풀어 쓴 교육학**. 학지사.

이상구(1998). 능력별 소집단 협력학습을 통한 수학과 학력신장에 관한 연구. 공주대학교 교육대학원 석사학위논문.

이소영 · 박준호 · 정한용(2008). 한국판 소아신체화척도 개발을 위한 예비연구: 문항구성과 신뢰도 및 타당도 검증. **소아청소년정신의학, 19**(3), 168-174.

이승희 · 김동식(2003). 웹기반 학습환경에서 협력적 성찰이 문제해결 수행 및 과정에 미치는 영향. **교육공학연구, 19**(1), 131-159.

이영덕 · 정원식(1994). **생활지도의 원리와 실제**. 교육과학사.

이영민(2005). 웹 게시판을 활용한 협력적 문제 해결 학습 과정 분석. **교육공학연구, 21**(2), 61-78.

이원숙(2004). **성폭력과 상담**. 학지사.

이은지(2012). **액션러닝 기법을 적용한 어린이집 교사교육 프로그램 실행과 그 의미**. 경성대학교 교육대학원.

이장호(1988). **상담심리학 입문**. 박영사.

이장호(2005). **상담심리학**. 박영사.

이재덕(2008). 학교컨설팅을 위한 코칭 기법의 특징과 활용 방안. **초등교육연구, 21**(2), 307-332.

이재창(1995). **생활지도**. 문음사.

이재희(2008). 2차적 성폭력의 발생과 피해 정도. 신라대학교 대학원 석사학위논문.

이창호 외(2002). **이혼가정의 아이들**. 한국청소년상담원.

이창호 외(2006). **위기 개입 사례 연구집**. 한국청소년상담원.

이태복 · 최명숙(2005). **액션러닝의 성공 원칙**. 패러다임컨설팅.

이현수(1990). **충동성 검사**. 한국가이던스.

이형행(2007). **교육학개론**(전정 2판). 양서원.

이호철(2005). **맥킨지식 문제해결 로직트리**. 어드북스.

이환철 · 허난 · 강옥기(2010). 동료를 지도하는 수학 학습 능력 우수 학생의 학습과정 탐색. **대한수학교육학회지, 12**(2), 177-191.

임진희(2003), Action Learning 환경에서 러닝코치의 역할 및 역량에 관한 델파이 연구(미간행). 이화여자대학교 대학원 석사학위논문.

임창재(2006). **정신건강**. 형설출판사.

장경원 · 경혜영 · 이종미 · 김희정(2011). 액션러닝을 활용한 학교컨설팅 사례 연구, 한국 HRD 연구, vol.6 No.3

장금성 · 백명 · 최영자 · 안순희 · 이숙자 · 심재연 · 임정옥 · 정경희 · 양진주 · 오숙희 · 김윤민 · 김은아 · 봉현철(2006). 액션러닝 적용에 따른 간호관리자의 공통기본역량 변화와 반응분석, **간호행정학회지, 12**(3), 424-433.

장영은(2011). **유아·초등교육 내에서의 인성교육 활성화 방안**. 교육부.

장재홍(2002). **2002 상담사례 연구집 : 학교 중도탈락 사례를 중심으로**. 한국청소년상담원.

전건호・서용무(2003). 협업 방식의 문제 해결을 위한 그룹원 간의 구조적 대화 지원 시스템. **경영과학, 20**(2), 81-93.

전남련(2006). **유아교육기관 교사를 위한 프로젝트 접근법의 이론과 실제**. 양서원.

전라북도교육청(2011). **학교폭력 사안처리 매뉴얼**.

전성연 외(2007). **현대 교수학습의 이해**. 학지사.

전성연 외(2010). **협동학습 모형 탐색**. 학지사.

정문성・김동일(1998). **협동학습의 이론과 실제**. 형설출판사.

정보통신부・한국정보문화진흥원(2003). **인터넷중독자가진단검사(K-척도)와 예방교육프로그램**. 한국정보문화진흥원.

정선영(2007). 예비교사들의 학습스타일과 협력적 개념도 작성이 문제해결에 미치는 영향. **교육공학연구, 23**(4), 55-77.

정수현(2008). 대화 개념에 근거한 학교컨설팅 방법론 탐색. **교육행정학연구, 26**(2), 391-414.

정승아・안동현・정선녀・정윤경・김윤영(2008). 청소년 정신건강 및 문제행동 선별검사 개발연구. **신경정신의학, 47**(2), 168-176.

정애경・이상회・홍유나・김능연(2011). 협력적 문제해결능력 신장을 위한 공학수학 수업모형의 설계원리 개발. **전자공학회논문지, 48**(1), 36-44.

정주영(2007). 블렌디드 액션러닝(Blended Action Learning)지원시스템의 개발. 부산대학교 박사학위논문

정창우(2013), **도덕과 교육의 이론과 쟁점**. 울력. p. 93-94

정한라(2013). 국내외 사이버폭력 사례 및 각국의 대응방안. Internet & Security Focus, 10월호, 31-46.

정희태(2006). 도덕과 통일교육 수업 방법의 개선, 한국통일전략학회, 제6권 제2호 2006 pp. 333-373.

제주포커스(2012). 강제 전학간 학교에서도 폭력, 금품 갈취 중학생 구속((2012. 12. 2. 기사).

조난심(1997). 한국 교육의 신세기적 구성. 한국교육개발원.

조맹제・김계희(1993). 주요우울증환자 예비평가에서 CES-D의 진단적 타당성 연구. **신경정신의학, 32**(3), 381-399.

조선에듀(2016). 어려지는 학교 폭력, 초등 현장에 번지는 '초4병'(2016. 8. 17 기사).

조선일보(2012). 학교폭력 39%가 협박・욕설 장애학생 신체폭력보다 언어폭력 심해(2012. 4. 28 기사).

조선일보(2014). 학교 폭력, 이젠 그만 자살 충동 느끼게 하는 언어폭력(2014. 4. 28 기사).

조수철 외(2007). 한국어판 DISC-IV(Diagnostic Interview Schedule for Children Version IV)의 신뢰도 및 타당도. **소아청소년정신의학, 18**(2), 138-144.

조수철 · 이영식(1990). 한국형 소아우울척도의 개발. **신경정신의학, 29**(4), 943-956.

조영일(2003). **새로운 접근의 교육학개론**. 교육과학사.

주소희(2004). 부모이혼 후 아동의 적응에 영향을 미치는 변인에 관한 연구. 성균관대학교 대학원 석사학위논문.

중부매일(2015). 집단사이버성폭력 처리논란(2015. 5. 17 기사).

중부일보(2013). 초교 싸움짱 가입 강요… 주축멤버 되려 무모한 폭력(2013. 3. 25 기사).

지순덕(2005). 청소년 학교폭력현황과 대처방안에 관한 연구. 중앙대학교 행정대학원 석사학위논문.

지승희 외(2005). **학교폭력 : 어떻게 도와 줄 것인가**. 한국청소년상담원.

지은림 · 도승이 · 이윤선 · 박소연 · 주언희 · 김해경(2013). **인성지수 개발 연구**. 교육부.

진동섭(2003). **학교컨설팅**. 학지사.

진동섭 · 김정현 · 신철균 · 이혜나 · 이주희 · 민윤정(2009). 학교컨설팅에 대한 초등 예비교사의 인식 연구. **초등교육연구, 22**(3), 245-269.

진동섭 · 김효정(2007). 학교 컨설팅의 원리 분석. **교육행정학연구, 25**(1), 25-50.

진동섭 · 김효정 · 한은정 · 김연성 · 김윤희 · 윤세정(2009). 학교컨설팅의 개념 및 주요 관련자에 대한 인식연구: P고등학교 학교컨설팅 사례를 중심으로. **교육행정학연구, 27**(4), 379-409.

진동섭 · 홍창남 · 김도기(2009). **학교컨설팅과 수업컨설팅**. 교육과학사.

진홍섭(2003). 인성교육을 위한 인성 덕목의 요인분석. 인천교육대학교 교육대학원 석사학위논문.

질병관리본부(2014). **청소년건강행태온라인조사 통계**. 질병관리본부.

채널A(2016). 카톡방 집단 따돌림 못 견뎌 여고생 투신(2016. 7. 13 기사).

천대윤(2007). **액션러닝매뉴얼**. 중앙공무원교육원갈등관리센터.

청소년폭력예방재단(2013). 전국 학교폭력실태 조사발표.

청소년폭력예방재단(http://www.jikim.net). 학교폭력 화해 · 분쟁조정센터.

최명민 · 김승용(2005). 사회복지교육에서 액션러닝 활용에 관한 탐색적 연구, 한국사회복지교육, vol.1, No. 2, pp. 81-103.

최정원(2006). **시험불안 다루기 전략 및 시험전략**. 학지사.

최진숙 · 조수철(1990). 소아불안의 측정 : RCMAS의 신뢰도와 타당도 검사. **신경정신의학, 29**(3), 691-702.

특허청(2012). 체험으로 함께하는 STEAM Invention story.

하순련(2008). **다중지능이론에 접근한 프로젝트 접근 방법의 이론과 실제**. 양서원.

한국교원대학교 과학교육연구소(2006). 초등학교 4학년 과학 탐구수업 지도자료.

한국교육개발원(2004). **인성교육**. 문음사. p. 8.

한국교육개발원(2013). 학교폭력예방 프로그램 개발과 적용. **국제학술대회자료집**.

한국일보(2014). 청각장애학생 따돌림, 방관하고 면박 준 교사들(2014. 10. 31 기사).

한상길 · 김응래 · 박선환 · 박숙희 · 정미경 · 조금주(2007). **교육학개론**. 공동체.

한상철(2003). 청소년폭력의 원인과 대처방안, **학생생활연구, 8**(1), 23-57.

한용진 · 권두승 · 남현우 · 오영재 · 류지헌(2007). **교육학개론**(2판). 학지사.

한은선 · 안동현 · 이양희(2001). 주의력결핍/과다활동장애(ADHD) 아동에서 사회기술훈련. **소아청소년정신의학, 12**(1), 79-93.

한은숙 · 김종두(2008). **교육학개론**. 교육과학사.

한홍무 외(1986). Beck Depression Inventory의 한국판 표준화 연구: 정상집단을 중심으로 (Ⅰ). **신경정신의학, 25**(3), 487-500.

허영주(2007). 현직교사교육프로그램에의 실천학습(action learning)의 도입 가능성과 한계 분석. **교육과정연구, 25**(4), 207-228.

허윤석 외(2003). 아동용 문제 행동 선별검사의 개발. **신경정신의학, 42**(6), 724-734.

헤럴드경제(2013). <왕따보다 나쁜 사이버폭력 1-3> 페북, 카카오스토리에 숨은 위험한 시선... 사이버 스토킹(2013. 12. 24 기사).

헤럴드경제(2013). <왕따보다 무서운 사이버 학교폭력> 엽기 얼굴사진 퍼뜨리고 집단으로 놀려(2013. 12. 31 기사).

헤럴드경제(2014). <왕따보다 무서운 사이버 학교폭력 8>설마 내 아이가 사이버폭력피해자? 무관심한 부모들(2014. 1. 20 기사).

헤럴드경제(2014). <왕따보다 무서운 사이버폭력> 사이버폭력 사범 엄격한 형사처벌…국내는 세부내용 보완 필요(2014. 2. 17 기사).

현주 외(2009). **학교 인성교육 실태분석 연구– 중학교를 중심으로–**. 한국교육개발원.

홍순정 외(2013). **전생애 인성교육**. 양서원. p. 73-74

홍인종(2004). **청소년 위기상담, 어떻게 할까요?**. 장로회신학대학교출판부.

홍창남(2010). 학교경영컨설팅의 진단 기법. 한국교육개발원 (2010). 학교경영컨설턴트 양성 프로그램. 연구자료 RRM 2010-23-1.

황병주 · 안동현(2010). **학생정신건강 담당교사 워크숍 자료집**.

황은숙(2006). 이혼가정 부모교육 프로그램의 개발과 활성화 방안. 숙명여자대학교 대학원 석사학위논문.

황응연 · 윤희준(1983). **현대생활지도론**. 서울: 교육출판사.

황혜정 · 강성빈 · 윤명희(2001). 초등학생용 문제행동 진단검사의 개발연구. **초등교육연구**, **14**(3), 369-389.

有井悅子.(2006). スクールカウンセラーとの協働學校で希望をひろげる. In 岩田祥吾, 谷村聰, 岡空輝夫, 高田 修, 町田 孝(Eds.), 學校医は學校へ行こう(pp. 162-167). 東京: 医歯藥出版株式會社.

Adelman H. S., & Taylor L. (2003). Toward a comprehensive policy vision for mental health in schools. In M. D. Weist, S. W. Evans & N. A. Lever (Eds.), *Handbook of School Mental Health: Advancing Practice and Research* (pp. 23-43). Springer.

Adelman, H. S., & Taylor, L. (2006). Mental health in schools and public health. *Public Health Reports,* 121, 294-298.

American Medical Association. (1997). *Guidelines for adolescent preventive services(GAPS)*. Chicago: Department of Adolescent Health, American Medical Association.

Barab, S. A., & Duffy, T. M. (2000). From practice fields to communities of practice. In D. H. Jonassen & S. M. Land (Eds.), Theoretical foundations of learning environments (pp. 25-56). Mahwah, New Jersey : Lawrence Erlbaum Associates.

Baranowski, T., et al. (1997). Guidelines for school and community programs to promote lifelong physical activity among young people. *Morbidity and Mortality Weekly Report*, 50, 1-36.

Bernstein, B. E. (2012). *Conduct disorder*. Available at: http://emedicine.medscape.com/article/ 918213-overview, 2013년 2월 20일 검색.

Blanchard, L. T., Gurka, M. J., & Blackman, J. A. (2006). Emotional, developmental, and behavioral health of American children and their families: A report from the 2003 National Survey of Children's Health. *Pediatrics,* 117(6), 1202-1212.

Bowen, B., Bereiter, C., & Scardamalia, M. (1992). Computer-supported intentional learning environments. In F. Y. Phillips (Ed.), Thinkwork : Working, learning, and managing in a computer interactive society. Westport, Conn. : Praeger.

CBS(2012). 여고생의 죽음 불러 온 '카카오톡 채팅 폭력'(2012. 8. 17 기사).

Cepeda, C. (2000). *Concise Guide to the Psychiatric Interview of Children and Adolescents*. Washington DC: American Psychiatric Press.

Chard, S. C. (1995). 지옥정 역(1995). **프로젝트 접근법: 교사를 위한 실행지침서**. 창지사.

Collings, E. (1923). An experiment with a project curriculum. N. Y.: Teachers College Press.

Daly, B. P., et al. (2006). Enhancing no child left behind-school mental health connections. *Journal of School Health,* 76(9), 446-451.

Dilworth, R. L. & Willis, V. J. (2003). Action learning : Images and pathways. Malabar, FL: Krieger., pp.81. 2003.

Dulcan, M. (1997). Practice parameters for the assessment and treatment of children, adolescents, and adults with attention-deficit/hyperactivity disorder. American Academy of Child and Adolescent Psychiatry. *Journal of the American Academy of Child and Adolescent Psychiatry,* 36, 85-121.

DuPaul, G. J., & Stoner, G. (2007). ADHD in the Schools(2nd ed.). 김동일 역(2007). **ADHD 학교상담**. 학지사.

Everett S. A., Kann L., & McReynolds, L. (1997). The youth risk behavior surveillance system: Policy and program applications. *Journal of School Health,* 67(8), 333-335.

Flaherty, L. T., & Osher, D. (2003). History of school-based mental health services in the United States. In M. D. Weist, S. W. Evans & N. A. Lever (Eds.), *Handbook of School Mental Health: Advancing Practice and Research* (pp. 11-22). Springer.

Flick, G. L. (1998). *ADD/ADHD behavior-change resource kit: Ready-to-use strategies activities for helping children with attention deficit disorder.* San francisco: Jossey-Bass.

Fry. H., Ketteridge. S., & Marshall. S. (2006). 전남대학교 교육발전연구원 공역. **대학의 최신 교수-학습 방법**. 학지사.

Gilbert, N. J., & Driscoll, M. P. (2002). Collaborative knowledge building : A case study. Educational Technology Research and Development, 50(1), 59-79.

Goodfellow, L. M. (1995). Cooperative learning strategies : An effective method of teaching nursing research. Nurse Educ, 20(4), 26-29.

Hesse, F., Buder, J., Care, E, Griffin, P., & Sassenberg, K. (2012). A framework for teachable collaborative problem solving skills. [On-Line]. Available : http://atc21s.org /wp-content/uploads/2012/12/white-paper7-Framework-for-Teachable-Collaborative-Problem-Solving-Skills_DRAFT.pdf.

Hoge, J. (2002). Character education, citizenship education, and the social studies. Social Studies, 93(3), 103-108.

Holliday, D. C. (1999). The development of Jigsaw V in a secondary social studies classroom. Paper Presented at the 78th National Council for the Social Studies Annual Conference. Anaheim, CA.

Holliday, D. C. (2002). Jigsaw IV: Using student/teacher concerns to improve Jigsaw Ⅲ. ERIC Document Reproduction Service No. Ed 465 687.

Irwin, C.E. Jr., Brindis, C., Brodt, S., Bennett, T., & Rodriguez, R. (1991). *The health of America's youth: Current trends in adolescent health status and utilization of health services*. Maternal and Child Health Bureau, Health and Human Services Administration, Public Health Service, U. S. Department of Health and Human Services, Rockville, MD.

Jellineck, M. S., et al. (1999). Use of the pediatric symptom checklist to screen for psychosocial problems in pediatric primary care: A national feasibility study. *Formerly Archives of Pediatric and Adolescent Medicine,* 153(3), 254-260.

Johnson, D. W., & Johnson, R. T., "Learning together and alone cooperative, competitive ndividualistic learning (4thed.)", Boston : Allyn & Bacon, 1994.

Jonassen, D. H. (2000). Revisiting activity theory as a framework for designing student-centered learning environment. In D. H. Jonassen & S. M. Land (Eds.), Theoretical foundations of learning environments (pp. 89-122). Mahwah, New Jerse y : Lawrence Erlbaum Associates.

Jones, A. J.(1970). Principles of guidance. New YorkL McGRaw-Hill Book Co.

Kagan, S.(1985). Dimensions of cooperative classroom structures. In R. E. Slavin, S. Sharan, S. Kagan, R. Hartz-Lazarowitz, C. Webb, & R. Schmuck, (Eds.), Learning to cooperate to learn. New York: Plenum.

Kann, L., Brener, N. D., & Wechsler, H. (2007). Overview and summary: School health policies and programs study 2006. *Journal of School Health,* 77(8), 385-397.

Katz, L. & Chard, S. C.(1989). Engaging Chilren's Minds. 이윤경 · 석춘희 역(1995). **유아들의 마음 사로잡기**. 이화여자대학교출판부.

Kelder, S. H., Edmundson, E. W., & Lytle, L. A. (1997). Health behavior research and school and youth health promotion. In D. S. Gochman (Eds.), *Handbook of health behavior research IV: Relevance for professionals and issues for the future:* (pp. 263-284). NY: Plenum Press.

Kendall, P. C. (2006). *Coping cat workbook.* Workbook Publishing.

Kim, H. S., Lee, J. H., & Jacobson, M. J. (2005). Learner centered design and virtual worlds : a case study of problem solving and collaborative scaffolding for learning. HCI, 2005(1), 1431-1436.

Kim, Y. S., et al. (2004). The reliability and validity of kiddie-schedule for affective disorders and schizophrenia-present and lifetime version-Korean version (K-SADS-PL-K). *Yonsei Medical Journal,* 45(1), 81-89.

Kirtland, C. P., Maurice, F. P., & Robert, A. S. (1996). Post-Traumatic stress disorder: A clinician's guide. 신응섭 · 채정민 공역(1996). **외상 후 스트레스 장애의 통합적 접근 : 충격적인 사건에 따른 심리적 문제의 이해**. 하나의학사.

Kyle, T. M., et al. (2007). Methods: School health policies and programs study 2006. *Journal of School Health,* 77(8), 398-407.

Land, S. M., & Hannafin, M. J. (2000). Student-centered learning environments. In D. Jonassen (Ed.), Theoritical foundations of learning environments (pp. 1-24). Mahwah, New Jersey : LEA.

Lave, J., & Wenger, E. (1991). Situated learning : Legitimate peripheral participation. U K : Cambridge University press.

Lewis, M. (2002). *Child and adolescent psychiatry: A comprehensive textbook* (3rd ed.). Philadelphia: Lippincott Williams & Wilkins.

Lubit, R. H. (2012). *Oppositional defiant disorder.* Available at: http://emedicine.medscape.com/ article/918095-overview, 2013년 2월 20일 검색.

Marquardt 저. 이태복 역(2004). 액션러닝의 힘, 패러다임, pp.19-20.

Marquardt, M. J. & Revans, R. (2000), Action learning in action :Transforming problems and people for world-class or oganizational learning, Davis-Black Publishing.

Martin, A., Volkmar, F. R., & Lewis, M. (2007). *Lewis's child and adolescent psychiatry*

: A comprehensive textbook (4th ed.). Philadelphia: Lippincott Williams & Wilkins.

Mayer, R. E. (1992). Thinking, problem solving, cognition (2nd ed). New York : W. H. Freeman and Company.

Meltzer, H., Gatward, R., Goodman, R., & Ford, T. (2000). *Mental health of children and adolescents in Great Britain.* London: TSO.

Montalto, N. J. (1998). Implementing the guidelines for adolescent preventive services. *American Family Physician,* 57, 2181-2191.

Montgomery Country Public Schools (2010). Problem Solving for Student Success. [On-Line]. Available : http : //www.montgomery.k12.ga.us.

Nemeroff, R., et al. (2008). Establishing ongoing, early identification programs for mental health problems in our schools: A feasibility study. *Journal of American Academy of Child & Adolescent Psychiatry* 47(3), 328-338.

Ngeow, K. Y-H. (1998). Enhancing student thinking through collaborative learning. Retrieved January 4, 2007, from Indiana University School of Education, ERICDigests.org, Web site : http : //www.ericdigests.org/1999-2/learning.htm

OECD (2013). PISA 2015 draft collaborative problem solving framework. [On-Line]. Available : http://www.oecd.org/pisa/pisaproducts/Draft%20PISA%202015%20Collaborative%20Problem%20Solving%20Framework%20.pdf.

Ogata, H., & Yano, Y. (1998). Knowledge awareness : Bridging learners in a collaborative learning environment. International Journal of Educational Telecommunications, 4(2/3), 219-236.

Olweus, D.(1994). Annotation: Bullying at school: Basic facts and effect of school based intervention program. Journal of Youth and Adolescence, 35(1), 171-190.

Parker, H. C. (2006). *The ADHD handbook for schools: Effective strategies for identifying and teaching students with Attention-Deficit/Hyperactivity Disorder.* Specialty Press.

Patterson, C. H.(1971). An Introduction to Counseling in the School. New York: Harper Row.

Pea, R. D. (1994). Seeing what we build together : Distributed multimedia learning environments for transformative communications. The Journal of Learning Sciences, 3(3), 285-299.

Rahman, A., Mubbashar, M., Harrington, R., & Gater, R. (2000). Annotation: Developing child mental health services in developing countries. *Journal of Child Psychology and Psychiatry,* 41(5), 539-546.

Rawciffe, F. W. (1927). Practical problem project(1924-1927). Chicago: F. E. Compton & Company.

Rief, S. F. (1993). *How to reach and teach ADD/ADHD children: Practical techniques, strategies, and interventions for helping children with attention problems and hyperactivity.* West Nyack, NJ: The Center for Applied Research in Education.

Rothwell 저, 김미정 · 유평준 · 봉현철 역(2002). **액션러닝 가이드북**. pp.5-6.

Sayal, K. (2005). Annotation: Pathways to care for children with mental health problems. *Journal of Child Psychology and Psychiatry,* 47(7), 649-659.

SBS(2014). 모범 대안학교서 장애학생 집단 성추행(2014. 7. 30 기사).

Scardamalia, M., & Bereiter, C. (1994). Computer support for knowledge : Building communities. The Journal of Learning Sciences, 4(3), 321-354.

Sedlak, M. W. (1997). The uneasy alliance of mental health services and the schools: An historical perspective. *American Journal of Orthopsychiatry,* 67(3), 349-362.

Seif Eldin, A. (2004). Prevention and intervention in school setting. In H. Remschmidt, M. Belfer, & I. M. Goodyer (Eds.), *Facilitating pathways: Care, treatment and prevention in child and adolescent mental health* (pp. 326-334). Springer Verlag.

Shertzer, Bruce, and Stone, S. C.(1994). Fundamentals of Guidance. Boston: Houghton Mifflin Co.

SHPPS 2006 (2012). *SHPPS 2006: School health policies and programs study.* Available: http://www.cdc.gov/HealthyYouth/shpps/2006/factsheets/pdf/FS_Overview_SHPPS2006.pdf, 2013년 2월 20일 검색.

Slavin, R. E. (1978). Students teams and comparison among equals: Effects on academic performance and students attitudes. Journal of educational psychology, 70, 532-538.

Slavin, R. E., Leavey, M. B., & Madden, N. A. (1986). Team accelerated instruction : Maathematics. Watertown, MA: Charles bridge.

Smilansky, S. (2002). Children of divorce: The roles of family and school. 오은순 역(2002). **이혼가정아동**. 학지사.

Stein, B. D., et al. (2007). Active parental consent for a school-based community violence screening: Comparing distribution methods. *Journal of School Health,* 77(3), 116-120.

Stoyanova, N., & Kommers, P. (2002). Concept mapping as a medium of shared cognition in computer-supported collaborative problem solving. Journal of Interactive Learning Research, 13(1/2), 111-133.

Sussman, M. P., Jones, S. E., Wilson, T. W., & Kann, L. (2002). The youth risk behavior surveillance system: Updating policy and program applications. *Journal of School Health,* 72(1), 13-17.

Taras, H., et al. (2011). *Health, mental health, and safety guidelines for schools; 2004.* Available at: http://www.schoolhealth.org, 2013년 2월 20일 검색.

Toffler, A. (1991). Powershift : Knowledge, wealth and violence at the edge of the 21st century, New York: Bantam.

Webster. R. S. (2001). Action learning: what, how, why - what next? Retrieved January 01. 2010. from http://www.eric.gov/PDFS/ED449336.pdf

Weinstein, K. (1999). Action Learning :A Practical Guide (2nd Ed.), Aldershot, England : Gower Publishing Ltd.

Weist, M. D., Rubin, M., Moore, E., Adelsheim, S., & Wrobel, G. (2007). Mental health screening in schools. *Journal of School Health,* 77(2), 53-58.

West. P. (2005). Blackburn with Darwen action learning set-a model for ing the interface between inpatient and community teams. The Mental Health Review, 10(1). 22-25.

Wilkinson, W., & Lagendijk, M. (2007). ADHD in the Classroom: Symptoms and treatment. In M. Fitzgerald, M. Bellgrove & M. Gill (Eds.), *Handbook of attention deficit hyperactivity disorder* (pp. 395-413). John Wiley & Sons Ltd.

World Health Organization. (1996). *Public mental health: Guidelines for the elaboration and management of national mental health programmes.* Geneva: World Health Organization, division of Mental Health and Prevention of Substance Abuse.

Wubbloding, W. E. (2000). Reality Therapy for the 21st Century. Muncie, IN: Taylor & Francis.

YTN(2014). 후배에게 성폭력 행한 남고생 물의(2014. 8. 5 기사).

찾아보기

저 / 자 / 소 / 개

■ **신재한**

경북대학교 교육학박사(교육과정 및 교육공학)
한국교육개발원 연구위원
교육부 연구사
현) 국제뇌교육종합대학원대학교 인성교육전공 주임교수
인성교육연구원 및 원격교육연수원 부원장

■ **장기덕**

계명대학교 교육학(상담)박사
영진전문대학 유아교육과 교수
현) 김천대학교 유아교육과 교수

■ **조용개**

경북대학교 대학원 교육학석사
경북대학교 대학원 교육학박사
University of North Texas 객원연구교수
현) 선문대학교 이니티움 교양대학 교수

학교폭력예방 및 학생의 이해

1판 1쇄 인쇄 — 2017년 8월 25일
1판 1쇄 발행 — 2017년 8월 30일

저　　자 - 신재한 · 장기덕 · 조용개
발 행 인 - 강 철 원
발 행 처 - 양 성 원
주　　소 - 경기도 파주시 검산로 173번길 29-20
전　　화 - 031-946-3861(代)
팩　　스 - 031-946-3864
이 메 일 - tnwpub@naver.com
홈페이지 - tnwpub.co.kr
출판등록 - 2015년 8월 31일 제 2015-000211 호

ISBN 979-11-6126-060-0

정가 18,000원